LA STRUCTURE
DES
ÉVANGILES SYNOPTIQUES

SUPPLEMENTS
TO
NOVUM TESTAMENTUM

VOLUME XXII

LEIDEN

E. J. BRILL

1970

LA STRUCTURE
DES
ÉVANGILES SYNOPTIQUES

LA STRUCTURE-TYPE À L'ORIGINE DES SYNOPTIQUES

PAR

ANTONIO GABOURY

LEIDEN
E. J. BRILL
1970

TABLE DES MATIÈRES

Deuxième section
Division en D et C et les hypothèses
sur l'origine des synoptiques

Troisième section
La partie D, une insertion plus tardive
dans la partie C

Troisième partie

HISTOIRE DE LA FORMATION DE LA PARTIE D

INDEX DES TABLEAUX

AVANT-PROPOS

La première forme de cette thèse a été présentée à la Commission Biblique en 1962 pour l'obtention de mon doctorat en Ecriture Sainte. De cette forme initiale, seule la seconde partie reste intacte dans cette publication; la première partie a été substantiellement reprise; la troisième est complètement neuve et révèle l'état de ma recherche depuis ce temps.

Je me suis aventuré sur un terrain nouveau. Je me rends bien compte que cette présentation n'est qu'une ébauche: mon intention est, dans une prochaine publication, d'en exploiter les conséquences théologiques et d'appliquer la même méthode de recherche à toute la matière évangélique; mais, entre-temps, j'attends le verdict de la critique.

Cette thèse, dans sa forme manuscrite, a déjà suscité l'intérêt des spécialistes. Je dois mentionner d'une manière spéciale X. Léon-Dufour, S. J., qui a attiré l'attention des exégètes sur cette publication à la XVIe session des Journées Bibliques de Louvain (cf. *De Jésus aux Evangiles*, I. de la Potterie, Paris, 1967, pp. 5-16) et consacrera au prochain *Pittsburgh Festival on the Gospels* la majeure partie de son paper à présenter ma thèse. Je lui dois en plus un merci très spécial pour les judicieuses observations qu'il a eu l'affabilité de me communiquer par correspondance. Je regrette ne pas avoir pu en profiter entièrement; mon manuscrit était déjà sous presse.

Décembre, 1969   ANTONIO GABOURY
Marquette University,
Milwaukee, Wisconsin.

INTRODUCTION

Le problème synoptique est déjà vieux de plus d'un siècle. On a tellement écrit sur ce sujet qu'il semblerait qu'il n'y a plus rien de nouveau à dire. Toutefois depuis une dizaine d'années, après avoir constaté les limites des nouvelles méthodes telles que la ,,*Formgeschichte*'' et la ,,*Redaktionsgeschichte*'', on remarque un retour aux problèmes fondamentaux sur les sources des synoptiques. Le fait synoptique, c'est-à-dire les accords et les désaccords entre les synoptiques du point de vue de l'ordonnance, du contenu et du vocabulaire, est admis de tous. Les explications qu'on en donne se divisent clairement en deux classes: dépendance directe des évangiles entre eux; dépendance à une source ou des sources communes antérieures aux évangiles actuels.

Si nous posons le problème à nouveau, c'est que nous ne voyons pas dans les théories présentées jusqu'à date une solution satisfaisante au fait synoptique et que nous croyons avoir découvert, après une analyse littéraire de plusieurs années, des aspects nouveaux qui donnent une nouvelle perspective au problème en question. Une de ces perspectives, et certes pas l'unique, est la place toute particulière que doit jouer l'ordonnance des péricopes dans la solution de ce problème. Le point de départ de la recherche se basera sur une constatation du fait de l'ordonnance; on aboutira à reconnaître à l'origine de la formation des synoptiques une structure de base commune aux trois synoptiques: voilà ce qui justifie le sous-titre de ce travail: ,,La ,*structure-type*' à l'origine des synoptiques''.

Dans les synoptiques, on rencontre des séries de péricopes qui se suivent fidèlement. Cela ne peut être le fait du hasard. Il faut reconnaître là une dépendance quelconque à un ordre primitif. Cette ordonnance peut venir soit de la priorité d'un des évangiles actuels par rapport aux deux autres, soit d'une source antérieure à nos évangiles. Si la réponse se trouve dans cette dernière supposition — position que nous soutenons — alors on devra se demander: quelle était l'étendue de cette ordonnance primitive? Couvrait-elle toutes les péricopes de la triple tradition?[1] Incluait-elle aussi

---

[1] Nous entendons ici par triple tradition, les péricopes rapportées par les trois synoptiques. Cette définition présente le grand avantage d'être reçue

celles de la double tradition et celles qui sont particulières à chaque
évangéliste?

But

Il reste que le problème ainsi posé n'englobe pas immédiatement
tous les aspects de la question synoptique.

Notre but est double:

1) Le premier but se limite à résoudre le problème de l'origine
de l'ordonnance commune aux trois synoptiques, en cherchant
à établir quelle formation littéraire peut rendre compte de ce fait.

2) Le second but découle immédiatement du premier: afin
de répondre plus adéquatement au premier objectif, (sur l'origine
de l'ordonnance commune), nous chercherons à faire l'histoire
de la formation synoptique là où le problème de l'ordonnance se
pose avec le plus d'acuité: v.g. Mc 1 à 6 et les lieux parallèles dans
Matthieu et dans Luc.

Méthode de travail

L'ordonnance des péricopes n'est qu'un aspect du fait synoptique.
Ce fait comporte en plus tous les autres phénomènes littéraires
qui font ressortir les ressemblances comme les divergences entre
les synoptiques. Une solution adéquate doit rendre justice aussi
bien à ceux-ci qu'à l'ordonnance des péricopes. Mais vu que notre
but se limite à résoudre le problème de l'ordonnance commune
aux trois synoptiques, les autres aspects du problème synoptique
(v.g. celui du contenu des péricopes, des affinités littéraires entre
les évangiles, de la dépendance mutuelle, etc.) ne seront considérés
qu'en fonction de celui-là. Notre travail porte tout simplement
sur la question synoptique vue dans l'optique du problème de
l'ordonnance des péricopes.

Il faut cependant reconnaître le rôle spécial que peut jouer
l'ordonnance dans la solution du problème synoptique. Les phénomènes littéraires[1] se rattachent à une péricope particulière et

---

par tous (cf. J. HEUSCHEN, *La formation des Evangiles. Problème Synoptique
et Formgeschichte*, Bruges, 1957, p. 15). La mise en garde de L. VAGANAY (*Le
Problème Synoptique*, Paris-Tournai, 1954, pp. 315 ss) contre la tendance
généralement reçue de restreindre cette terminologie aux traditions confir-
mées par les trois synoptiques risque de mettre l'expression à la merci d'un
système.

[1] Dans tout ce travail, nous prenons l'expression ,,phénomènes littéraires''
en un sens restreint: tous les faits synoptiques autres que celui de l'ordonnance des péricopes.

s'identifient en quelque sorte avec l'histoire de cette péricope. Il n'en est pas ainsi de l'ordonnance: elle se caractérise justement par une certaine indépendance à l'égard d'une péricope particulière: son apparition dans le phénomène littéraire suppose un stade déjà avancé dans le processus de la formation synoptique.

La conséquence de cette différence est importante. La recherche sur les phénomènes littéraires pour déterminer le rapport des évangiles entre eux ne récoltera toujours que des résultats particuliers à une péricope, tandis que celle sur l'ordonnance concerne un groupe de péricopes. Pour arriver, par exemple, à démontrer la priorité de Marc sur Matthieu, à partir des phénomènes littéraires, il faudrait que cette priorité se vérifie dans chaque péricope commune à Matthieu et à Marc. Par contre, l'ordonnance jouera le rôle décisif qui donne ou refuse son dernier appui aux résultats de la recherche sur les phénomènes littéraires. Par exemple, si dans une série de dix péricopes commune à Matthieu et à Marc, on parvient à démontrer par l'étude des phénomènes littéraires que dans cinq de ces péricopes Matthieu est plus primitif que Marc et, par contre, dans les cinq autres, Marc est plus primitif, aucune réponse décisive ne peut être donnée sur la source de cette série de péricopes. La réponse définitive reviendra au phénomène de l'ordonnance: toutes ces péricopes doivent appartenir à une source unique et commune qui a été utilisée également par Matthieu et Marc car cette ordonnance commune ne peut s'expliquer autrement.

Dans cet exemple, les phénomènes littéraires décident du rapport immédiat entre les péricopes, mais il appartient à l'ordonnance d'établir le stade de formation où ont pris naissance ces phénomènes littéraires.

Ces deux éléments du fait synoptique (phénomènes littéraires et ordonnance) ont donc chacun un rôle particulier à jouer dans la solution du problème synoptique. Cependant, il faut donner à l'ordonnance toutes les possibilités de mettre en valeur sa capacité de déterminer les étapes dans la formation synoptique, vu qu'elle ne peut se poser que lorsqu'il existe déjà un commencement de systémation des matériaux.

Division

Nous divisons ce travail en trois parties.

Première Partie

Dans la première partie, nous cherchons à déterminer à quel

moment, dans la formation synoptique, a pris naissance le fait synoptique.

Cette première partie se distribue ainsi: dans une première question, servant d'introduction au problème (chapitre I), nous nous demanderons s'il est nécessaire de recourir à une structure-type pour expliquer l'ordonnance commune des péricopes.

Dans les chapitres II, III et IV, nous verrons comment les différentes théories courantes répondent à la question fondamentale: à quel moment de la formation synoptique a pris naissance le fait synoptique?

Nous n'aboutirons qu'à une réponse négative: le fait synoptique ne peut s'expliquer à partir des évangiles actuels (ch. III), ni à partir d'un Matthieu primitif comprenant tous les matériaux de la triple tradition (ch. IV).

Deuxième Partie

Cette dernière considération nous conduira au problème central de la deuxième partie: quelle était l'étendue de la structure-type à l'origine de l'ordonnance commune? Contenait-elle toutes les péricopes de la double et de la triple tradition?

Cette recherche nous amènera à distinguer un évangile à la base des trois synoptiques, évangile qui rend compte de l'ordonnance stable des péricopes de la triple tradition (Mc 1, 1-13 et 6, 14-16, 8 et les lieux parallèles dans Matthieu et Luc). Dans cet évangile de base ont été insérées graduellement d'autres péricopes de la triple tradition (Mc 1, 14-6, 13 et les lieux parallèles dans Matthieu et Luc); ce qui explique l'instabilité de l'ordonnance de cette dernière partie des synoptiques.

Troisième Partie

Après avoir établi que l'ordonnance commune vient d'un évangile de base antérieur aux évangiles actuels, l'étude de cette troisième partie portera sur la section de la triple tradition qui n'appartient pas primitivement à cet évangile de base (Mc 1, 14-6, 13 et les lieux parallèles). On cherchera à faire l'histoire de la formation de cette partie instable de la tradition synoptique.

PREMIÈRE PARTIE

À QUEL MOMENT DANS LA FORMATION SYNOPTIQUE A PRIS NAISSANCE LE FAIT SYNOPTIQUE?

I

NÉCESSITÉ D'UNE STRUCTURE-TYPE
À L'ORIGINE DE L'ORDONNANCE DES PÉRICOPES

Peut-on expliquer l'ordonnance des trois évangiles synoptiques
sans recourir à une structure qui, à l'origine, leur soit commune?
Telle que posée, la question reste volontairement imprécise. Il ne
s'agit pas de déterminer la nature de cette source, de savoir si
elle était orale ou écrite, si elle s'identifiait avec un des évangiles
actuels, ou si elle correspondait à un stade de formation antérieur
à nos évangiles. Il s'agit seulement de chercher s'il est nécessaire
de recourir ainsi à une source commune.

L'ordonnance commune peut s'expliquer de trois façons:

1. par la cohérence interne des matériaux,
2. par un cadre externe qui s'impose au récit,
3. par une source commune (orale ou écrite) dont dépendent les
   récits communs.

La cohérence interne, soit chronologique, soit idéologique,
ne suffit pas, de l'aveu de tous les exégètes, à justifier l'accord
des évangélistes à suivre la même ordonnance. On pourrait peut-être
faire une exception pour le récit de la passion[1] où l'enchaînement
des événements est très bien lié chronologiquement. Mais, à n'en
pas douter, les rapprochements de détails si fréquents entre Matthieu
et Marc par opposition à Luc semblent bien exiger une dépendance
envers une source commune.

Pour résoudre le problème de l'ordonnance, de nouvelles orienta-
tions ont été récemment cherchées, surtout par ceux qui voient

---

[1] Dans un article sur la „*Passion*" dans le *Supplément au Dictionnaire
de la Bible* 6, 1960, col. 1419-1492, X. LÉON-DUFOUR découvre deux récits à
la base de la formation des quatre évangiles: un bref, commençant à l'arrestation (Mc 14, 43: Mt 26, 47; Lc 22, 47; Jn 18, 2), et un autre, long, comprenant le repas pascal. La base commune aux quatre évangiles aurait été
le récit bref. De ce récit bref se sont constituées deux traditions majeures:
celle de Mc-Mt et celle de Lc-Jn. La première est plus centrée sur l'accomplissement de la prophétie du Serviteur de Jahvé, la seconde est enracinée
dans un milieu piétiste où Jésus est censé léguer un „testament" avant de
mourir.

la solution du problème synoptique dans la tradition orale.

Dans sa forme la plus radicale, le système de la tradition orale nie toute dépendance littéraire entre les synoptiques. La catéchèse orale primitive aurait pris rapidement une forme stéréotypée. Cela suffirait à expliquer les ressemblances que l'on trouve entre les synoptiques. Après avoir acquis une certaine stabilité, la catéchèse se diversifiait selon les exigences des différents milieux, d'où se justifieraient les divergences tant dans le contenu que dans l'ordonnance des péricopes. Cette explication aboutit de fait à une structure-type dont dépendraient les évangélistes actuels, c'est-à-dire à la troisième possibilité mentionnée plus haut.

Cependant, la principale difficulté que l'on oppose à ce système, qui donne tant de part à la mémoire, c'est qu'il ne paraît pas assez défini pour rendre compte de tous les accords entre les synoptiques, tant du point de vue littéraire que du point de vue de l'ordonnance. Peut-être est-on trop porté à le juger selon notre mentalité occidentale où la mémoire s'est atrophiée dans la proportion même de l'emploi quasi-exclusif de l'imprimerie. Il faut donc ici se mettre en garde contre un jugement à priori.

Il est indéniable qu'un des problèmes les plus cruciaux dans ce système de la tradition orale est l'accord des évangiles dans l'ordonnance des péricopes de la triple tradition (et en partie celle de la double[1] tradition). On peut répondre de deux manières à cette difficulté.

Les auteurs récents, qui donnent un grand rôle à ce mode de transmission, ne croient pas qu'elle suffise d'elle-même à expliquer l'ordonnance actuelle des synoptiques. Pour cette raison, ils pensent que la fonction de la tradition orale s'arrête au premier évangile — que ce soit un évangile commun aux trois ou un de nos évangiles actuels, v.g. Marc. C'est la position de H. RIESENFELD[2] et de B. GERHARDSSON.[3]

La seconde réponse consisterait à recourir à une cause extérieure qui serait le principe d'ordonnance.

---

[1] Nous désignons, dans cet ouvrage, par la double tradition, les péricopes communes à Matthieu et à Luc.

[2] *The Gospel Tradition and its Beginnings*, dans *Studia Evangelica*, Berlin, 1959, T.I. pp. 43-65.

[3] *Memory and Manuscript. Oral Tradition and Written Transmission in Rabbinic Judaism and Early Christianity*, Uppsala, 1961.

D'après J. W. Doeve[1] et H. B. Kossen[2], les évangiles seraient d'abord une suite de *midrashim* que les premiers chrétiens accolaient aux textes de l'Ancien Testament. En lisant les écritures, ils se seraient rappelé les paroles et les œuvres de Jésus. C'est à partir de la collection de ces *midrashim* que les évangélistes auraient élaboré leurs évangiles. Ce qui expliquerait l'accord en même temps que le désaccord dans la séquence des péricopes entre les synoptiques.

Il n'y a pas de doute que ce genre de *midrashim* a dû exister pour quelques textes des synoptiques. Mais c'est une autre question que de vouloir expliquer l'ordonnance de tout l'évangile de cette façon. D'ailleurs, les exemples présentés par J. W. Doeve et H. B. Kossen sont loin d'être convaincants. Il n'est pas toujours facile de souscrire aux rapprochements proposés par ces auteurs entre les textes de l'Ancien Testament et les évangiles.

Une solution fort semblable (parce qu'elle recourt à une influence extérieure pour rendre compte de l'ordonnance) est celle proposée par P. Carrington[3]. L'évangile de Marc serait une série de leçons en usage dans la liturgie primitive. La séquence des péricopes, dans Marc, dépendrait, par le fait même, de l'ordre des fêtes chrétiennes de ce calendrier liturgique. Cependant, on peut douter de l'existence d'un calendrier chrétien aussi bien défini, à cette époque de l'Eglise primitive (i.e. avant la parution de l'évangile de Marc), et de la solidité des rapprochements que propose cet auteur entre les différentes péricopes et les fêtes de ce supposé calendrier[4].

Vu que tous ces recours à une influence extérieure se montrent insuffisants pour rendre compte de l'ordonnance commune, il ne reste plus d'autre issue que de reconnaître, à l'origine de l'ordonnance, une source quelconque. Ici, il n'est pas encore question de déterminer la nature de cette source ni son étendue. Elle peut s'identifier aussi bien avec un des évangiles actuels qu'avec une ou plusieurs sources communes aux trois évangiles.

---

[1] *Le rôle de la tradition orale dans la composition des évangiles synoptiques*, dans *La Formation des Evangiles. Problème Synoptique et Formgeschichte*, ouvrage en collaboration, Bruges, 1957, pp. 70-84.

[2] *Quelques remarques sur l'ordre des paraboles dans Lc XV et sur la structure de Mt XVII*, 8-14, dans *Novum Testamentum* 1, 1956, pp. 75-80.

[3] *The Primitive Christian Calendar. A Study in the Making of the Marcan Gospel*, Cambridge, 1952.

[4] Voir la critique de V. Taylor, dans *The Gospel according to St. Mark*, Londres, 1952, pp. 24 ss.

II

QUAND A PRIS NAISSANCE LA SOURCE À L'ORIGINE DU FAIT SYNOPTIQUE ?

POSITION DU PROBLÈME

Le problème synoptique est avant tout un problème de sources. On cherche à définir la source ou les sources qui rendent compte de toutes les données du fait synoptique. Il y a déjà des points acquis sur lesquels les auteurs s'entendent: v.g. sur la nécessité de recourir à une structure de base pour expliquer l'ordonnance commune aux trois synoptiques. Cependant, l'entente commune s'arrête pratiquement là.

La solution à ce problème dépend de la réponse que l'on donnera à trois questions fondamentales: 1. la structure de base s'identifie-t-elle avec un des évangiles actuels ou avec un évangile antérieur à ceux-ci? 2. Quelle est l'étendue de cette source? Contient-elle tous les matériaux de la triple tradition? 3. Combien de sources sont nécessaires pour expliquer le fait synoptique? La réponse aux deux dernières questions est conditionnée par celle que l'on donnera à la première. Si la source de base s'identifie avec l'un des évangiles actuels, immédiatement se trouvent définis l'étendue et (en partie) le nombre de sources requises. Si, par contre, la source de base ne s'identifie pas avec l'un des évangiles, mais avec une structure antérieure à nos évangiles, on sera d'autant plus justifié à chercher à préciser l'étendue de cette source; ce qui implique par suite une détermination du nombre de sources nécessaires pour répondre à tous les aspects du fait synoptique. Il importe donc de chercher tout d'abord une réponse à la première question que l'on pourrait formuler ainsi: quand a pris naissance la source qui est à l'origine du fait synoptique?

Le problème en question n'est pas d'établir l'ordre dans lequel les évangiles sont apparus: v.g. si Matthieu vient avant Luc, ou si Matthieu est précédé ou suivi de Marc. La question est encore plus fondamentale: il s'agit de situer dans l'histoire de la formation des évangiles le moment où est apparue la source qui est à l'origine du fait synoptique.

Il suffit pour le problème à l'étude de suggérer deux époques-limite:

1. La source de base s'identifie avec un des évangiles actuels.
2. La source de base appartient à un stade de formation antérieur à nos évangiles actuels.

Pour éviter, dans ce travail, toute orientation qui exclut à priori des possibilités de solution, il y a peut-être lieu de distinguer entre la source qui est à l'origine de l'ordonnance des péricopes et celle ou celles qui sont à l'origine des phénomènes littéraires.[1] Comme l'indique le premier chapitre, pour expliquer l'ordonnance commune aux synoptiques, il est nécessaire de recourir à une structure de base, c'est-à-dire à un stade de formation déjà évolué. Pour expliquer, par contre, les phénomènes littéraires communs, une telle structure ne se fait pas sentir avec la même exigence. Il suffit de supposer un recours commun soit à des groupements de péricopes antérieurs à toute formation systématique proprement dite, soit même à des péricopes isolées. D'après la connaissance que nous avons actuellement du problème synoptique, les deux aspects du fait synoptique (l'ordonnance et les phénomènes littéraires) sont très connexes et se réduisent probablement à une source unique et commune. Toutefois, on ne peut l'affirmer à priori; il vaut mieux laisser la question ouverte pour le moment et ne pas s'engager dans une voie qui ferme la porte à la possibilité de deux différents stades de formation: un pour expliquer les phénomènes littéraires, l'autre pour expliquer l'ordonnance commune.

Une explication des caractéristiques de ces deux époques-limite est nécessaire.

ad 2 (première époque: stade antérieur aux évangiles actuels).

Cette époque est d'abord très imprécise quant à la nature de la source: rien de déterminé sur l'étendue et par conséquent sur le nombre de sources requises pour répondre au problème synoptique. La réponse au problème de l'ordonnance commune peut venir d'une seule source comme aussi de plusieurs. Un seul facteur est déterminé: le moment où commence à s'expliquer le fait synoptique. Et même là, la détermination est très vague: la source de base qui est à l'origine du fait synoptique a été constituée avant les évangiles actuels. Dans la seconde partie de notre travail,

---

[1] Comme illustration de cette dernière possibilité, disons que d'après la théorie de L. VAGANAY (*Le Problème Synoptique*, Tournai, 1954), les phénomènes littéraires dépendraient du Matthieu primitif, tandis que l'ordonnance commune dépendrait en partie de Marc.

nous verrons le rôle prépondérant de l'ordonnance pour la détermination ultérieure de l'étendue et du nombre de sources requises.

ad 1 (première époque: la source de base s'identifie avec un des évangiles actuels).

Une des principales caractéristiques de cette époque, c'est que l'histoire de la formation de cet évangile-type n'intéresse le fait synoptique qu'indirectement, car toutes les modifications littéraires que cet évangile a pu subir dans le cours de sa formation ne concernent que la formation de cette source et n'entrent pas en cause pour l'explication du fait synoptique. Ce qui importe, c'est le moment où cette source unique est complètement formée. Ce n'est seulement qu'après ce moment que cette source est utilisée. De cette caractéristique découlent trois conséquences:

a) La source est unique; non pas dans ce sens que les deux autres évangélistes n'ont pas utilisé également d'autres sources, mais plutôt en ce sens que, lorsqu'ils ont employé l'évangile-type, ce dernier était le même pour tous, du moins dans son point de départ initial.

b) La seconde conséquence: la dépendance entre les évangiles est directe, non pas en ce sens que les deux autres évangélistes ont copié directement l'évangile-source[1], mais dans ce sens que le fait synoptique, du moins pour les matériaux de la triple tradition, doit recevoir sa solution à l'intérieur d'un rapport défini dans les limites des trois synoptiques.

c) La troisième conséquence: la dépendance par rapport à cet évangile-source est à sens unique et irréversible. Peu importe la généalogie qu'on établira entre les trois synoptiques, le fait synoptique doit toujours s'expliquer, pour les matériaux de la triple tradition, comme allant de l'évangile-source aux deux autres évangiles et non pas dans le sens inverse. Cela signifie que l'évangile-source a la priorité exclusive sur les deux autres; les deux autres, dans la mesure où ils dépendent de cet évangile-source, ne peuvent présenter une tradition plus primitive que celui-ci.[2]

---

[1] Selon les différentes théories de ceux qui voient la solution du fait synoptique dans un des évangiles actuels, la généalogie se présente de différentes manières: Mc-Mt-Lc; Mt-Mc-Lc; $\left. \begin{matrix} \text{Mt etc. Mais tous voient} \\ \text{Mc} \\ \text{Lc} \end{matrix} \right.$

la solution au problème synoptique à l'intérieur d'une dépendance directe.

[2] Comme de raison, les deux autres évangiles peuvent rapporter une

On voit à quelles théories sur la formation synoptique cette dernière époque se réfère. Trois possibilités se présentent, selon que l'évangile-source s'identifie avec Matthieu, Marc ou Luc. La priorité de Luc n'a pas eu grande vogue, mais il n'en est pas ainsi de celle de Marc; celle de Matthieu a eu un regain de vie depuis quelques années. Pour cette raison, dans le développement qui va suivre, nous aurons avant tout en vue ces deux dernières théories.

Orientation dans la recherche des époques-limite

Comme nous l'avons signalé, le but de la recherche synoptique est de définir la source ou les sources qui rendent compte du fait synoptique. Le point de départ est l'analyse du fait synoptique et le point d'arrivée est la détermination des sources. Toute recherche qui suppose, au point de départ, la nature de la source déjà en partie déterminée avant toute analyse littéraire, est un à priori inacceptable, car elle suppose déjà résolue une partie du problème synoptique.

Pour cette raison, nous contestons la validité de la méthode et des arguments que quelques auteurs récents avancent pour affirmer que la solution du problème synoptique doit se chercher d'abord et avant tout à l'intérieur d'une dépendance directe des synoptiques entre eux.

D'abord, quant à la méthode, ils procèdent à l'inverse; au lieu de commencer par une analyse du fait synoptique, ils commencent par affirmer la nature de la source: elle est un des évangiles actuels. Ce qui ne devrait venir qu'au terme de la recherche — la nature de la source — est affirmé dès le début. Tout le reste du travail consistera à justifier la justesse de la position prise.

Les arguments que l'on offre pour justifier cette méthode sont encore plus contestables. Les principes invoqués sont les suivants: il ne faut pas multiplier les sources inutilement,[1] ou encore, il faut préférer une solution simple à une solution complexe.[2] Ces

---

tradition plus ancienne en se référant à une autre source, mais sous ce rapport, ils ne dépendent plus de l'évangile-source.

[1] B. C. BUTLER, *The Originality of St. Matthew*, Cambridge, 1951, p. 1; G. M. STYLER, *The Priority of Mark*, dans *The Birth of the New Testament* (C. F. D. MOULE), Londres, 1962, p. 236, note 1.

[2] W. R. FARMER, *The Synoptic Problem*, N.Y., 1964, p. 203; A. M. FARRER, (Critique de B. C. BUTLER), dans *Journal of Theological Studies, N.S.* 3, 1952, p. 103.

principes sont justes et valables en eux-mêmes, mais s'appliquent-
ils ici? Est-ce certain qu'ils valent avant tout et uniquement pour
la dépendance directe? De la manière qu'on les emploie, pour cette
prise de position, il est vrai qu'on simplifie le problème au point
de départ; car on suppose déjà résolu à priori ce qui ne devrait
venir qu'au terme d'une analyse. Ainsi le problème est simplifié
quant à la détermination de la source: on ne marche plus dans
l'inconnu. Mais dans le processus de la "justification", on multiplie
les hypothèses à volonté pour rendre compte des omissions, des
transpositions, des sémitismes etc. On peut se demander s'il n'est
pas plus simple et plus scientifique, du point de vue de la critique,
de partir d'une analyse franche et ouverte quitte à aboutir dans
l'ultime détermination de la source ou des sources à des conclusions
hypothétiques. Ces hypothèses auraient au moins l'avantage
d'être basées sur une analyse littéraire à partir du fait synoptique.
Autrement on pose, dès le début, un à priori qui a pour effet
de limiter les possibilités de solution, et qui d'ailleurs ne subsiste
qu'à coup d'hypothèses aussi discutables.

Cet éclaircissement sur l'orientation du problème synoptique,
nous donne un critère pour juger de la valeur des arguments qui
sont avancés en faveur de l'une ou l'autre hypothèse. Les arguments
qui se présentent comme une ,,justification'' d'une hypothèse
posée à priori n'ont aucune valeur en dehors de ce contexte, tandis
que ceux qui sont basés sur une analyse du fait synoptique courent
une chance de conserver toute leur validité dans toutes circonstances.

III

LA PRIORITÉ DE MARC ET DE MATTHIEU

A) LA PRIORITÉ DE MARC

La priorité absolue de Marc, connue ordinairement sous le titre de *l'hypothèse des deux sources*,[1] garde encore aujourd'hui la faveur de la majorité des exégètes. Cette hypothèse, abstraction faite des nuances des différents auteurs, veut expliquer l'origine de Matthieu et de Luc par leur dépendance directe envers Marc, pour les matériaux de la triple tradition, et par la dépendance à une seconde source pour les matériaux de la double tradition.

Cette théorie est considérée par bien des auteurs comme un axiome absolu et indiscutable de l'exégèse moderne.[2] Cependant, après une période d'acceptation pacifique, cette position est mise de plus en plus en question, ces derniers temps, soit par des travaux concernant le problème synoptique proprement dit,[3] soit même par des affirmations au cours de l'exégèse d'un passage.[4] Nous

---

[1] Vu que l'étendue de Marc ne comprend pas tous les matériaux communs à Matthieu et à Luc, il faut nécessairement recourir à la théorie d'une seconde source: voilà ce qui explique la formulation: *"hypothèse des deux-sources."*

[2] ,,The criticism of the Gospels has achieved one secure result, scarcely anyone now doubts that Mark is our primary Gospel." C. H. DODD, *The Framework of the Gospel Narrative*, dans *New Testament Studies*, Manchester, 1954, p. 1.
Cf. également W. G. KÜMMEL, *New Testament Research and Teaching in Present-Day Germany*, dans *New Testament Studies* 1, 1955, p. 231; R. BULTMANN, *Die Erforschung der synoptischen Evangelien*, Berlin, 1960, p. 8.

[3] B. C. BUTLER, *The Originality of St. Matthew*, Cambridge, 1951; L. VAGANY, *Le Problème Synoptique*, Paris-Tournai, 1954; P. PARKER, *The Gospel before Mark*, Chicago, 1955; W. R. FARMER, *The Synoptic Problem*, N.Y., 1964; J. H. LUDLUM, *More Light on the Synoptic Problem*, dans *Christianity Today*, 24, 1958; et *Are We Sure of Mark's Priority*, ibid., 1959. A. W. ARGYLE, *Agreements between Matthew and Luke*, dans *Expository Times* 73, 1961, 19-22; et *Evidence for the View that St. Luke used St. Matthew's Gospel*, dans *Journal of Biblical Literature* 83, 1964, 390-396; R. L. LINDSEY, *Synoptic Dependence and Interdependence*, dans *Novum Testamentum*, 6, 1963, 239-263; etc.

[4] L. CERFAUX, *La section des pains*, dans *Synoptische Studien*, (*Mélanges A. Wikenhauser*), Munich, 1954, pp. 64-77 (reproduit dans *Recueil Lucien Cerfaux*, I, pp. 471-458); S. MEDNER, *Die Tempelreinigung*, dans *Zeitschrift für Neut. Wissensch.* 47, 1956, 93-113; I. BUSE, *St. John and the First Synoptic Pericope*, dans *Novum Testamentum* 3, 1959, pp. 57-61; et *The Cleansing of*

commencerons par présenter les arguments sur lesquels cette théorie s'appuie, ensuite nous signalerons les objections majeures contre elle.

B. H. STREETER, dans son livre sur le problème synoptique, donne au chapitre VII intitulé: ,,La solution fondamentale'' cinq arguments pour accepter la priorité de Marc, selon que l'on considère: 1) le contenu, 2) le vocabulaire, 3) l'ordonnance, 4) le caractère primitif de Marc, 5) la distribution des matériaux marciens et non-marciens dans Matthieu et Luc. [1] Les deux derniers arguments ont de la valeur en autant qu'ils sont supportés par les trois premiers. Pour cette raison, les trois premiers sont considérés comme les plus importants. [2]

1. *Sur le contenu*

Marc n'a en propre qu'une cinquantaine de versets: la majorité des versets (soit environs 630 versets) se retrouvent soit dans Matthieu, soit dans Luc, soit dans les deux à la fois. Environ onze-douzième des matériaux de Marc est reproduit dans Matthieu, et environ cinquante pour-cent de Marc a été utilisé par Luc.[3]

Si l'on veut mettre l'accent du côté moins favorable de l'argument, il faudrait dire que Matthieu omet près de dix pour-cent de Marc, et Luc cinquante pour-cent de Marc.

En plus, N. B. STONEHOUSE nous met lui-même en garde contre la valeur de ce premier argument: il ne permet aucunement de conclure à une dépendance directe; il n'a de valeur que s'il est appuyé par celui sur le vocabulaire et l'ordonnance.

> ,,The observation of agreement in subject matter by no means establishes the conclusion of direct dependence, whether it be of Mark upon Matthew or Matthew upon Mark. Only when the agreement in words and order of arrangement is assessed will one be prepared to come to firm conclusions with regard to the factor of interdependence. On the basis of agreement in subject matter one would have to allow seriously for the possibility that the dependence was merely of an indirect kind.'' [4].

---

the *Temple in the Synoptics and in John*, dans *Expository Times* 70, 1958, pp. 22-24; J. ALONSO DIAZ, *Cuestión sinóptica y universalidad de mensaje cristiano en el pasaje evangélico de la mujer cananea* (*Mc* 7, 24-30; *Mt* 15, 21-38), dans *CultBib* 20, 1963, pp. 274-279; etc.

[1] *The Four Gospels*, Londres, 1956, pp. 151-198.

[2] N. B. STONEHOUSE, *Origins of the Synoptic Gospels*, Grand Rapids, 1963, pp. 56 ss.

[3] Cf. D. T. ROWLINGSON, *Synoptic Problem*, dans *Interpreter's Dictionary*, N.Y. 1962, p. 492.

[4] *Op. cit.*, p. 57.

En d'autres mots l'argument se réduit à une simple constatation de fait qui peut servir aussi bien contre que pour la priorité de Marc: tout dépend de la source qu'on a pu déterminer par un autre argument que celui du contenu.

2. *Sur le vocabulaire*

Cet argument est également basé sur une proportion: Matthieu emploie cinquante et un pour-cent du vocabulaire de Marc, et Luc cinquante-trois pour-cent. La force de l'argument ne se trouve pas uniquement dans ce pourcentage mais dans le fait que les accords entre Marc et Matthieu ou Luc sont nombreux, tandis qu'ils sont rares entre Matthieu et Luc contre Marc.[1]

Nous verrons que W. R. FARMER peut retourner l'argument en sa faveur pour affirmer que Marc a résumé Matthieu et Luc.[2] L'argument semble même quelquefois supporter mieux la position de ce dernier auteur. En effet, une des caractéristiques de Marc est l'emploi d'une ,,expression-doublet'' pour exprimer une seule idée.[3] D'après B. H. STREETER, dans ces cas, Matthieu ou Luc abrège la leçon de Marc en laissant de côté une partie de l'expression. Ainsi, dans Marc 1, 32 on lit: ,,Le soir venu, après le coucher du soleil. . .'' Matthieu ne rapporte que la première partie de l'expression: ,,Le soir venu...'', Luc, la seconde partie: ,,Au coucher du soleil...'', Cependant, la présence de cette expression dans Marc peut aussi bien, sinon mieux, s'expliquer si l'on voit dans Marc celui qui cherche à accorder Matthieu et Luc.[4]

De la même manière, le fait qu'on ne rencontre que peu d'accords dans le vocabulaire entre Matthieu et Luc contre Marc reçoit une explication aussi valable si l'on considère Marc comme celui qui dépend des deux autres au lieu d'en être la source.

Donc, l'argument sur le vocabulaire n'oblige aucunement à

---

[1] Nous verrons que même s'ils sont peu nombreux, les accords de Matthieu et de Luc contre Marc constituent un des arguments majeurs contre la priorité exclusive de Marc.

[2] *The Synoptic Problem*, pp. 154 ss; 215.

[3] Cf. J. C. HAWKINS, *Horae Synopticae*, pp. 114-153.

[4] W. R. FARMER résume bien la valeur de cet argument: ,,The point is that such duplicate expressions do not by themselves constitute evidence for or against Marcan priority. They are susceptible to different interpretations, and possibly they are better explained on one hypothesis than on another. But it has never been shown that they can be explained best on the Marcan hypothesis, and, until that is done, they cannot justly be considered as evidence for the priority of Mark.'' *Op. cit.*, p. 155.

admettre la priorité de Marc. Il ne constitue même pas un argument en faveur d'une dépendance directe, car d'un côté, on emploie le même argument pour justifier la source Q, où il est évident qu'il ne s'agit pas d'une dépendance directe[1] mais d'une dépendance à une source commune à Matthieu et à Luc; de l'autre côté, on comprend difficilement qu'une dépendance directe ait abouti à un résultat malgré tout si discordant; en effet, il n'y a pas une phrase complète sur laquelle les trois synoptiques s'accordent intégralement.

3. *Sur l'ordonnance*

L'accord dans l'ordonnance est considéré comme le cheval de bataille de la priorité de Marc. Voici comment B. H. STREETER formule son argument.[2] Marc est clairement le plus primitif, car, lorsque par exemple Matthieu s'éloigne de l'ordonnance de Marc, Luc s'accorde avec celui-ci; si c'est Luc qui s'en éloigne, Matthieu appuie l'ordonnance de Marc. Par contre, il n'y a pas de cas où Matthieu et Luc s'accordent contre Marc sur le point de l'ordonnance. N. B. STONEHOUSE est satisfait de souligner que personne n'a osé mettre en question la justesse de cette affirmation.[3] Mais de fait, ce qui n'est pas mis en question, c'est que l'accord dans l'ordonnance oblige à reconnaître à l'origine une source commune.

Cependant, peut-on de cette façon conclure à la priorité de Marc? Il est curieux de constater que B. C. BUTLER et W. R. FARMER, se servant du même argument ont abouti à une position diamétralement opposée. B. C. BUTLER[4] remarque que, si l'on compare l'ordonnance de Matthieu et celle de Luc, la divergence est assez considérable; par contre, si l'on compare Marc à Matthieu ou à Luc la disparité est négligeable. La raison est bien simple: Marc constitue le chaînon moyen entre Matthieu qui est au principe et Luc qui vient en dernier lieu. Marc n'est la source que d'un seul évangile: de Luc.

---

[1] Pour affirmer l'existence de la source Q on ne s'arrête qu'à la comparaison du vocabulaire et du contenu d'une péricope.

[2] B. H. STREETER, *Op. cit.*, p. 161.

[3] N. B. STONEHOUSE, *Origins of the Synoptic Gospels*, p. 63: ,,But it is important to add that apparently no one challenges the accuracy of the observations concerning order as such. B. C. BUTLER, for example, admits their accuracy; it is the inference relating to the dependence of Matthew upon Mark to which he objects.''

[4] *The Originality of St. Matthew*, pp. 64 ss.

W. R. Farmer observe avec encore plus de perspicacité qu'il y a un rapport étroit entre l'accord dans l'ordonnance et l'accord dans le texte.[1] Il y a non seulement le phénomène de l'ordonnance, mais il y a également celui de la corrélation entre l'accord dans l'ordonnance et l'accord dans le texte: quand Matthieu et Marc présentent la même ordonnance contre Luc, ils ont tendance à se rapprocher également dans le texte; la même tendance se remarque quand Luc et Marc suivent la même ordonnance contre Matthieu. W. R. Farmer voit la solution de ce phénomène complexe dans la supposition que Marc vient le dernier et qu'il est le compilateur des deux autres. Lorsque Marc copie Matthieu, il a tendance à le suivre aussi bien dans l'ordonnance que dans le vocabulaire; par contre, lorsqu'il s'absorbe dans le texte de Luc la même tendance se manifeste. Voilà ce qui expliquerait la correspondance entre l'accord dans l'ordonnance et l'accord dans le texte.

Cela suffit pour montrer que l'analyse du phénomène de l'ordonnance n'oblige aucunement à croire à la priorité de Marc. Le fait de l'ordonnance et son interprétation sont deux choses. On ne peut nier que l'ordonnance doit apporter une contribution à l'explication du problème synoptique, mais la supposition que Marc est à l'origine des deux autres évangiles serait-elle la seule explication? Serait-ce même la meilleure? La position de B. C. Butler, et surtout celle de W. R. Farmer, prend certainement en considération des aspects négligés par ceux qui prônent la priorité de Marc. Ils ont, pour cette raison, tendance à repousser Marc vers la dernière phase de la généalogie synoptique. Cependant, ils en restent à l'intérieur d'une dépendance directe, car ils ont établi à priori que c'est uniquement dans ce cadre limité que se trouve la solution du problème synoptique. Mais tout de même leur prise de position montre très clairement que l'argument de l'ordonnance ne joue pas uniquement en faveur de la priorité de Marc.

On peut donc conclure que les trois ,,preuves'' ne militent aucunement en faveur de la priorité de Marc, car chacun des arguments proposés peut recevoir une explication aussi satisfaisante en ne supposant pas la priorité de Marc. On pourrait peut-être riposter que ces trois arguments n'ont de valeur, en faveur de la priorité de Marc, qu'en autant qu'ils sont pris comme un tout

---

[1] *Op. cit.*, pp. 217 ss.

inséparable. Cependant, ces trois arguments conjugués permettent uniquement de conclure que Marc constitue le moyen terme entre les deux autres évangiles.[1] On peut les formuler ainsi.[2] Quand trois documents A, B, C donnent substantiellement la même information et qu'entre les trois il y a de nombreux accords, si les accords sont plus nombreux entre A et B par opposition à C, et entre B et C par opposition à A, qu'entre A et C par opposition à B, alors la généalogie ne peut être que dans l'ordre suivant: $_A{}^B{}_C$ (B est le moyen terme entre A et C). Appliquant ce principe à Marc, on constate que cet évangéliste, dans les matériaux de la triple tradition, rapporte une quantité de détails qui ne se retrouvent tantôt que dans Matthieu, tantôt que dans Luc. Dans l'ordonnance, nous voyons l'application de la même loi: tantôt Matthieu, tantôt Luc, conserve une ordonnance qui ne se retrouve intégralement qu'en Marc. Alors, on conclut: Marc constitue le moyen terme (B) entre Matthieu et Luc (A et C). Mais que Marc soit le moyen terme est un fait qui peut recevoir de multiples explications. D'après B. C. BUTLER, c'est parce qu'il se situe entre Matthieu et Luc; d'après W. R. FARMER c'est qu'il vient en dernier lieu et qu'il compile ses prédécesseurs.

De lui-même, le fait que Marc se trouve à former un moyen terme entre Matthieu et Luc ne constitue pas un argument en faveur de la priorité de Marc.

4. Le caractère primitif de Marc

On constate que Marc conserve une quantité de phrases qui pourraient être offensives à une oreille familière avec la langue grecque et qui n'apparaissent pas dans les deux autres évangiles, v.g. il conserve plusieurs mots araméens; son style et sa grammaire sont moins polis que ceux de Matthieu et de Luc, etc. Tout cela semble faire pencher la balance en faveur de la priorité de Marc.

Il ne s'agit pas de nier tout simplement le caractère archaïque de Marc et de tomber dans l'excès opposé, mais de voir si ces phénomènes sont une propriété exclusive de Marc et si quelques-uns ne peuvent recevoir une autre explication aussi satisfaisante.

---

[1] C'est uniquement la conclusion que permet l'analyse de Mgr. DE SOLAGES, (*Synopse grecque des Evangiles*, Toulouse, 1959), comme l'a bien affirmé W. R. FARMER: „For what Solages has actually done is to document in exhaustive detail the fact that Mark is in some sense the middle term between Matthew and Luke." *Op. cit.*, p. 197.

[2] B. C. BUTLER, *Op. cit.*, p. 2, note 1.

On a souvent affirmé que le style coloré de Marc révèle la présence d'un témoin oculaire et qu'il est pour cette raison plus primitif que les deux autres.[1] Des auteurs mettent toutefois en doute cette relation entre le style coloré de Marc et le rapport d'un témoin oculaire qui serait Pierre.[2] De fait, Marc conserve ce style tout au long de son évangile, même là où Pierre n'a pas pu être témoin oculaire. On remarque également ce même style dans les évangiles apocryphes. La vérité ne serait-elle pas que Marc est plus récent que les deux autres ?

B. H. STREETER affirme que Matthieu et Luc ont cherché à "corriger" les tournures rudes de Marc pour les rendre plus conformes au grec de la *Koinè*. Mais si l'on considère d'un côté le caractère judaïsant de l'évangile de Matthieu (qui est sans doute un vestige d'archaïsme) et de l'autre la tendance latinisante et hellénisante de Marc, le contraire ne serait-il pas plus vraisemblable : Marc peut être justement celui qui "corrige" la structure trop idiomatique et judaïsante de sa source (quelle qu'elle soit) pour la rendre plus latinisante, c'est-à-dire pour l'adapter à son auditoire. Car, il est évident que la préoccupation des évangélistes n'était pas tant de faire œuvre littéraire que de répondre à la mentalité et à la situation concrète de leur auditoire. Donc, sur ce point, Matthieu peut conserver des éléments plus archaïques que Marc.[3]

5. *La distribution des matériaux marciens et non-marciens dans Matthieu et Luc*

Cet argument est vu dans la perspective particulière aux deux évangiles : Matthieu et Luc. Il porte sur le fait qu'il existe d'un côté, un accord entre Matthieu et Luc quant à la distribution des matériaux de la triple tradition (matériaux marciens), et de l'autre, un désaccord entre ces mêmes évangiles pour la distribution du reste des matériaux évangéliques. Seul, en effet, les matériaux de la triple tradition sont appuyés quant au contenu par les trois, et

---

[1] D'après la tradition, Marc rapporte le témoignage de Pierre.

[2] D. E. NINEHAM, *Eye-Witness Testimony and the Gospel Tradition*, dans *Journal of Theological Studies* 9, 1958, pp. 13-25 ; Cf. W. R. FARMER, *Op. cit.*, p. 170.

[3] La présence de mots araméens dans le texte de Marc peut recevoir diverses explications. Ils peuvent retenir une tradition archaïque, cependant il n'est pas certain qu'ils ne soient pas des ajoutes après coup sous l'influence liturgique. Cf. W. R. FARMER, *Op. cit.*, p. 174, note 37.

quant à l'ordonnance soit par les trois, soit du moins par deux évangiles. Par contre, Matthieu et Luc ne s'accordent que très rarement à insérer les mêmes matériaux non-marciens dans la trame des matériaux marciens. Vu que la structure qui correspond à l'évangile de Marc est conservée, malgré les différentes insertions de Matthieu et de Luc, on en conclut à la dépendance directe de ces deux évangélistes par rapport à Marc.

Du point de vue de Matthieu et de Luc, on ne peut nier le fait d'une distribution différente pour les matériaux non-marciens, mais ce fait permet-il d'affirmer la priorité de Marc? Cet argument se rapproche du troisième sur l'ordonnance commune et oblige à reconnaître à l'origine des matériaux communs une structure de bases. Mais il ne permet pas de déterminer où cette structure se situe dans l'histoire de la formation des synoptiques ni même de se prononcer sur son étendue. S'identifie-t-elle avec l'évangile de Marc? Par suite, quelle est l'étendue de cette structure de base? [1] La simple constatation d'une différence dans la distribution des matériaux marciens et non-marciens ne permet pas de le déterminer.

B. C. BUTLER voit l'explication de ce phénomène dans la position moyenne que prend Marc par rapport aux deux autres évangiles. Matthieu est l'évangile de base. Marc l'a résumé; Luc construit à partir de Marc. Ainsi s'explique le fait que, du point de vue de l'ordonnance de la triple tradition, Matthieu et Luc sont les plus éloignés l'un de l'autre. Marc se situe entre les deux, il est plus près de Matthieu et de Luc que ces deux évangiles le sont entre eux. Luc, en construisant son évangile à partir de Marc, va nécessairement présenter une disposition différente de celle de Matthieu pour les matériaux qu'il insérera lui-même dans la trame de Marc. Voilà comment B. C. BUTLER interprète le phénomène qui sert d'argument en faveur de la priorité de Marc. Il aboutit à une position diamétralement opposée.

W. R. FARMER voit l'explication de ce phénomène dans le comportement différent de Marc envers ses deux sources: Matthieu et Luc. Pour cet auteur, l'évangile de base est également Matthieu

---

[1] Si Matthieu et Luc s'accordent sur le contenu des matériaux de la triple tradition, il n'en est pas ainsi de l'ordonnance; cela pose immédiatement le problème de l'étendue de la structure de base et oblige à pousser plus loin la recherche: est-ce que la structure de base commune aux trois synoptiques contenait tous les matériaux de la triple tradition? Il se peut que cet évangile de base s'identifie avec Marc, mais on ne peut l'affirmer à priori. Cette recherche concernera la deuxième partie de notre travail.

dont Luc s'est servi directement. Marc avait tendance à ne pas se départir de ses deux sources quand celles-ci rendaient un témoignage concordant. Et quand celles-ci divergeaient dans leur témoignage, il se voyait libre de suivre l'une ou l'autre source. La position de W. R. FARMER rend peut-être moins bien compte de la raison d'être d'une distinction entre les matériaux marciens et non-marciens dans les évangiles de Matthieu et de Luc; par contre, il prend en considération un facteur négligé par ceux qui adhèrent à la priorité de Marc: la correspondance entre l'accord dans l'ordonnance et le rapprochement dans le texte. En effet, lorsque Luc, par exemple, est seul à s'accorder dans l'ordonnance avec Marc, il a tendance à se rapprocher du texte de celui-ci. La même tendance se manifeste lorsque Matthieu s'accorde dans l'ordonnance avec Marc.

Du même phénomène, les uns concluent à la priorité de Marc, les autres à la priorité de Matthieu. On aboutit à deux conclusions diamétralement opposées, parce que déjà à priori on était décidé que la solution devait se trouver à l'intérieur d'une dépendance directe: le choix de la priorité d'un des évangiles actuels. On ne peut accepter la priorité de l'un sans nier aussi catégoriquement la valeur des arguments en faveur de la priorité de l'autre, car la priorité dans le contexte d'une dépendance directe exige cette exclusivité. Si, par contre, on suppose que la solution du problème synoptique se trouve dans une source commune antérieure aux évangiles actuels, on pourrait apporter les mêmes arguments avec autant de validité que pour la priorité de Marc. Cela montre que la simple constatation d'une distribution différente des matériaux marciens et des matériaux non-marciens dans les évangiles de Matthieu et de Luc ne constitue pas un argument exclusivement en faveur de la priorité de Marc; car, pour l'expliquer nous sommes en face de plusieurs alternatives: priorité de Marc; priorité de Matthieu; source antérieure aux évangiles actuels. Toutes ces alternatives restent possibles. Il se peut que ce fait reçoive une meilleure explication par l'une ou l'autre théorie, mais il n'est aucunement clair que cette théorie soit la priorité de Marc à l'exclusion des deux autres.

Conclusion

Nous pouvons tirer trois conclusions de cette discussion sur les arguments présentés en faveur de la priorité de Marc.

1. Ces arguments ne forcent aucunement l'assentiment à croire à la priorité de Marc.

2. Il faut admettre que Marc reflète en quelques endroits des éléments primitifs, mais ce n'est certainement pas un privilège exclusif à Marc. Tout au plus s'agit-il d'une question d'accentuation qui ne va pas jusqu'à exclure tout élément d'archaïsme dans les deux autres évangiles.

3. Les accords de Matthieu et de Luc contre Marc restent encore une des difficultés que ceux qui croient à la priorité de Marc n'ont certainement pas su surmonter.[1] Je crois qu'une des plus grandes contributions de W. R. FARMER est de montrer combien les explications de B. H. STREETER en ce domaine sont insuffisantes.

B) LA PRIORITÉ DE MATTHIEU

Tous ceux qui récemment posent l'hypothèse de la priorité de Matthieu voient la solution du problème synoptique dans les limites de la dépendance directe. Un argument contre la priorité de Marc devient immédiatement un argument en faveur de la priorité de Matthieu. On ne considère pas d'autres alternatives. Cette attitude est très évidente dans les articles récents sur la discussion à propos de l'existence de Q. Voici comment A. M. FARRER formule son argument:

> „The Q hypothesis is not, of itself, a probable hypothesis. It is simply the sole alternative to the supposition that St. Luke had read St. Matthew (or vice versa). It needs no refutation except the demonstration that its alternative is possible. It hangs on a single thread; cut that, and it falls by its own weight." [2]

On est déjà décidé sur l'origine des matériaux de la triple tradition: la solution se trouve dans une dépendance directe, dépendance de Matthieu (et de Luc) par rapport à Marc, ou dans le sens opposé,

---

[1] Cf. R. L. LINDSEY, *Synoptic Dependence and Interdependence*, dans *Novum Testamentum* 6, 1963, p. 244; A. W. ARGYLE, *Agreements between Mt and Lk*, dans *Expository Times* 37, 1961, 19-22; etc. Ces accords entre Matthieu et Luc contre Marc sont un argument encore plus fort contre la priorité de Marc, lorsqu'ils sont corroborés par le texte parallèle de Jean: cf. I. BUSE, *The Cleansing of the Temple in the Synoptics and in John*; dans *Expository Times* 70, 1958, 22-24.

[2] *On Dispensing with Q*, dans *Studies in the Gospels. Essays in Memory of R. H. Lightfoot*, Oxford, 1957, p. 62. Voir également B. C. BUTLER, *The Originality of Matthew and Luke against Mark*, dans *Studia Evangelica*, I, Berlin, 1959, p. 223; G. M. STYLER, *The Priority of Mark*, dans *The Birth of the New Testament* (C. F. D. MOULE), Londres, 1962, p. 226.

dependance de Marc (et de Luc) par rapport à Matthieu. Dans ces limites, un argument contre la source Q est considéré comme un argument en faveur de Matthieu.

Nous allons nous arrêter aux arguments de deux auteurs récents qui croient à la priorité de Matthieu: B. C. BUTLER et W. R. FARMER.

Arguments de B. C. BUTLER [1]

Pour expliquer le fait synoptique, B. C. BUTLER établit la généalogie suivante: Matthieu-Marc-Luc. L'argument fondamental de cette séquence lui est fourni par la constatation que Marc garde une position mitoyenne entre les deux autres synoptiques. Luc, quant aux matériaux de la triple tradition, dépend de Marc; et de Matthieu quant aux matériaux de la double tradition. Du point de vue du vocabulaire, du contenu et de l'ordonnance, Marc est plus proche de Matthieu et de Luc que ces deux le sont l'un de l'autre. Cette généalogie rendrait mieux compte que la théorie de la priorité de Marc du phénomène si surprenant des accords relativement rares entre Matthieu-Luc contre Marc. La raison est bien simple: pour les matériaux de la triple tradition, Marc dépend de Matthieu, et Luc de Marc; de cette manière il ne peut exister d'accords entre Matthieu et Luc sans l'intervention de Marc.

Critique de la position de B. C. BUTLER

On ne peut s'empêcher d'admirer les analyses sérieuses et perspicaces de B. C. BUTLER. Les arguments avancés pour montrer qu'en certains endroits Marc est secondaire, qu'en d'autres, Matthieu, dans la double comme dans la triple tradition, présente un texte plus primitif, nous semblent assez solides. Mais sa trop grande assurance que la solution du problème synoptique se trouve dans les limites d'une dépendance directe l'empêche de pousser jusqu'au bout ses conclusions. Il ne suffit pas de constater que Marc en quelques endroits est secondaire, ou que Matthieu par contre contient des éléments primitifs en plus grand nombre que Marc. Il faut également retenir que Marc de son côté en contient: ce n'est donc pas une caractéristique exclusive à Matthieu. En affirmant la priorité de Matthieu, il se voit dans l'obligation de nier ou du moins d'expliquer leur présence dans Marc (et Luc).[2]

---

[1] *The Originality of St. Matthew*, Cambridge, 1951.
[2] Il n'est aucunement prouvé que Luc n'en conserve pas non plus, comme

Pour ces éléments archaïques qu'il est obligé de reconnaître dans Marc, il se réserve une porte de sortie: ils viennent de l'influence de la prédication de Pierre.[1] De fait, la tradition affirme que l'apôtre Pierre a eu une part à jouer dans la formation de l'évangile de Marc. Mais quant à la nature et à l'étendue de cette influence, on reste dans l'incertitude. On ne peut affirmer à priori que cette influence couvre précisément les éléments primitifs de Marc. Cette hypothèse de B. C. BUTLER apparaît bien plutôt comme un expédient pour dépasser les conclusions que lui permettent les prémisses. Il se rend compte que dans Matthieu comme dans Marc il y a des éléments archaïques. Cette constatation permet au plus de conclure à l'indépendance mutuelle de ces deux évangiles.

En outre, l'hypothèse de B. C. BUTLER attribue à Luc une manière de rédiger tout à fait insolite. Pour les matériaux de la triple tradition, il dépendrait de Marc, pour ceux de la double tradition, il se référerait à Matthieu. Pourquoi n'a-t-il pas puisé directement dans Matthieu pour les deux traditions? Pourquoi ce partage des sources? Enfin, pourquoi ces omissions si considérables dans les matériaux communs à Matthieu et à Marc, et ces bouleversements d'ordre se rapportant presque tous aux matériaux de la double tradition? Adopter une généalogie qui situe Marc entre Matthieu et Luc ne simplifie aucunement le problème; on se voit continuellement obligé de faire appel à la crédulité du lecteur en créant d'autres hypothèses pour répondre aux difficultés qui s'accumulent à mesure que progresse l'argumentation. La ,,solution'' très simple au point de départ devient très complexe au terme de l'explication; n'est-ce pas parce qu'elle est basée sur un à priori? De fait, on ne parvient pas à démontrer que l'origine des évangiles doit s'expliquer par une généalogie globale à sens unique pour tous les matériaux de la triple tradition. Chacun des évangiles conserve des éléments archaïques qui laissent plutôt croire à un croisement d'influence dans le processus de la formation de la tradition synoptique.

Voyons comment W. R. FARMER veut résoudre le problème, car sa théorie suppose un croisement d'influence au niveau des évangiles actuels.

---

le montre très bien les analyses de J. DUPONT sur les béatitudes (*Les Béatitudes*, Bruges, 1954). B. C. BUTLER est loin de couvrir toute la matière évangélique; il procède par illustrations, en choisissant comme de raison les endroits qui appuyent le mieux sa thèse.

[1] *Op. cit.*, pp. 161 ss.

Arguments de W. R. FARMER

W. R. FARMER ne fait que reprendre la position de GRIESBACH présentée en 1783.[1] Luc dépend de Matthieu, et Marc s'est servi de Matthieu et de Luc. W. R. FARMER base cette dépendance triangulaire entre les synoptiques sur deux phénomènes: 1) les accords rares entre Matthieu et Luc contre Marc; 2) la corrélation entre l'accord dans l'ordonnance des péricopes et le rapprochement dans le texte: quand Marc s'accorde avec l'ordonnance d'un des deux évangiles Matthieu ou Luc, il a tendance à s'approcher également du texte de celui-ci. Pour répondre au problème posé par ces deux phénomènes, il situe les trois évangiles dans une telle relation de dépendance qu'il lui est facile de justifier les accords de deux évangiles contre un troisième. Les accords de Matthieu et de Luc contre Marc s'expliquent par la dépendance de Luc par rapport à Matthieu; et ceux de Matthieu et de Marc ou de Luc et de Marc, par la dépendance de Marc par rapport à Matthieu et à Luc. Marc est la clef de voûte de la solution autant des rares accords de Matthieu-Luc contre Marc que de la corrélation entre l'ordonnance des péricopes et le rapprochement dans le texte. Cet évangéliste s'est évertué à rapporter aussi exactement que possible les éléments communs aux deux évangiles: Matthieu et Luc, lorsque ceux-ci marchaient de pair. Ce comportement de Marc explique les rares accords de Matthieu-Luc contre Marc. Par contre, lorsque Luc abandonne la séquence de Matthieu, alors Marc se voit libre de suivre l'une ou l'autre de ses sources. En procédant ainsi, Marc avait tendance à suivre de plus près le texte de la source dont il reproduisait l'ordonnance. Ainsi s'éclaire le second phénomène: la relation entre l'accord dans l'ordonnance et le rapprochement dans le texte.

Critique de la position de W. R. FARMER

W. R. FARMER n'apporte aucun argument nouveau en faveur de la priorité de Matthieu: on ne voit pas pourquoi il a préféré la priorité de Matthieu à celle de Luc. Il aurait pu mettre Luc à la place de Matthieu, cela n'aurait rien changé à son argumentation. Le seul argument qu'il apporte en faveur de cette préférence est celui de la tradition.[2]

---

[1] W. R. FARMER, *Op. cit.*, p. 7.
[2] *Op. cit.*, pp. 224 ss.

Tout l'effort de W. R. FARMER vise à ébranler la foi trop candide en la priorité de Marc. Sur ce point, il faut avouer que le travail de W. R. FARMER est une réussite. La critique contre la ,,solution'' de B. H. STREETER sur les accords de Matthieu-Luc contre Marc au chapitre IV mérite une mention spéciale. Il montre combien B. H. STREETER a analysé isolément ces textes sans prendre en considération la force cumulative de tous les accords positifs et négatifs de Matthieu-Luc contre Marc.

Cependant, l'attitude de W. R. FARMER transparaît dans la structure même de son livre. La grande partie de son œuvre est consacrée à la réfutation de la priorité de Marc. Sa thèse n'apparaît qu'aux deux derniers chapitres de son volume. Pour lui, détruire la priorité de Marc équivaut à affirmer la priorité de Matthieu. Il y a un passage direct de la théorie réfutée à sa propre position. Il manque justement cet entre-deux où on reconnaît des éléments primitifs aussi bien dans Marc que dans Matthieu. En d'autres mots, W. R. FARMER reste strictement dans les limites de la dépendance directe dont l'argument fondamental se doit d'être la négation de tous les arguments en faveur de la thèse opposée.

Certes, la relation qu'il suppose entre les synoptiques répond mieux aux deux phénomènes (les accords rares entre Matthieu-Luc contre Marc; la corrélation de l'accord dans l'ordonnance et le rapprochement dans le texte) que la thèse de B. C. BUTLER ou celle de la priorité de Marc. Il est même probable que sa position est la meilleure, dans les limites d'une dépendance directe entre les évangiles. La validité de sa thèse est liée à l'imposition de trois postulats: 1 la dépendance directe, 2 la dépendance de Luc par rapport à Matthieu, 3 la raison d'être d'un évangile tel que Marc (un résumé de Matthieu et de Luc) dans un milieu où subsistent déjà les sources de celui-ci: Matthieu et Luc.

En concevant ainsi la dépendance des synoptiques entre eux, il se place dans une position hypothétiquement favorable pour répondre à la principale objection faite à la théorie de la priorité de Marc: les accords de Matthieu-Luc contre Marc. Les principales objections lancées contre la position de B. C. BUTLER continuent toutefois à valoir contre celle de W. R. FARMER: pourquoi Luc, en copiant Matthieu, n'a-t-il modifié presque exclusivement que les matériaux de la double tradition et non ceux de la triple tradition? Certes sa théorie est moins gauche que celle de B. C. BUTLER: elle ne suppose pas que Luc ait suivi Marc pour la triple tradition et Matthieu pour la double tradition. Par contre, la théorie de B. C. BUTLER est hypothétiquement en meilleure position pour répondre à ce phénomène particulier de la distinction entre les matériaux marciens et non-marciens dans Luc, vu que les deux traditions (triple et double) se présentaient à Luc comme clairement divisées.

Le comportement de Marc envers ses deux sources et le motif qui l'aurait poussé à écrire un tel évangile restent fort énigmatiques. L'intention qui dirigeait Marc dans son rôle de compilateur aurait été: "not to deviate from the text to which his predecessors bore concurrent testimony".[1] En faisant ainsi appel à l'intention explicite de Marc de rapporter aussi fidèlement que possible les éléments communs à Matthieu et à Luc, W. R. FARMER peut sans difficulté expliquer pourquoi les accords de Matthieu et de Luc contre Marc sont si rares, mais à quel prix. Marc n'est plus le théologien que l'exégèse nous a appris à connaître: il n'est qu'un simple compilateur. Si telle était l'intention explicite de Marc, on comprend difficilement les ajoutes particulières à Marc (même si elles ne sont pas nombreuses); les préférences de Marc pour une section de l'évangile de Matthieu: v.g. 6, 45-8, 26; finalement, pourquoi suit-il fidèlement Luc plutôt que Matthieu au début de son évangile (1, 21-6, 13), Matthieu plutôt que Luc dans la seconde partie (6, 45 ss)? Reposer ultimement la réponse sur l'intention de Marc reste une hypothèse incontrôlable. Enfin, si Marc a voulu tout simplement concilier Matthieu et Luc comment alors expliquer la spontanéité constante de son style,[2] le caractère originel et particulier de sa théologie?[3]

Conclusions concernant la priorité de Marc et de Matthieu

Nous venons de voir deux positions opposées qui réclament l'existence d'éléments primitifs[4] exclusivement en faveur d'un évangile: priorité de Marc, priorité de Matthieu. En mettant ces deux opinions en face l'une de l'autre, on peut tirer trois conclusions qui aideront à situer le problème synoptique.

1. Les arguments qu'on apporte ne permettent pas de conclure à la priorité de l'un ou de l'autre évangile.

---

[1] *Op. cit.*, p. 217, cf. également pp. 78, 79, 83.
[2] F. C. GRANT, *Turning back the Clock*, dans *Interpretation* 19, 1965, p. 354.
[3] T. A. BURKILL, *Which Came First?*, dans *ChristCent* 81, 1964, p. 1430.
[4] On entend par „élément primitif" dans cette conclusion tout élément non dérivé, mais transmis tel quel de première main.

2. Dans chacune de ces positions opposées, on cherche à montrer l'existence d'éléments primitifs dans l'évangile que l'on croit être à l'origine du fait synoptique. Ce qui oblige à nier ce même caractère aux deux autres. Leur option implique cette négation: on ne considère même pas la possibilité d'une solution mitoyenne.

3. Sans voir la nécessité d'accepter les conclusions de ces deux positions opposées concernant la priorité d'un évangile, on ne peut négliger entièrement l'apport que chacune d'elles apporte à la solution du problème synoptique. Dès lors, si l'on veut mettre à contribution les éléments valables dans les arguments de ces deux positions rivales, il faut prendre une position moyenne et reconnaître l'existence d'éléments primitifs dans la triple tradition de chacun des trois évangiles. On doit aussi voir par contre dans l'effort de ces auteurs pour nier ce même caractère dans les deux autres évangiles un expédient pour affirmer, dans les limites de la dépendance directe, la priorité de l'évangile qu'ils croient être la source des deux autres. Car les indications sont telles qu'on ne peut conclure, des arguments présentés, à la priorité d'un évangile; par contre, les principales objections viennent du caractère primitif que révèlent les deux autres évangiles considérés comme dépendants.[1] L'attitude la plus simple et la plus logique est d'accepter comme un point acquis de l'exégèse moderne l'existence d'éléments originels dans les trois synoptiques.[2]

Ce que nous réclamons ici, c'est la liberté d'ouvrir les cadres et de poser comme point de départ de la solution du problème synoptique, non pas un à priori quel qu'il soit, qui limite les possibilités de solution, mais l'analyse aussi objective que possible du fait synoptique.

---

[1] On compte plus de deux cents accords de Matthieu-Luc contre Marc. Voir la liste complète dans Mgr DE SOLAGES, *Synopse grecque des Evangiles*, Toulouse, 1959, pp. 1055 ss. B. H. STREETER essaye d'expliquer ces accords en les distribuant par groupes et en offrant plus ou moins heureusement diverses hypothèses de solution: accords par hasard; existence de diverses leçons au temps où Matthieu et Luc ont copié Marc; finalement, il recourt comme la plupart des exégètes, pour une partie des accords, à la source Q. Voir les critiques de W. R. FARMER. *Op, cit.*, pp. 118 ss.

[2] Deux opinions acceptent l'existence d'éléments primitifs dans les trois synoptiques. 1. Quelques-uns, en vue de sauvegarder la thèse de la priorité de Marc, expliquent la présence d'éléments primitifs dans Matthieu et dans Luc en affirmant que ces deux évangélistes ont également utilisé la source Q pour compléter la tradition marcienne. 2. D'autres enfin voient l'unique explication de ce phénomène dans l'indépendance des évangiles entre eux. En d'autres mots, ils nient que l'on puisse expliquer ce phénomène par une

Si nous voulons donc rester dans ces limites, nous devons dire que ni la priorité de Marc ni celle de Matthieu n'est appuyée par des arguments valables.

---

dépendance directe des évangiles entre eux. Ils voient la solution du problème synoptique dans la dépendance des évangiles à un stade de formation antérieur aux évangiles actuels.

La première position voit la solution du problème synoptique dans les limites d'une dépendance directe. D'un côté, on croit à la validité des arguments présentés plus haut pour accepter la priorité de Marc, de l'autre on reconnaît la présence d'éléments primitifs également dans Matthieu et dans Luc. S'il est vrai que les arguments fondamentaux en faveur de la priorité de Marc ne forcent aucunement l'assentiment, alors quels motifs peut-on invoquer pour justifier l'adhésion à une opinion qui, pour subsister, doit multiplier les hypothèses ? Si le motif est de simplifier le problème, on se fait grandement illusion, car Marc et Q deviennent des sources indéchiffrables. Si on est obligé de faire un continuel et extensif appel à une source Q pour expliquer les textes de la triple tradition où Matthieu et Luc révèlent une leçon plus primitive, il faut alors croire que cette source Q constituait un évangile parallèle à Marc, et presque aussi extensif que Marc, commençant par la prédication de Jean-Baptiste, laissant des traces à travers tout l'évangile et se terminant par un récit de la passion. Dès lors, quand pourrait-on dire que la leçon qu'on lit dans Matthieu ou Luc dérive de Marc ou de la source Q ? Certes, on veut simplifier le problème en affirmant que Marc est la source des deux autres: Marc est en effet une source clairement définie. Mais voilà que dans l'emploi que Matthieu et Luc en font, on ne peut plus invoquer ce motif, car du point de vue des sources, on ne sait plus à laquelle nous avons affaire: à Marc ou à Q.

IV

LA STRUCTURE COMMUNE AUX SYNOPTIQUES VIENT-ELLE D'UN STADE DE FORMATION ANTÉRIEUR AUX ÉVANGILES ACTUELS?

Nous pouvons maintenant faire le point avec la question du début. Nous cherchons à déterminer le moment où a pris naissance la source qui est à l'origine du fait synoptique. Nous avons indiqué deux époques-limite: l'une, après la formation d'un des évangiles actuels; l'autre, antérieure aux évangiles actuels. Quant à la première possibilité, nous nous sommes borné à critiquer deux théories: la priorité de Marc, la priorité de Matthieu. Ces deux théories, sans être complètement exclues comme solution possible, répondent d'une manière très insatisfaisante aux multiples aspects du fait synoptique. Une recherche objective demande qu'on étende les possibilités de solution et qu'on regarde ailleurs que dans les limites d'une dépendance directe des synoptiques entre eux.

Dès le début, nous avons reconnu la nécessité de recourir à une structure-type pour expliquer l'origine de l'ordonnance commune. En effet, toute série commune de péricopes suppose une dépendance à une même source. Le problème est de situer dans l'histoire de la formation des synoptiques le moment où a pris naissance cette structure-type. En partant d'un des évangiles actuels on n'a pas à se poser un tel problème, car tout est déterminé d'avance: la source est définie quant au moment de son apparition et quant à son étendue. Mais il n'en est pas ainsi, si l'on veut s'ouvrir à d'autres possibilités et inclure aussi comme solution possible une source (ou des sources) qui se situe à un stade de formation antérieur aux évangiles actuels. La préoccupation première alors ne consistera plus dans un effort pour justifier, à partir d'un évangile actuel conçu comme source, l'origine des deux autres, mais dans la recherche de la nature de cette structure-type: son moment d'origine, son étendue, car on ne suppose aucun de ces éléments déterminés au point de départ de la recherche.

Déjà plusieurs essais ont été tentés, surtout ces dernières années, pour expliquer la formation synoptique à partir d'une structure antérieure aux évangiles actuels. Il est impossible ici de faire la critique de chacune de ces théories; un choix s'impose.

Nous limiterons ce choix d'après deux critères:
a) nous choisirons les auteurs qui s'efforcent de reconstruire un Matthieu primitif, comme solution du problème synoptique;
b) et qui, de plus, ont eu, en raison de la valeur de leur théorie, une grande répercussion parmi les exégètes modernes.

Nous étudierons donc les auteurs suivants:

L. VAGANAY; P. PARKER; X. LÉON-DUFOUR.

A) L. VAGANAY [1]

L. VAGANAY présente la formation synoptique en sept différentes étapes:

1re étape: la tradition orale „O"
2e étape: essais évangéliques „E"
3e étape: Matthieu araméen „M", traduit en grec „Mg"
4e étape: seconde source synoptique, supplémentaire du Matthieu araméen „Sg"
5e étape: Marc „Mc"
6e étape: Matthieu grec canonique „Mt"
7e étape: Luc „Lc"

L'évangile de base, à la source de la triple tradition, se situe à la troisième étape, c'est-à-dire, le Matthieu araméen („M") traduit très tôt en grec („Mg").

Le point de départ de l'argument, pour prouver l'existence de cet évangile de base, est le témoignage de la tradition. Ensuite, au moyen de la critique interne, l'auteur s'évertue non seulement à confirmer les données de la critique externe, mais à reconstituer

---

[1] Le principal ouvrage dans lequel L. VAGANAY a élaboré sa théorie est: *Le Problème Synoptique. Une hypothèse de travail*, Tournai-Paris, 1954. Cet ouvrage avait été précédé de trois articles: *L'Absence du Sermon sur la montagne chez Marc*, dans *Rev. Biblique* 58, 1951, pp. 5-46; *La question synoptique*, dans *Ephémerides Theol. Lovanienses* 28, 1952, pp. 238-256; *Le schématisme du discours communautaire à la lumière de la critique des sources* (*Mt* 18, 1-35 *par.*), dans *Rev. Biblique* 60, 1953, pp. 203-244. Pour la critique de la théorie de L. VAGANAY: L. CERFAUX, *Le problème synoptique*, dans *Nouvelle Revue Théolog.* 76, 1954, pp. 495-505; J. LEVIE, *L'évangile araméen de St. Matthieu est-il la source de l'évangile de S. Marc?*, dans *Nouvelle Revue Théolog.* 36, 1954, pp. 689-715; 812-843; X. LÉON-DUFOUR, *Exégèse du Nouveau Testament*, dans *Recherches de Science Religieuse* 42, 1954, pp. 557 ss. F. J. McCOOL, *Revival of Synoptic Source-Criticism*, dans *Theological Studies* 17, 1956, pp. 459 ss; etc.

la structure primitive du Matthieu araméen. Il était composé
de cinq livrets, contenant chacun une première partie où prédomi-
naient les éléments narratifs et une seconde partie où figuraient
surtout les sentences de Jésus. Voilà pour l'ordonnance générale.
Cependant l'auteur descend jusque dans le détail. A l'intérieur
des cinq livrets, les péricopes sont disposées à peu près dans le
même ordre que celui des trois synoptiques, sauf quelques particularités plus ou moins importantes chez Matthieu et chez Luc. De fait,
Matthieu aurait le mieux conservé l'ordonnance générale en cinq
parties; par contre, Marc aurait mieux conservé la séquence des
péricopes et par suite l'ordre du deuxième et du troisième discours.[1]

L'ordonnance primitive a été gâchée chez Marc par l'omission
volontaire du discours sur la montagne (entre 3, 19 et 3, 20) et des
deux péricopes (guérison du centurion, message de Jean-Baptiste)
qui le suivaient.[2] Les nombreux heurts littéraires en cet endroit
en sont la preuve. En réinsérant de nouveau ce discours et les
deux péricopes omis par Marc, toutes les discordances littéraires
disparaissent et, du coup, on rétablit la structure de ce que devait
être le Matthieu araméen primitif.

Objections contre la théorie de L. VAGANAY

a) Tout l'argument est conditionné par la validité de la structure
    qu'il présente du Matthieu araméen

On le voit clairement, son point de départ est le témoignage
de la tradition: le premier évangile était le Matthieu araméen.
La critique interne se donne la double tâche de confirmer l'existence
de cet évangile et de le reconstituer d'après sa structure primitive.
Il établit ainsi leurs rapports: c'est en reconstruisant le Matthieu
araméen qu'il doit en montrer l'existence. En effet, si le Matthieu
araméen était l'évangile primitif, les auteurs des synoptiques
ont dû s'en inspirer. Alors il doit constituer la structure à la base
des trois synoptiques. Si, en considérant ces trois évangiles, on
parvient à établir une structure commune, on montre par le fait
même l'existence d'un évangile à l'origine des trois synoptiques.[3]

Cette argumentation est juste et légitime, à la condition que

---

[1] Pour L. VAGANAY, le deuxième et le troisième discours sont respectivement le discours en paraboles et le discours de mission.

[2] *L'absence du Sermon sur la montagne chez Marc*, dans *Rev. Biblique* 58,
1951, 5-46.

[3] *Le Problème Synoptique*, p. 57.

la structure qu'on présente soit visiblement commune aux trois évangiles; autrement, si sa reconstruction ne tient pas, tout l'argument pour en démontrer l'existence s'écroule. Qu'il ait existé un Matthieu araméen, la tradition est là pour l'affirmer, mais qu'il ait eu la structure que L. VAGANAY veut nous présenter, voilà qui est moins sûr. De fait, il ne parvient pas à démontrer d'une manière convaincante que sa reconstruction du Matthieu araméen est vraiment une structure commune aux trois synoptiques. Du coup, l'argument interne qu'il propose pour démontrer l'existence du Matthieu araméen reste très hypothétique.

b) Le point de départ de la reconstruction du Matthieu araméen est le Matthieu actuel

L'intention de L. VAGANAY de reconstruire le Matthieu araméen à partir des éléments communs aux trois synoptiques est justifiable. Seulement, il veut aussi concilier un autre point de la tradition: le rapport entre le Matthieu actuel et le Matthieu araméen. Il argumente ainsi: si la tradition rattache le Matthieu actuel au Matthieu araméen, celui-là a beaucoup plus de chance d'avoir conservé les traces du Matthieu araméen que les deux autres synoptiques. Ce postulat est légitime. Mais l'auteur dépasse les prémisses lorsqu'il conclut: le Matthieu actuel représente mieux que les deux autres synoptiques la structure primitive. Cela ne va aucunement de soi. Si le Matthieu araméen était commun aux trois synoptiques (comme le suppose L. VAGANAY), la structure primitive pourrait être présentée par Luc ou par Marc aussi bien que par Matthieu. Les données de la tradition ne reposent pas sur une analyse littéraire. Ce n'est pas parce que le Matthieu actuel ressemble au Matthieu araméen que la tradition a rattaché celui-là à celui-ci. On ne peut établir à priori les motifs qui sont à l'origine d'une tradition. La tradition, il est vrai, rattache le Matthieu actuel à un Matthieu araméen; il ne s'ensuit pas que les traces laissées par ce dernier se poursuivent jusque dans un domaine littéraire aussi spécifique que la ressemblance de structure. Du moins, on ne peut partir de ce postulat pour reconstruire le Matthieu araméen.

Nous avons même de fortes raisons pour croire que le Matthieu actuel ne correspond pas au Matthieu araméen. En effet, on reconnaît habituellement en Matthieu deux tendances littéraires.

Premièrement, il est évident que Matthieu accorde une place

plus importante aux discours que les deux autres évangélistes. Il construit en discours des péricopes qui, dans les deux autres synoptiques, ne sont que de simples épisodes sans relief.

En outre, Matthieu a une tendance à organiser ses sources. Au lieu de les juxtaposer à la manière de Luc, il les soumet à un plan déterminé.[1]

On peut donc fortement douter de la solidité d'un système qui s'appuie justement sur ce qui pourrait bien être le résultat de ces deux tendances. De toute façon, la structure en cinq livrets contenant chacun une partie-discours et une partie-récit est propre à Matthieu. Elle ne peut se réclamer d'être commune aux trois synoptiques, et par conséquent d'être à l'origine de leur formation.

c) Dans l'application de cette structure aux deux autres évangiles

Lorsque L. VAGANAY veut imposer cette structure „primitive" aux deux autres synoptiques, il se voit tout d'abord dans la nécessité de rectifier notre conception sur la terminologie de la triple tradition. Selon la classification courante, on qualifie la tradition de simple, de double ou de triple selon qu'elle est représentée par un, deux ou trois témoins. D'après L. VAGANAY, le nombre des témoins actuels ne peut être l'unique base de classification. On doit aussi tenir compte des omissions que tout évangéliste a pu se permettre lorsqu'il jugeait moins conforme à son but tel ou tel passage consigné dans ses sources.[2]

Il est possible que les évangélistes se soient permis d'omettre l'une ou l'autre péricope, mais on ne peut ériger cette possibilité en principe, comme base d'une division. Cette classification dépendrait alors des résultats des analyses littéraires et finalement de la position que chacun prendrait sur la question synoptique. Cela ne pourrait qu'engendrer la confusion. Et pour preuve, nous n'avons qu'à nous référer à ce que L. VAGANAY veut nous faire accepter comme faisant partie de la triple tradition, v.g. le discours sur la montagne.

La nouvelle classification de L. VAGANAY est un aveu implicite qu'il se rend compte de la marge considérable entre ce qu'il considère comme la structure primitive commune aux trois synoptiques

---

[1] Plus loin, nous aurons à préciser la manière d'écrire particulière à Matthieu: même s'il soumet ses sources à un plan déterminé, il en conserve l'ordonnance originelle.

[2] *Op.cit.*, pp. 315 ss.

et la structure actuelle de Marc et de Luc. Pour ajuster ces deux évangiles à la structure „primitive" qui est au principe de la „triple tradition" (selon sa définition), il se voit dans la nécessité, d'une part, d'expliquer comme des „omissions" les parties sans correspondance dans Marc et Luc, et, d'autre part, d'assimiler les débris du troisième discours (discours de mission) et du quatrième (discours communautaire) chez Marc et chez Luc aux discours majestueux de Matthieu.

Il se voit donc aussi dans la nécessité de „reconstituer" le plan de Marc et de Luc selon le modèle de cette structure „primitive". Cependant, pour comprendre la valeur de ces „reconstitutions", il ne faut pas oublier le point de départ: le Matthieu araméen a son meilleur représentant dans le Matthieu actuel. Tout le reste n'est qu'une conséquence de ce principe. C'est à partir de ce postulat qu'il fera l'analyse tant de „l'absence du sermon sur la montagne chez Marc" que du „schématisme du discours communautaire". [1]

Résumons

A partir de quelques indications littéraires, surtout à partir du Matthieu actuel, L. VAGANAY tâche de donner une idée d'un Matthieu araméen parfaitement charpenté. Alors commence le travail plus néfaste que salutaire à l'unité primitive. Marc a embrouillé la structure primitive des cinq livrets, surtout le premier en omettant le sermon sur la montagne. Le travail de Matthieu n'a pas été plus heureux; il a construit une plus grande unité, il est vrai, mais en sacrifiant l'ordonnance de la source. En fin de compte, ni le Marc ni le Matthieu actuel n'ont conservé parfaitement la forme primitive du Matthieu araméen. Du seul point de vue de l'ordonnance, cette hypothèse ne laisse pas de surprendre: pourquoi acheminer le Matthieu araméen vers une unité complexe pour le démolir ensuite en expliquant le comportement des évangélistes?

Et pour conclure, soulignons un aspect qui sera d'importance dans la suite. L. VAGANAY rencontre les principales difficultés à son hypothèse dans ce qu'il appelle les trois premiers livrets.[2] C'est dans cette section que Marc se permettrait les principales omissions (le discours sur la montagne, la guérison du centurion,

---

[1] Cf. *Revue Biblique* 60, 1953, pp. 203-244, et dans *Le Problème Synoptique*, Excursus IV, pp. 361-404.

[2] Le 1e livret: Mt 3-7; 2e livret: Mt 8-10; 3e livret: Mt 11-13, 52.

le message de Jean-Baptiste) et Matthieu, de son côté, se présen-
terait comme un remanieur du texte. Comment alors expliquer
cette coïncidence? Est-ce par pur hasard que les principales
difficultés à l'hypothèse de L. VAGANAY se situent au même endroit
dans les évangiles, tandis qu'il existe un accord surprenant chez
les trois synoptiques dans le reste de la triple tradition? Nous
reviendrons sur ce problème.

B) P. PARKER [1]

P. PARKER commence par attirer l'attention sur l'importance
de la controverse judaïsante au sein du christianisme primitif.
Au début, les chrétiens étaient des juifs et vivaient en Palestine.
De là, le christianisme se répandit graduellement jusque dans le
monde païen. C'est alors que surgit la controverse judaïsante.

Si l'on compare les trois synoptiques, il est évident que Matthieu
reflète le mieux les réminiscences de cette controverse aussi bien
que les attaches au judaïsme palestinien. Cela ne peut s'expliquer
par une rejudaïsation de l'évangile de Matthieu à partir de l'évangile
de Marc. La vérité se trouve dans l'affirmation contraire. Marc a
expurgé son évangile des vestiges de la controverse contenus dans
l'évangile de Matthieu. Luc dépend de Marc.

Par une critique minutieuse, basée sur des critères linguistiques,
il parvient à déceler deux sources à l'origine du Matthieu actuel:
K et Q. K est le Matthieu araméen dont parle la tradition et il
contient, en plus des matériaux communs aux trois synoptiques,
les matériaux propres à Matthieu. La source Q, commune à Matthieu
et à Luc, est de formation plus tardive. Elle ne contient que les
matériaux de la double tradition. Elle a subi l'influence des chré-
tientés de la gentilité.

Matthieu et Luc ont chacun utilisé deux sources: Matthieu
s'est servi de K et de Q; Luc de Marc et de Q. Marc ne s'est servi
que de K qu'il a abrégé.

La structure de K serait, à part quelques transpositions, celle du
Matthieu actuel.[2] Dans quelques cas, cependant, Marc aurait
conservé l'ordonnance primitive.

---

[1] *The Gospel Before Mark*, Chicago, 1953. Pour une critique de son œuvre,
cf. X. LÉON-DUFOUR, *Exégèse du Nouveau Testament*, dans *Recherches de
Science Religieuse* 42, 1954, pp. 572-576; F. BUSSBY, dans *The Expository
Times* 65, 1954, pp. 272-275; M. ZERWICK, dans *Verbum Domini* 33, 1955,
pp. 18-23; etc.
[2] *Op. cit.*, p. 175 ss.

Voici comment P. PARKER reconstruit l'ordonnance de K.
(Nous passons sous silence les transpositions de détails. Nous
mettons entre crochets les transpositions de Matthieu et nous
soulignons celles de Marc).

Mt 1-2 (il omet la visite des mages).
Mt 3, 1-12 = Mc 1, 1-8
Mt 3, 13-4, 11 = Mc 1, 9-13
Mt 4, 12-17 = Mc 1, 14-15
Mt 4, 18-22 = Mc 1, 16-20
Mt 4, 23-24 = Mc 1, 39
(Mt 9, 2-17 = Mc 2, 1-22)
Mt 4, 25 = Mc 3,7
Mt 5, 1 = Mc 3, 13
(Mt 10, 2-4 = Mc 3, 14-19)
Mt 5, 2 ss. (sermon sur la montagne)
Mt 7, 28-29
Mt 8, 2-4 = Mc *1, 40-45*
Mt 8, 14-17 = Mc *1, 29-34*
Mt 8, 23-27 = Mc 4, 35-41
Mt 8, 29-34 = Mc 5, 1-20
Mt 9, 18-25 = Mc 5, 21-43
Mt 9, 27-31
Mt 9, 35 = Mc 6, 6b
Mt 9, 36-37
Mt 10, 5 ss = Mc 6, 7 ss
Mt 10, 17-23 = Mc *13, 9-13*
Mt 10, 40-42 = Mc 6, 30
Mt 12, 1-21 = Mc 2, 23-3, 12
Mt 12, 22-32 = Mc *3, 23-30*
Mt 13, 1-23 = Mc 4, 1-20
Mt 13, 24-30
Mt 13, 31-32 = Mc *4, 30-42*
Mt 13, 34-51
Mt 13, 54-58 = Mc *6, 1-6*
Mt 14, 1 = Mc 6, 14
etc.

(L'ordonnance commune reprend).

Comme on peut le constater immédiatement, les principales
transpositions se trouveraient dans la partie que L. CERFAUX
appelle le ministère galiléen,[1] correspondant aux trois premiers
livrets de L. VAGANAY.

On remarque deux transpositions assez considérables dans
Matthieu: Mt 9, 2-17 était originairement entre Mt 4, 24 et Mt 4, 25;

---

[1] L. CERFAUX, *En marge de la Question Synoptique. Les Unités littéraires
antérieures aux trois premiers évangiles*, dans *La Formation des Evangiles.
Problème Synoptique et Formgeschichte*, ouvrage en collaboration, Bruges,
1957, pp. 26 ss.

Mt 10, 2-4 entre Mt 5, 1 et 5, 2. A part quelques autres transpositions, l'ordonnance du Matthieu actuel serait assez fidèlement
suivie.

Critique de la position de P. PARKER

La théorie de P. PARKER répond mieux que celle des deux
sources à l'antinomie qu'on rencontre chez Matthieu: sa rédaction
est plus récente que celle de Marc et cependant il est plus ancien
d'après les données de la tradition et d'après les vestiges littéraires
judéo-chrétiens que révèle son contenu. Le Matthieu actuel serait
en dépendance directe du Matthieu araméen primitif; voilà ce
qui explique son caractère palestinien et confirme les données
de la tradition sur le rapport étroit entre le Matthieu araméen
et le Matthieu canonique.

Cependant une telle théorie ne semble pas plus convaincante
que celle des deux sources.

Les plus grandes difficultés contre elle viennent de Marc. Pour
justifier sa théorie, l'auteur est obligé d'en faire un abréviateur
et un remanieur excessif de l'évangile primitif.

a) Les omissions

Non seulement il aurait omis, comme dans l'hypothèse de
L. VAGANAY, le sermon sur la montagne, mais toutes les parties
propres à Matthieu qui se trouvaient dans K, v.g. les récits de
l'enfance, etc.

b) Les abréviations

S'inspirant des études de DOM CHAPMAN,[1] il essaie de montrer
que Marc a réellement abrégé K. Il voit des indices d'abréviations
dans les expressions employées par celui-ci. Par exemple, l'emploi
du pluriel du mot ,,parabole'' en Marc 12, 1, lorsque ne suit qu'une
seule parabole. Cela serait un indice que Marc a abrégé sa source,
car dans Matthieu il est de fait question de deux paraboles.

Mais est-ce bien le sens que Marc veut y donner? Marc emploie
la même expression en 3, 23, où il est clair qu'il s'agit nullement
d'une quantité de paraboles. D'ailleurs Matthieu (22, 1) emploie
lui-même la même expression où pourtant il ne suit qu'une seule
parabole. Ne faudrait-il pas plutôt voir dans l'emploi de ce pluriel
une expression consacrée pour caractériser l'enseignement de

---

[1] J. CHAPMAN, *Matthew, Mark and Luke*, Londres, 1937.

Jésus auprès de ses adversaires? A ceux-ci Jésus s'adresse „en paraboles". L'expression ne se rencontre que pour décrire l'enseignement de Jésus en face de ses adversaires.[1] Elle peut indiquer secondairement qu'on ne veut rapporter qu'une partie ou qu'un modèle de l'enseignement en paraboles; mais on ne peut en déduire que Marc ou Matthieu veulent signaler que cette abréviation s'opère concrètement à partir d'un document qu'ils ont sous la main.

Il en va de même de l'emploi du verbe ἤρξατο [2], très fréquent chez Marc. Le signe d'abréviation qu'on pourrait y découvrir, si de fait on doit l'entendre dans ce sens, ne prouve aucunement qu'il s'agit d'une abréviation à partir d'une source déterminée.

Terminons par ce jugement de X. Léon-Dufour. „L'auteur demeure trop uniquement dans la critique des documents et ne fait pas assez état des unités pré-évangéliques. Les remaniements littéraires prêtés aux évangélistes deviennent excessifs; les documents sont si bien délimités et caractérisés que, sans plus, certains passages sont déclarés incompatibles avec la tendance du document (ainsi Mt 28, 18 dont l'universalisme répugne à K). Le caractère primesautier de Marc est-il suffisamment reconnu si l'on fait de lui un simple abréviateur, en ignorant le rôle de la tradition orale? Enfin, que valent les statistiques verbales qui fondent la distinction des documents chez Parker, avec plus de rigueur que chez Hawkins? L'intrusion des mathématiques dans le domaine littéraire est redoutable".[3]

C) X. Léon-Dufour

X. Léon-Dufour a présenté sommairement sa position dans la critique qu'il fit de l'hypothèse de L. Vaganay.[4] Dans l'*Introduction à la Bible II* [5], il expose plus en détail cette première ébauche.

---

[1] Dans Marc, 3, 23; 4, 2 ἐδίδασκεν; 4, 11, 33; 12, 1. Dans Matthieu, λαλεῖν ἐν παραβολαῖς 13, 3, 10, 13, 34; λαλεῖν 22, 1. Une exception serait Mt 13, 35; mais il s'agit ici d'une citation du psaume 78, 2.

[2] ἤρξατο ayant Jésus comme sujet revient 16 fois.

[3] *Exégèse du Nouveau Testament*, dans *Recherches de Science Religieuse* 42, 1954, p. 576.

[4] Dans *Recherches de Science Religieuse* 42, 1954, pp. 557-572.

[5] Robert A. et Feuillet, A., *Introduction à la Bible, Nouveau Testament II*, Tournai-Paris, 1959, pp. 143-334. Il faut aussi inclure l'article sur *L'épisode de l'enfant épileptique*, dans *La Formation des Ev.*, pp. 85-115; et *Etudes d'Evangiles*, Paris, 1965.

Il s'inspire beaucoup des travaux de L. CERFAUX,[1] et tombe d'accord avec lui pour l'essentiel de l'hypothèse. Nous aurons à revenir sur ces aspects particuliers de l'hypothèse de L. CERFAUX. Nous commencerons par prendre connaissance de la théorie de X. LÉON-DUFOUR, ensuite nous en ferons ressortir les difficultés.

X. LÉON-DUFOUR place à la base de toute la question synoptique (pour les matériaux de la double comme de la triple tradition) le Matthieu primitif. Cette première systématisation des matériaux évangéliques est suivie d'une seconde phase où, en raison des traductions partielles, le Matthieu primitif subit de multiples transformations. Cette documentation multiple et variée, tout en conservant l'empreinte quadripartite de la catéchèse primitive (préparation du ministère de Jésus, ministère en Galilée, montée vers Jérusalem, passion et résurrection),[2] remet le Matthieu primitif dans un ,,état de nébuleuse''.

Voilà ce qui en partie va rendre compte de la différence dans la disposition des matériaux, car Matthieu, Marc et Luc n'ont pas utilisé le Matthieu primitif dans le même état. Si l'ordre de Marc diffère de celui de Matthieu, c'est que les sources immédiates utilisées par les évangélistes étaient différentes quant au contenu et quant à l'ordonnance.

Le Matthieu actuel représenterait le mieux l'ordonnance du Matthieu primitif, non en ce qu'il se divise en cinq livrets, mais plutôt en deux parties,[3] reflétant ainsi la double préoccupation de la catéchèse primtive: didactique et kérygmatique.[4] La première partie, d'aspect plus didactique, contenait les trois premiers discours. La seconde, plus biographique, s'orientait vers la passion à Jérusalem et était dominée par le discours eschatologique. La jonction entre ces deux parties était, comme le présente bien le Matthieu actuel, la rupture avec la Galilée et la confession de Pierre à Césarée. Le Matthieu actuel a accentué l'aspect catéchétique et didactique en amplifiant le chapitre dix-huitième, concernant

---

[1] L. CERFAUX, surtout, dans *En Marge de la Question Synoptique. Les Unités littéraires antérieures aux trois premiers évangiles*, dans *La Formation des Evangiles*, pp. 24-33. Il ne semble pas que X. LÉON-DUFOUR ait modifié sa position sur ce point dans l'*Introduction à la Bible* (cf. p. 293). Cependant il y insiste beaucoup moins qu'à l'occasion de la recension du livre de L. VAGANAY (*Le Problème Synoptique*), dans *Recherches de Science Religieuse* 42, 1954, pp. 557 ss., sur l'existence d'un Matthieu primitif.

[2] *Introduction à la Bible*, p. 262.

[3] Dans *Recherches de Science Religieuse*, 42, 1954, p. 569.

[4] ἀπὸ τότε ἤρξατο: Mt 4, 17; 16, 21 indiqueraient la division originelle.

le scandale et la correction fraternelle, et en scandant chacun des discours par la même finale.[1]

Marc insista plutôt sur l'aspect biographique. Il laissa tomber le sermon sur la montagne;[2] pour redonner à la première partie son allure didactique, il compensa en intervertissant l'ordre du deuxième discours (discours en paraboles) et du troisième (discours de mission).

Tout le travail de l'exégèse consistera à retrouver la forme de l'évangile archétype à travers les multiples vestiges que nous ont laissés les traditions partielles, vestiges encore saisissables dans nos évangiles actuels. Ainsi on peut par la comparaison des trois synoptiques établir la place primitive du sermon sur la montagne dans Marc. Il se trouvait primitivement dans ce qui forme chez lui la journée de Capharnaüm: 1, 21-39. Dans les traditions partielles utilisées par Marc, les péricopes sur les controverses (Mc 2, 1-3, 6) ne s'y trouvaient pas et cela expliquerait la divergence dans l'ordonnance de Matthieu (9, 1-17; 12, 1-21).[3]

Critique de la position de X. Léon-Dufour

Sans doute, l'hypothèse de X. Léon-Dufour répond à la complexité du problème avec plus de souplesse que celle de L. Vaganay. Il fait davantage état des différents stades intermédiaires entre le Matthieu primitif et les synoptiques pour expliquer les divergences entre nos évangiles.

Cependant, l'hypothèse de X. Léon-Dufour se trouve prise entre deux données qu'il veut à tout prix concilier: d'une part, un Matthieu primitif parfaitement structuré couvrant toute la matière synoptique de la double et de la triple tradition et, d'autre part, la grande divergence entre les synoptiques quant au contenu et quant à l'ordonnance des péricopes. Pour y parvenir, il recourt à des stades intermédiaires, c'est-à-dire aux traditions partielles, traductions grecques dérivant du Matthieu primitif. Ce sont ces stades intermédiaires qui devront aussi bien garantir l'existence de l'évangile-archétype (le Matthieu primitif) que

---

[1] Mt 8, 1; 11, 1; 13, 53; 19, 1; 26, 1.

[2] Sur ce point, X. Léon-Dufour semble hésitant. Il n'est pas convaincu des arguments de L. Vaganay (L'absence du Sermon sur la montagne chez Marc, dans Rev. Biblique 58, 1951, pp. 5-46); il ne peut cependant se résoudre à rejeter complètement la théorie de l'omission de Marc.

[3] Recherches de Science Religieuse 42, 1954, p. 568.

les divergences entre les évangiles actuels. Ce ne serait donc pas tant aux évangélistes eux-mêmes qu'il faudrait attribuer les divergences ou les omissions, mais plutôt à l'état des sources utilisées par eux.[1]

Cette explication, loin de résoudre le problème, ne fait que le reculer et le compliquer. La liberté d'agir envers le Matthieu primitif, qu'on ne peut se décider à attribuer à un des évangélistes, on la concède à un tel degré aux agents intermédiaires qu'il ne reste plus qu'un émiettement de la source primitive. Plus on multiplie les traditions intermédiaires pour rendre compte des divergences entre les synoptiques, plus on rend invraisemblable l'hypothèse d'un Matthieu primitif couvrant toute la matière synoptique de la triple et de la double tradition.

Cette conception d'un Matthieu primitif constitue une difficulté spéciale pour le problème de l'ordonnance. L'ordonnance actuelle doit s'expliquer par cet archétype que l'exégète doit s'efforcer de retrouver à travers les synoptiques. Voici le programme de l'exégèse d'après X. Léon-Dufour: ,,...il conviendrait d'examiner qui a raison de Mt ou de Mc, dans l'ordonnance des premiers chapitres de l'évangile (Mt 3-13; Mc 1-6). Mais aucune réponse ne satisfait pleinement. La différence la plus notoire réside dans l'interversion du discours de mission et du discours en paraboles. Habituellement, les critiques donnent leur préférence à Mc, en raison d'une mésestime générale de la composition matthéenne, en raison aussi de la vraisemblance qu'offre l'économie de Mc. La question est cependant loin d'être dirimée, et l'hypothèse d'une préférence de l'ordre matthéen peut se soutenir tout aussi bien. Si Mc a anticipé les paraboles, c'était peut-être afin de combler

---

[1] A propos du Matthieu primitif, il dit: ,,Inutile de faire appel à une ,,seconde source", le Matthieu araméen suffit à rendre compte de l'ensemble, car, tout en ayant déjà une certaine frappe, il demeure encore à l'état de nébuleuse." (*Introduction à la Bible*, T. II, p. 293). Que veut-il signifier par ,,état de nébuleuse"? Il ne peut entendre la structure initiale du Matthieu primitif. Après correspondance avec X. Léon-Dufour et lecture de sa communication faite aux *Journées bibliques* de Louvain du 6-8 septembre 1965 — publiée dans *E.T.L.* 43, 1967 et dans *De Jésus aux Evangiles* (I. de la Potterie et al.), Paris 1967, pp. 5-16, je me rends compte d'avoir durci sa position. Il semble entendre par ,,état de nébuleuse" les accroissements subséquents que le Mt primitif aurait subi dans la période intermédiaire. Alors sa position s'approche beaucoup de la nôtre. Mais vu qu'il ne spécifie pas l'étendu de cet évangile primitif et qu'il semble inclure les premiers chapitres (Mc 1-6) par la tâche qu'il assigne à l'exégète, je me crois justifié de présenter cette critique qui, du moins, me donne l'occasion de situer le problème.

le vide créé par l'absence du discours inaugural, c'était aussi pour des raisons qui nous échappent encore".[1]

Mais est-ce bien là le problème? Ne se trouve-t-il pas plutôt dans le postulat qu'on ne veut pas même mettre en doute: le Matthieu-archétype couvrant toute la matière synoptique? Avant d'essayer de répondre à la question: lequel des évangélistes, Matthieu ou Marc, a bouleversé l'ordonnance primitive, ne faut-il pas se poser une question plus fondamentale: existait-il une ordonnance primitive couvrant toute la matière évangélique?

Vouloir reconstruire l'ordonnance primitive suppose déjà prouvés deux points:

1. que cet évangile primitif existait;
2. et qu'il contenait toutes les péricopes dont on veut rétablir l'ordonnance.

Les arguments en faveur du premier point découlent surtout des données externes, c'est-à-dire, de la tradition. Le deuxième relève des données internes, i.e. de l'analyse littéraire. On ne peut le supposer à priori.

Conclusion

1. Toutes les hypothèses discutées jusqu'ici veulent expliquer l'ordonnance des péricopes par un évangile-archétype au stade de formation antérieur à nos synoptiques actuels.

Les différentes théories se distinguent l'une de l'autre:

a) *par l'étendue de cet évangile primitif:*

— d'après L. VAGANAY, il couvrait les péricopes de la triple tradition et une partie de celle de la double tradition.

— d'après P. PARKER, K comprenait la triple tradition et les matériaux propres à Matthieu.

— d'après X. LÉON-DUFOUR, le Matthieu primitif contenait la double et la triple tradition.

b) *par la conception du stade intermédiaire entre l'évangile primitif et les évangiles actuels:*

— Pour P. PARKER, Matthieu et Marc dépendent directement du Matthieu primitif. Il n'y est pas question de stades intermédiaires.

---

[1] *Introduction à la Bible*, Tournai, T. II, 1959, p. 221.

— Pour L. VAGANAY, la différence entre le Matthieu araméen et ses traductions n'est pas considérable, et elle n'intervient que pour expliquer le problème des phénomènes littéraires, non pour celui des omissions ou de l'ordonnance des péricopes.

— Par contre, pour X. LÉON-DUFOUR, la marge est considérable, et c'est ce stade intermédiaire qui doit rendre compte aussi bien des phénoménes littéraires que de l'ordonnance et de l'omission des péricopes.

2. Pour expliquer l'ordonnance, d'après ces hypothèses, il faut retourner au plan-archétype, plan qui n'a été parfaitement conservé par aucun des évangélistes.

3. Tous ces auteurs s'accordent à étendre cet évangile primitif au moins à toutes les péricopes de la triple tradition. Cependant tous éprouvent une difficulté à justifier l'ordonnance des premiers chapitres (Marc 1 à 6 et les lieux parallèles dans Matthieu et Luc).

En face de cette difficulté, il est permis de chercher dans une autre direction.

Plutôt que d'aller à la recherche d'une structure selon un archétype, ne serait-il pas préférable de s'assurer si de fait il existait une structure primitive en cet endroit précis (Mc 1-6) de la tradition synoptique? En d'autres mots, si une telle ordonnance primitive a existé, jusqu'où s'étendait-elle? Couvrait-elle toutes les péricopes de la triple tradition et plus précisément celles de Marc 1-6 et les lieux parallèles?

DEUXIÈME PARTIE

ÉTENDUE DE L'ORDONNANCE PRIMITIVE

Introduction

Il importe de préciser le but de cette partie de notre travail.
Nous cherchons à établir le moment où, dans la formation synoptique, a pris naissance le fait de l'ordonnance des péricopes. Poser
le problème sous cette optique revient à ceci: à quel moment,
dans la formation synoptique, a pris naissance une systématisation
des péricopes? Est-ce au moment où déjà tous les matériaux
de la triple tradition étaient acquis, ou est-ce à une période antérieure où une partie seulement de ces matériaux était en possession
du premier rédacteur? Plus précisément: est-ce que tout Marc 1-6
(et par.) appartenait à la première systématisation synoptique?

Jusqu'ici, nous avons présenté les hypothèses dont le point de
départ était un évangile déjà parfaitement structuré. Après un
mouvement ascendant vers une unité dans la source, commençait
de nouveau un mouvement de descente vers un émiettement de
cette même ordonnance.

Dans cette deuxième partie de notre travail, nous procéderons
différemment. Au lieu de partir du haut de l'échelle, nous commencerons par le bas. Notre regard se tournera vers les premières
unités évangéliques. Vouloir tenter la genèse de la formation
synoptique à partir des premières unités préévangéliques dépasserait
les limites de ce travail. Cependant, le but que nous envisageons
délimite déjà la sphère de la recherche. Il s'agit d'établir, le regard
tourné vers les premières unités littéraires, les traces de l'existence
d'une première systématisation pré-synoptique.

Les recherches récentes sur la ,,*Formgeschichte*'' semblent ouvrir
une nouvelle voie. De l'étude des formes littéraires, on en est
venu à croire à l'existence d'une tradition antérieure aux évangiles
sur leur formation et leur transmission. Cette formation s'expliquerait à partir de péricopes groupées sous différents thèmes
(,,*topics*''), v.g. sur les controverses, les miracles, etc., en circulation
dans les différentes communautés avant d'être réunies dans un
évangile.[1] Tous semblent d'accord pour accepter la vraisemblance

---

[1] A part des travaux des initiateurs de la méthode R. BULTMANN, *Die
Geschichte der synoptischen Tradition*, 3ᵉ édit., Göttingen, 1957; M. DIBELIUS,
Die Formgeschichte des Evangeliums, 4ᵉ édit., Tübingen, 1959, il faut citer
les ouvrages plus nuancés de V. TAYLOR, *The Formation of the Gospel Tradition*,

de cette théorie. Chacun cependant l'utilise principalement pour expliquer l'origine de l'évangile qu'il considère comme étant le premier: soit Marc (ou „Ur-Marcus"), soit le Matthieu araméen.

Une division suggérée — L. CERFAUX

L. CERFAUX, dans un article récent[1], se plaçant au-dessus de toute hypothèse concernant le problème synoptique, veut caractériser les conglomérats qui étaient à l'origine des évangiles avant la fixation définitive des rédactions complètes. D'une constatation obvie sur la séquence des péricopes, il divise les évangiles en deux phases:

1. *une phase galiléenne* où Mt-Mc-Lc, tout en s'accordant sur les matériaux utilisés, diffèrent généralement quant à la structure;
2. *une phase de la passion*, à partir de l'entrée en scène d'Hérode et de la retraite au désert (Mt 14, 1; Mc 6, 14) où les événements marchent de concert jusqu'à l'épisode du tombeau vide (Mt 28, 1-8; Mc 16, 1-8).

Dans *la phase galiléenne*, délimitée par une sorte d'inclusion au début par le message du Baptiste et terminée par sa mort, L. CERFAUX reconnaît quatre principaux groupements:

a) péricopes sur le Baptiste;
b) péricopes sur le pouvoir de thaumaturge de Jésus;
c) péricopes sur les controverses;
d) les trois premiers discours qui existaient séparément avant la constitution de l'évangile.

Ces derniers sont les trois grands discours qui avaient fourni la première ossature aux évangélistes. L'apparence biographique de cette partie serait une œuvre rédactionnelle et donc secondaire.

La seconde phase (dite de la passion) comprendrait le reste de l'évangile à partir de la péricope sur Hérode et Jésus (Mc 6, 14; Mt 14, 1). „La narration est conçue beaucoup plus logiquement; outre un ordre géographique plus serré, l'économie des événements, avec leur interprétation théologique, dramatise un récit dont la passion à Jérusalem forme la clef de voûte... En outre, comme

---

2e édit., London, 1957; W. L. KNOX, *The Sources of the Synoptic Gospels*, I-II, Cambridge, 1953.

[1] *En marge de la Question synoptique. Les Unités littéraires antérieures aux trois premiers évangiles. Problème Synoptique et Formgeschichte*, ouvrage en collaboration, Bruges, 1957, pp. 24-33.

nous l'avons dit déjà, Mt et Mc, pour cette partie, présentent un accord impressionnant''.[1]

L'auteur divise cette phase en *six sections*:

a) La ,,section des pains'' (Mt 14, 13-16, 12; Mc 6, 31-8, 26), où Jésus prépare ses disciples à l'avenir qui les attend. Cette section forme la charnière entre la phase galiléenne et celle de la passion.

b) Mt 16, 13-17, 23; Mc 8, 27-9, 32 encadrée par les deux premières annonces de la passion, et qui contient plusieurs péricopes groupées autour de la transfiguration.

c) Mt 17, 24-20, 16; Mc 9, 33-10, 31 qui concerne l'Eglise et ayant comme partie centrale le discours ecclésiastique.

d) Mt 20, 17-22, 14; Mc 10, 32-12, 12 commençant par la troisième annonce de la passion, et contenant plusieurs péricopes assez hétérogènes.

e) Mt 22, 15-25, 46; Mc 12, 13-13, 37 qui conclut des controverses apparentées aux controverses galiléennes et est suivie par un discours contre les pharisiens et enfin par le discours eschatologique.

f) Mt 26-27; Mc 14-15: récit de la passion.

L. CERFAUX reconnaît que cette dernière phase n'est pas tout à fait homogène. Elle contient au moins trois subdivisions (la première, la troisième et la cinquième) qui se rattachent difficilement à la phase de la passion et conservent plutôt des résonances de la phase galiléenne. Cela indique clairement que la division en phase galiléenne et en phase de la passion ne correspond pas en tout point à la réalité. Cette division basée sur une constatation littéraire, i.e. la différence de la séquence des péricopes, reste un point acquis et indéniable. Cependant les titres que L. CERFAUX lui donne portent à faux. Ils impliquent que cette division résulte de l'intention des auteurs, sans s'assurer s'il ne s'agit pas uniquement d'une question littéraire. Avant de rechercher les intentions (théologiques, biographiques ou autres) et de leur attribuer des motifs qui seraient à l'origine de cette division, ne faudrait-il pas plutôt voir si cette division de l'évangile en deux parties ne résulte pas de sa formation? En d'autres mots, est-ce que cette division ne refléterait pas deux différentes étapes dans la formation des évangiles: une plus primitive

---

[1] *Op. cit.*, p. 29.

qui aurait reçu très tôt une ordonnance stable, considérée par les évangélistes comme intangible; une autre plus récente, n'ayant pas une ordonnance précise, laissant par conséquent aux évangélistes plus de liberté dans leur rôle de rédacteurs et d'interprètes?

Voilà précisément notre but. Nous essaierons de montrer que cette division (que nous aurons à préciser) manifeste deux différents stades de formation synoptique; la partie où l'ordonnance est stable (la seconde phase d'après la division de L. CERFAUX) représente la systématisation la plus ancienne à laquelle se sont ajoutés progressivement, à différentes périodes, des groupements de péricopes. Cette solution rend compte à la fois et de la partie où l'ordonnance est commune et de la partie où l'ordonnance est divergente.

Nous anticipons intentionnellement les conclusions; cet énoncé cependant servira de guide pour l'orientation de notre recherche. Nous présenterons une évolution progressive de l'argumentation à partir de la simple constatation des faits.

Nous divisons ainsi notre recherche:

1. Nous commencerons par examiner plus attentivement cette division (Première Section).
2. Nous présenterons ensuite les différents essais tentés pour expliquer cette division (Deuxième Section).
3. Finalement nous proposerons notre solution (Troisième Section).

PREMIÈRE SECTION

CONSTATATIONS SUR LA DIVISION
DE L'ÉVANGILE EN DEUX PARTIES

Note liminaire

Pour faciliter l'étude de cette division, nous avons dressé un tableau qui laisse voir immédiatement la division et les divergences particulières à chaque évangéliste.

1. Dans ce tableau, nous nous occupons avant tout des péricopes de la triple tradition. Cependant, pour mieux faire ressortir que la suite en est brisée dans l'un ou l'autre synoptique, nous avons donné quelquefois les matériaux de la double tradition ainsi que ceux de la simple tradition.
2. Nous nous arrêtons avant tout aux péricopes comme entités littéraires. Nous faisons donc abstractions des *logia* isolés à l'intérieur des péricopes.
3. Les discours, dans le but de simplifier la présentation, seront considérés chacun comme une unité inséparable, équivalents à une seule péricope.
4. Nous avons adopté généralement la division et les titres de la *BIBLE DE JERUSALEM*.
5. Lorsque le contenu des péricopes d'un évangéliste est un peu different des deux autres, nous l'avons indiqué par une astérisque (+).

   Pour conclure à une correspondance dans la séquence des péricopes entre les synoptiques, il n'est pas nécessaire que le contenu de la péricope soit entièrement identique; il suffit que l'un ou l'autre évangéliste ait laissé des traces non équivoques manifestant qu'il trouvait dans sa source une séquence identique.
6. Afin de ne pas encombrer le plan, nous n'avons donné que les références essentielles à la division. Pour le reste, nous renvoyons à la *BIBLE DE JERUSALEM*.

Ce tableau indique clairement une série de péricopes où les trois synoptiques s'accordent assez fidèlement dans l'ordonnance des matériaux de la triple tradition, et une autre série où il y a plus de divergence que d'accord.

A partir de l'inauguration du ministère en Galilée (Mc 1, 14; Mt 4, 12; Lc 4, 14) jusqu'à l'épisode d'Hérode et de Jésus (Mc 6, 14; Mt 14, 1; Lc 9, 7), nous trouvons les divergences les plus nombreuses et les plus inattendues dans les trois synoptiques.

Par contre, dans le reste de l'évangile (i.e. le commencement: Mc 1, 1-13; Mt 3, 1-4, 11; Lc 3, 1-4, 13; et la dernière partie: Mc 6, 14-16, 8; Mt 14, 1-28, 8; Lc 9, 7-24, 8)[1], nous trouvons un accord presque parfait dans l'ordonnance. Cet accord est d'autant plus significatif que, malgré les insertions des péricopes particulières à chaque évangéliste, l'ordonnance commune est presque intégralement conservée. Cela est déjà un indice d'une situation de fait antérieure au travail rédactionnel de chaque évangéliste. Cependant il faut préciser encore davantage la division de ces deux parties.

Si l'on fait abstraction pour le moment de la place du discours de mission dans Matthieu, l'accord entre Marc et Matthieu, au lieu de commencer à l'épisode d'Hérode et de Jésus (Mc 6, 14; Mt 14, 1), commence une péricope plus tôt, à la visite à Nazareth (Mc 6, 1; Mt 13, 53).

Parallèlement, l'accord entre Marc et Luc commence à la consigne de mission (Mc 6, 7; Lc 9, 1) c'est-à-dire juste une péricope après celle (la visite à Nazareth) où commence l'accord entre Marc et Matthieu.

La visite à Nazareth dans Luc[2] inaugure, par contre, la série de péricope où l'on trouve le plus de désaccord.[3] La visite à Nazareth (4, 16-30) et la consigne de mission (9, 1-6) enclavent donc, dans Luc, toute la partie où l'ordonnance est instable dans les synoptiques. Un phénomène surprenant: en faisant abstraction de cette partie instable chez Luc, la visite à Nazareth se trouve en contact immédiat avec la consigne de mission; du coup on rejoint, d'une part l'ordonnance de Marc (où la visite à Nazareth précède immédiatement la consigne de mission), et d'autre part on ne conserve uniquement que les péricopes où l'ordonnance est stable dans les trois synoptiques.

---

[1] Dans Luc, nous faisons abstraction des péricopes particulières, v. g. 9, 51-18, 14.

[2] La péricope sur Jésus à Nazareth dans Luc (4, 16-30) est plus développée que celle de Marc (6, 1-6) et Matthieu (13, 53-58); il y a cependant une correspondance indéniable entre Luc 4, 22b-24 et la tradition commune à Marc et à Matthieu.

[3] Le sommaire de Luc 4, 14-15 sert d'introduction.

Est-ce pur hasard que cet enclavement chez Luc fasse ressortir si clairement la partie où les trois synoptiques montrent le plus d'instabilité et que le fait de son abstraction, tout en ne conservant que les péricopes dont l'ordonnance est constante, rétablisse une séquence que cette insertion brise?

D'où vient cette division? Voilà le point à approfondir.

Pour simplifier les références, nous donnerons comme sigle à cette partie où l'ordonnance des péricopes est instable chez les trois synoptiques (Mc 1, 14-6, 13; Mt 4, 12-13, 58; Lc 4, 14-9, 6) la lettre ,,D'' (i.e. Différence quant à l'ordonnance); et la partie où l'ordonnance est constante sera signalée par la lettre ,,C'' (i.e. Constance dans l'ordonnance).[1] Cette division est indiquée sur le tableau par deux grandes lignes transversales.

En ne jetant qu'un coup d'oeil rapide sur ce tableau, on pourrait tout simplement conclure que cette division résulte uniquement de la différence de l'ordonnance des péricopes. Ce jugement, basé sur une première constatation, est juste mais il n'explique pas pourquoi il y a entente en un même endroit de l'évangile pour conserver une ordonnance et de nouveau entente à un autre endroit pour s'en écarter. Il ne suffit pas de constater le fait, il faut en trouver la raison. Quelle formation littéraire a donné lieu à ces différents comportements des évangélistes?

Pour répondre à cette question il faudra considérer plus attentivement le comportement de chaque évangéliste.

Déjà nous sommes conscient d'une division; il s'agit d'en approfondir la nature et d'en préciser les limites.

Nous poursuivrons notre recherche:

1. en comparant l'ordonnance des synoptiques entre eux (chapitres V et VI),
2. en montrant comment chaque évangéliste a souligné la division de son évangile en D et C (chapitre VII).

Nous commencerons donc par comparer l'ordonnance chez Marc et chez Luc, au chapitre cinquième; puis au chapitre sixième nous ferons de même en ce qui concerne Marc et Matthieu, et Matthieu et Luc.

---

[1] Tout en incluant dans C le récit de la passion, nous croyons qu'il faut considérer ce récit comme formant une unité à part, car dans le détail, il y a une grande divergence entre Marc-Matthieu d'une part et Luc d'autre part. Cf. J. JEREMIAS, *Perikopen-Umstellungen bei Lukas?*, dans *New Testament Studies* 4, 1958, p. 118.

V

COMPARAISON ENTRE SYNOPTIQUES

COMPARAISON ENTRE MARC ET LUC

Nous comparerons d'abord l'ordonnance entre Marc et Luc dans la partie C, ensuite dans la partie D.

Dans la partie C

Luc suit assez fidèlement l'ordre de Marc. Si nous faisons abstraction des péricopes absentes de son évangile (v.g. la partie correspondante à Mc 6, 45-8, 26, etc) et des parties qu'il possède en propre (surtout Lc 9, 51-18, 14), nous ne relevons que quelques divergences pour le récit de la passion.[1]

On pourrait peut-être faire exception pour la péricope sur les conditions pour être le plus grand (Lc 22, 24-27) qui est placée à l'intérieur du récit de la passion au lieu de venir après la troisième annonce de la passion, plus précisément après la demande des fils de Zébédée d'après Marc (10, 41-45) et Matthieu. Il est cependant très difficile d'affirmer qu'il s'agit ici d'une transposition. Un *logion* fort semblable se trouve dans le récit de la passion tel que rapporté par Jean. Tout comme dans Luc, ce *logion*, chez Jean, se rattache au récit de la passion (Jn 13, 15). Vu qu'il y a beaucoup de similitude dans le récit de la passion de ces deux évangélistes, il se peut que Luc se rapporte à une tradition commune.[2] Dans ce cas, il ne s'agirait pas à proprement parler d'une transposition, mais d'une simple omission pour éviter un doublet.

---

[1] Luc en effet possède un récit de la passion différent de celui de Matthieu et de Marc. A l'intérieur des mêmes événements, v.g. l'arrestation, le crucifiement, la mort de Jésus, etc., il y a une quantité de divergences, ce qui justifie quelques exégètes de croire à l'existence de plusieurs récits de la passion au stade antérieur à la formation synoptique. cf. V. TAYLOR, *The Formation of the Gospel Tradition*, 2e édit., Londres, 1957, pp. 44 ss.; L. CERFAUX, *Supplément au Dictionnaire de la Bible*, art: Luc, col. 569; P. BENOIT, R. B., 66, 1959, p. 141; J. JEREMIAS, *Op. cit.*, p. 115; X. LÉON-DUFOUR, dans *Introduction à la Bible*, p. 263; F. REHKOPF, *Die lukanische Sonderquelle. Ihr Umfang und Sprachgebrauch*, Tübingen, 1959, p. 83.

[2] C'est l'opinion de F. REHKOPF, *Op. cit.*, p. 30; cf. aussi H. SCHÜRMANN, *Der Abendmahlsbericht, Lk 72, 7-38 als Gottesdienstordnung, Gemeindeordnung, Lebensordnung*, Leipzig, 1955, pp. 74 ss.

Donc, à l'exception du récit de la passion, où Luc semble dépendre d'une tradition différente de celle de Marc et de Matthieu, il existe un accord presque complet entre Marc et Luc dans l'ordonnance des péricopes de la triple tradition.

Dans la partie D

Par contre, on trouve dans la partie D (Lc 4, 14-9, 6) les plus nombreuses et les plus importantes divergences dans l'ordonnance.

Nous en distinguons quatre: Jésus à Nazareth (4, 16-30); appel des quatre premiers disciples (5, 1-11); les foules à la suite de Jésus (6, 17-19); la vraie parenté de Jésus (8, 19-21). En mettant en relief ces ,,transpositions'', nous essayerons de montrer les relations que Luc établit entre les différentes sections en D.

1. Jésus à Nazareth (Lc 4, 16-30)

La visite à Nazareth, présentée par Luc, est assez différente de celle que rapportent Marc et Matthieu. Cependant, on ne peut nier une allusion au texte de Marc (6, 1-6) dans les versets 4, 22b-24. Cela suffit pour mettre cette péricope en relation avec celle de Marc. Elle se trouve, dans Luc, au début de la partie où l'ordonnance est instable. De cette manière, la visite à Nazareth (4, 16-30) et la consigne de mission (9, 1-6) encadrent exactement la partie D (4, 16-9, 6). Comment expliquer ce phénomène? Est-ce une simple ,,transposition''? Si Luc s'est permis de changer l'ordonnance de Marc, comment alors expliquer que cette ,,transposition'' délimite si précisément la partie D? et qu'en omettant ce matériel contenu entre ces deux péricopes extrêmes de la partie D de Luc, on rejoint, d'une part, l'ordre de Marc (où la visite à Nazareth est suivie immédiatement de la consigne de mission) et, d'autre part, on ne retient que la partie où il existe une ordonnance commune aux trois synoptiques?

Une autre objection non moins grave contre la théorie de la ,,transposition'' se trouve dans le fait que Matthieu, dans un lieu parallèle à Luc (Mt 4, 13; Lc 4, 16), mentionne également Nazareth: ,,et quittant Nazareth, il vint s'établir à Capharnaüm, au bord de la mer...'' Nous trouvons dans Matthieu la même séquence que dans Luc:

a) Jésus vint en Galilée (Lc 4, 14; Mt 4, 12a)
b) Il passe à Nazareth (Lc 4, 16; Mt 4, 13a)
c) Il se rend à Capharnaüm (Lc 4, 31; Mt 4, 13b)
d) Il se rend au bord de la mer (Lc 5, 1; Mt 4, 13).

L'objection est encore renforcée, si d'après la théorie des deux sources, Matthieu et Luc ne se sont pas connus. Comment expliquer alors cet accord de Matthieu et Luc contre Marc? Tout indique que Matthieu et Luc connaissaient une tradition qui plaçait un passage à Nazareth immédiatement après le récit de la tentation. Cette supposition est confirmée par l'accord de ces deux évangélistes à employer la forme rare ,,*Nazara*", forme qui ne se rencontre qu'ici, au commencement des évangiles de Matthieu et de Luc. Cet accord, pour mentionner un passage de Jésus à Nazareth (sous une même forme caractéristique) au même lieu parallèle, ne peut s'expliquer que par l'existence d'une tradition commune à Matthieu et à Luc plaçant ici une visite de Jésus à Nazareth, à l'intérieur d'un évangile déjà constitué.[1]

2. *Appel des quatre premiers disciples* (*Lc* 5, 1-11)

Dans Marc, l'appel des quatre premiers disciples (Mc 1, 16-20) est suivi de la journée à Capharnaüm (Mc 1, 21-39). Luc a l'ordre inverse; au lieu de la précéder, l'appel des premiers disciples suit la journée à Capharnaüm (Lc 4, 31-44). Cette divergence entre Marc et Luc fait clairement ressortir l'unité de la journée à Capharnaüm. Même si elle est constituée de quatre péricopes disparates (démoniaque dans la synagogue, guérison de la belle-mère de Simon, guérisons multiples, départ de Capharnaüm), Luc est conscient de son unité, mais dans la même mesure, il se sent libre de l'ordonner à sa guise.

Comme la place de la visite à Nazareth, différente chez Luc et chez Marc, délimite clairement la partie D, ainsi la place différente de la vocation des premiers disciples fait ressortir, d'une part, l'unité de la journée à Caphernaüm et, d'autre part, la place particulière de cette journée par rapport à toute cette même partie D. En effet, chez Marc, la journée à Capharnaüm constitue, après la vocation des quatre premiers disciples, la première manifestation publique de Jésus en Galilée. Elle sert d'exemplaire d'une journée du Maître en même temps que d'une sorte de sommaire

---

[1] On ne peut s'en remettre uniquement à une tradition venant d'une source Q, à moins de supposer que sette source Q fût un évangile déjà suffisamment constitué comprenant une structure parallèle à celle de Matthieu et de Luc. Il n'est aucunement prouvé que cet ,,*Anfang*" constituait une structure qui subsistait d'elle-même en dehors d'une formation évangélique quelconque — Contre la position de H. SCHÜRMANN, *Der ,,Bericht von Anfang". Ein Rekonstruktionsversuch auf Grund von Lk.* 4, 14-16, dans *Studia Evangelica*, vol. II, Berlin, 1964, pp. 242-258.

de son ministère sédentaire avant le départ définitif (Mc 1, 39) pour la vie missionnaire proprement dite. Cette journée garde le même rôle dans Luc.

3. *Le choix des Douze (Lc 6, 12-16) et la foule à la suite de Jésus (Lc 6, 17-19)*

En comparaison de l'ordonnance de Marc, il s'agit d'une inversion. Cette divergence dans l'évangile de Luc, même si elle est minime a aussi son importance. Elle manifeste, comme d'ailleurs toutes les divergences dans D, qu'il est conscient de la segmentation de cette partie de son évangile.

D'abord, elle sépare D en deux sections à peu près égales. Dans la section antérieure, Marc et Luc s'accordent contre Matthieu, et de la manière la plus surprenante, tant dans le choix des matériaux que dans leur ordonnance. (Il n'y a qu'une exception : l'appel des premiers disciples). Par contre, dans la section qui suit cette divergence, il ne s'agit plus des matériaux de la triple tradition mais de ceux de la double tradition. Cette divergence dans l'ordonnance se fait donc à la jonction de deux sources différentes.

D'après l'opinion de L. CERFAUX[1] suivie par J. DUPONT,[2] Luc aurait interverti l'ordonnance des deux péricopes pour assurer des auditeurs au discours sur les béatitudes. Il semble y avoir eu un autre motif beaucoup plus fondamental. Luc a scandé les principales divisions du ministère de Jésus par un choix progressif de collaborateurs à mesure que la renommée du Maître se répandait. Pour inaugurer le ministère de Jésus après le départ de Capharnaüm (4, 42-44), Luc introduit l'appel des premiers disciples (5, 1-11). Après la série des controverses qui termine une première phase du ministère de Jésus, signalée par un départ dans les deux autres synoptiques (Mc 3, 7; Mt 12, 15), Luc place l'élection des douze (6, 12-16) dont le rôle d'apôtres (ἀπόστολος 6, 13) et de pêcheurs d'hommes (5, 10) se réalisera à la consigne de mission (9, 1-6). Enfin, après quelques versets de transition (9, 51-56), il introduit la montée vers Jérusalem (9, 51-18, 14) par le choix des soixante-douze disciples (10, 1).

Il est certain que cette dernière partie (la montée vers Jérusalem, 9, 51 ss) marque une division littéraire due à l'état des sources et

[1] *La mission de Galilée dans la tradition synoptique*, dans *Ephemerides Theolog. Lovanienses* 28, 1952, p. 644.

[2] *Les Béatitudes*, Bruges, 1954, p. 27.

que cette élection des soixante-douze disciples (10, 1) inaugure cette partie. Il est à remarquer parallèlement que 5, 1 ss. inaugure le ministère dans la partie D et 9, 1 dans la partie C. Alors 6, 12 ss. pourrait ainsi indiquer un nouveau ministère qui commence au discours sur les béatitudes et qui serait présenté par de nouvelles sources.

De toute façon, cette divergence manifeste que Luc est conscient de la segmentation de D.

4. *La vraie parenté de Jésus* (8, 19-21)

Au lieu d'inscrire la péricope de la vraie parenté de Jésus avant le discours en paraboles, comme Marc (et Matthieu), Luc la place après ce discours. Auparavant, il fait le résumé du ministère de Jésus (8, 1) et parle des témoins privilégiés qui le suivent: les douze et quelques femmes (8, 2-3). De cette manière, le discours en paraboles est clairement mis en relief. Pour Luc, ce discours forme une unité littéraire, mais en plus, une unité littéraire qui se détache tant des péricopes qui le précèdent immédiatement que de celles qui le suivent. En effet, le résumé (8, 1-3), qui introduit le discours, semble présenter Jésus au début de son ministère et viendrait normalement après le départ de Capharnaüm (4, 43-44) car c'est seulement ici qu'il accomplit ce qu'il avait l'intention de faire: ,,Je dois annoncer aux autres villes la bonne nouvelle du Royaume de Dieu'' (4, 43). Ainsi, par ce résumé, le discours en paraboles est comme rattaché à la journée à Capharnaüm.[1]

La péricope sur la vraie parenté de Jésus clôt le discours et le sépare, contrairement à Marc, de la région du lac. H. CONZELMANN[2] a bien fait ressortir ce point en montrant la relation entre la visite à Nazareth et l'épisode sur la vraie parenté. A Nazareth, il n'opère pas de miracles comme à Capharnaüm. Normalement, sa patrie et les siens auraient dû être les premiers à l'accueillir et par conséquent être les premiers témoins oculaires de ses miracles. Il n'en

---

[1] Ce rapprochement entre Lc 4, 43-44 (la fin de la journée de Capharnaüm) et le discours en paraboles est confirmé par le fait que le sommaire qui sert d'introduction aux discours en paraboles dans Matthieu (13, 1-2) et dans Marc (4, 1) est transposé immédiatement après cette journée de Capharnaüm (5, 1-3), et sert maintenant d'introduction à l'appel des premiers disciples (Lc 5, 4-11).

[2] H. CONZELMANN, *Die Mitte der Zeit. Studie zur Theologie des Lukas*, Tübingen, 1954. Traduction anglaise par G. BUSWELL, *The Theology of Saint Luke*, Londres, 1960, pp. 34 ss.

fut par ainsi. Les siens n'ont pas voulu le reconnaître. Ceux qui, d'après un plan normal, devaient être les premiers appelés ne peuvent plus même figurer parmi les témoins. Voilà le sens de la dernière phrase qui termine le discours en paraboles dans Luc (8, 18) : ,,Prenez donc garde à la manière dont vous écoutez! Car à celui qui a l'on donnera et à celui qui n'a pas on enlèvera même ce qu'il croit avoir." Cette phrase reçoit sa réalisation dans l'épisode de la vraie parenté de Jésus. On veut le ,,voir", comme Hérode veut le ,,voir" (9, 9), mais il n'y a que ceux qui écoutent ses paroles qui peuvent être témoins de ses œuvres. Ses frères de Nazareth l'ont rejeté.

Par le fait même, ceux qui le suivent (8, 1-3) sont mis en opposition à ses frères, car ceux-là maintenant sont ses véritables frères. Ainsi se resserre le cercle des véritables témoins qui le suivront depuis le ministère en Galilée jusqu'à Jérusalem (24, 52). Maintenant, Luc peut se tourner vers les derniers événements auprès du lac (8, 22-56), événements qui mettront fin au ministère inauguré en cet endroit (5, 1 ss.) et termineront la partie D.

Conclusion

Pour donner une idée succincte des ,,transpositions" analysées dans la partie D, nous avons dressé un tableau. (voir p. 62).

Dans ce tableau, les divergences entre l'ordonnance de Luc et celle de Marc sont indiquées par les chiffres I, II, III et IV. Elles sont, de plus, mises en relief pour bien indiquer les différents groupements de péricopes qu'elles délimitent.

Nous avons indiqué ces différents groupements en les encadrant.

1. La partie D est encadrée par une double ligne.
   a) Ce cadre contient toute la partie que nous avons reconnue comme instable dans Matthieu et Luc.
   b) Ce groupe se trouve encadré par la visite à Nazareth et la consigne de mission. En enlevant les matériaux entre ces deux péricopes, la visite à Nazareth vient en contact immédiat avec la consigne de mission, tout comme dans Marc (Mc 6, 1-6, suivi de 6, 7-13).
2. A l'intérieur de la partie D, se trouvent trois autres ,,transpositions" (II, III, IV). Chacune fait ressortir des groupements homogènes de péricopes. Ces groupements sont indiqués par les chiffres (1, 2, 3, 4, 5).

3. Dans le groupement (4), une ,,transposition'' est aussi à signaler. En effet, Luc 8, 1 contient un résumé de mission qui ressemble beaucoup à celui qui sert à introduire la consigne de mission dans Marc 6, 6b (et Mt 9, 35).

Pourquoi trouve-t-on dans Luc la partie D si clairement délimitée par la visite à Nazareth et la consigne de mission de sorte que, en faisant abstraction du matériel contenu entre ces deux péricopes, on rejoint l'ordonnance de Marc (6, 1-13) ?

Pourquoi trouve-t-on toutes les divergences entre l'ordonnance de Marc et de Luc concentrées dans cette partie D ?

Et une troisième question connexe à la seconde: pourquoi toutes ces divergences dans l'ordonnance se situent-elles, à l'intérieur de D, au jonction de groupes de péricopes ?

Avant d'essayer de répondre à ces questions, il nous faudra comparer l'ordonnance de Matthieu avec celle de Marc, ce qui fera l'objet du prochain chapitre.

TABLEAU DES ,,TRANSPOSITIONS''
DANS LUC (PARTIE D)

Prédication de Jean-Baptiste (Lc 3, 1-18)
Baptême de Jésus (Lc 3, 21-22)
Tentation de Jésus (Lc 4, 1-13)

I — VISITE À NAZARETH (Lc 4, 16-30)

1 | journée à Capharnaüm (Lc 4, 31-44)

II — Appel des premiers disciples (Lc 5, 1-11)

2 | guérison d'un lépreux (Lc 5, 12-16)
groupe de péricopes sur les controverses (Lc 5, 17-6, 11)

III — Choix des douze; foule à la suite de Jésus (Lc 6, 12-19)

3 | péricopes particulières à Luc (et à Matthieu) (Lc 6, 20-7, 50)
4 | résumé de mission (Lc 8, 1-3) discours en paraboles (Lc 8, 4-18)

IV — La vraie parenté de Jésus (Lc 8, 19-21)

5 | péricopes sur les miracles aux environs du lac (Lc 8, 22-56)

CONSIGNE DE MISSION (Lc 9, 1-6)

Hérode et Jésus (Lc 9, 7-9)

VI

COMPARAISON ENTRE SYNOPTIQUES (suite)

A) Comparaison entre Matthieu
et Marc

En comparant Matthieu et Marc, la division que nous avons considérée au chapitre précédent ressort encore plus clairement.

Dans la partie C

Dans la partie C, où Matthieu a quelques péricopes en plus, l'ordonnance commune est presque parfaitement identiques.

De fait, nous rencontrons une plus grande conformité entre Marc et Matthieu qu'entre Marc et Luc, car Matthieu et Marc ont un récit de la Passion fort semblable. Comme nous l'avons vu, il n'en était pas ainsi entre Luc et Marc.

Nous ne pouvons relever que deux divergences: la péricope sur le figuier desséché (Mt 21, 18-22) et la péricope sur la persécution des missionnaires (Mt 10, 17-22).

1. *La péricope sur le figuier desséché* (*Mt* 21, 18-22)

Il faut reconnaître que cette divergence est très minime. Marc divise la péricope du figuier desséché (11, 12-14 et 20-25) pour y insérer celle des vendeurs chassés du temple (11, 15-19). Matthieu garde intacte la péricope qu'il fait précéder de ce même récit se rapportant aux vendeurs (Mt 21, 12-17). Il ne s'agit pas de transposition d'un endroit à un autre; il y a simplement inversion d'ordre.

2) *Les missionnaires persécutés* (*Mt* 10, 17-22)

Dans Marc (13, 9-13) (et également dans Lc 21, 12-19), cette partie se trouve dans le discours eschatologique, tandis que dans Matthieu, dans le discours de mission. C'est la seule divergence notable entre Matthieu et Marc pour la partie C.

Dans la partie D

Par contre, dans D, Matthieu manifeste une tendance tout à fait opposée; autant il a été servile pour l'ordonnance des péricopes dans C, autant il se montre personnel et indépendant dans D.

Cette simple constatation exige une explication; peu importe à qui l'on veut attribuer les bouleversements, soit à Matthieu soit à Marc.

Il ne s'agit pas de savoir lequel des évangélistes a fait les transpositions; le problème est plus fondamental: pourquoi existe-t-il soudainement ce contraste de comportement d'une partie à l'autre de l'évangile? Si on affirme que l'un des évangélistes a pris ses libertés pour faire ces bouleversements dans D, il faudra justifier, d'autre part, pourquoi il est demeuré si fidèle à l'ordonnance dans C.

B) Comparaison entre l'ordonnance de Luc et celle de Matthieu

Une seule divergence particulière entre Matthieu et Luc mérite d'être ici signalée. C'est la place différente assignée, dans leur évangile respectif, au discours sur les béatitudes. Chez Matthieu, il se trouve au commencement du ministère en Galilée; chez Luc, il se place après la série de péricopes sur les controverses (6, 20 ss).

Mais il convient plutôt d'insister sur l'entente entre Matthieu et Luc à consigner, dans D, leurs divergences, par rapport à l'ordonnance de Marc. En effet, c'est dans cette partie D, où Matthieu diffère quant à l'ordonnance de Marc, que Luc, de son côté, manifestera le plus d'indépendance par rapport à cette même ordonnance de Marc.[1]

Comment alors expliquer que ce phénomène arrive au même endroit chez ces deux évangélistes qui, selon l'opinion communément reçue, ne se sont pas connus? D'ailleurs, les transpositions étant elles-mêmes différentes chez les deux évangélistes, cela indique clairement qu'ils les ont faites indépendamment l'un de l'autre. Cela signifie justement qu'ils se sont reconnus libres, chacun de son côté, de faire des changements dans la même partie de

---

[1] C'est entendu qu'ici nous faisons abstraction du récit de la passion. Il faut reconnaître la priorité du récit de la passion sur toute formation synoptique. ,,That the passion narrative is the climax of the story and the nerve of the argument, and that it is the part of the Gospel which offers the most stubborn resistance to disintegration by form critical analysis. It is natural to make the inference that in all probability the first section of the Gospel narrative to take definite and permanent shape was the story of the passion.'' T. W. Manson, *The Life of Jesus: A Study of the available Materials*, dans *Expository Times* 53, 1942, pp. 248-251. Texte aussi reproduit dans T. W. Manson, *Studies in the Gospels and Epistles*, édité par M. Black, Londres, 1962, p. 20.

l'évangile, i.e. dans la partie D, tandis que d'autre part ils se sont vus liés à une tradition stable sur l'ordonnance des péricopes dans C.

La comparaison des évangélistes entre eux nous a fait voir plus clairement l'existence d'une division commune dans l'évangile.

Il reste à montrer comment chaque évangéliste, selon sa manière particulière, a fortement souligné cette division.

VII

DIVISION MISE EN RELIEF PAR LES ÉVANGÉLISTES

A) Dans Luc

Après la visite à Nazareth, commence une série de péricopes que Luc a en commun avec Marc: la journée de Capharnaüm, suivie du départ pour le ministère en Galilée[1] (Lc 4, 31-44; Mc 1, 21-39). Cette journée illustre un ministère sédentaire et veut être une introduction au ministère proprement dit, lequel suit immédiatement. La péricope sur le départ de Capharnaüm (4, 42-44) sert donc de transition entre ces deux genres de ministère.

La péricope suivante (Lc 5, 1 ss) nous transporte sur le bord du lac: Jésus enseigne aux foules. Cette scène rappelle clairement l'introduction du discours en paraboles chez Marc (4, 1) et chez Matthieu (13, 1-2), introduction précisément absente au lieu parallèle de Luc (8, 1-3).

Luc a réuni en deux endroits les scènes près du lac: au commencement du ministère galiléen (5, 1 ss) et à la fin de D (8, 22 ss., i.e. la péricope sur la tempête apaisée et les deux autres péricopes aux environs du lac), de sorte que la partie D forme chez Luc un seul bloc sous la consigne du ministère auprès du lac, la journée de Capharnaüm servant d'entrée en matière, et la consigne de mission de conclusion.

B) Dans Matthieu

Déjà, par la grande divergence dans l'ordonnance des péricopes, la partie D, chez Matthieu, saute aux yeux.

---

[1] D'après Luc, Jésus, serait parti, non pas pour la Galilée, mais pour la Judée. (C'est la lecture communément reçue). On a essayé de bien des manières à résoudre cette difficulté. Pour une discussion du problème, cf. H. Conzelmann, *Mitte der Zeit. Studie zur Theologie des Lukas*, Tübingen, 1954, trad. anglaise de G. Buswell, *The Theology of Saint Luke*, Londres, 1960, pp. 40 ss. ,,Galilee' fits in with the plan of Mark and Matthew, but not with Luke's (even if we ignore this particular passage for reasons of method). This can be seen from the two passages 7, 17 and 23, 5 which prove that in this section the original reading is Judaea ...Galilee has no fundamental significance for Luke as a region.'' Il montre aussi que cela découle de la conception géographique que Luc se faisait de la Palestine (cf. Op. cit. p. 43, 69). Pour cet évangéliste, la Galilée et la Judée seraient contiguës, alors Jésus pouvait passer sans difficulté directement de Capharnaüm en Judée.

De plus, cette partie D, chez lui, est fortement soulignée en raison de son encadrement entre deux mentions d'un passage de Jésus à Nazareth. La première (4, 13), correspondant à la place de la visite à Nazareth dans Luc (4, 16), introduit la partie D. La seconde (13, 53-58), parallèle à la visite à Nazareth dans Marc (6, 1-6),[1] clôt la partie D.

Nous avons vu que dans Luc la partie D est encadrée par la visite à Nazareth (4, 16-30) et la consigne de mission (9, 1-6). Dans Matthieu, la partie D est encadrée par les deux traditions sur la visite à Nazareth : l'une (4, 13) — c'est-à-dire celle qu'il a en commun avec Luc — est simplement insinuée ; l'autre (13, 53-58) est rapportée à l'instar de Marc (6, 1-6).

C) DANS MARC

Dans Marc, cette division est soulignée par un double parallélisme encadrant la partie D : parallélisme des événements et parallélisme littéraire.

1. *Parallélisme dans l'enchaînement des événements*

a) La partie D se trouve délimitée dans Marc par une répétition d'une même formule annonçant une mission en Galilée : la première formule termine la journée de Capharnaüm (1, 39), la seconde termine la visite à Nazareth (6, 6b).

b) Chacune des missions est inaugurée par un départ : départ de la patrie [idée implicite dans Marc : ,,Un prophète n'est méprisé que dans sa patrie, dans sa parenté et dans sa maison'' (6, 4)], parallèle au départ de Capharnaüm (1, 35-38).

Nous avons remarqué la mention d'un départ dans Matthieu encadrant également la partie D : au début (4, 13) et à la fin (13, 53-58). Chez Matthieu, il s'agissait chaque fois d'un départ de Nazareth ; chez Marc, le premier se réfère à Capharnaüm (1, 35-38), le second à Nazareth (6, 1-6).

Après un ministère plutôt sédentaire à Capharnaüm, représenté sous la forme littéraire d'une journée en ce lieu (1, 21-39), commence la vie missionnaire proprement dite dans toute la Galilée (1, 39). Il devient clair que chez Marc, la journée de Capharnaüm (1, 21-39 avec le départ) joue le même rôle que la visite à Nazareth. Ce qui

---

[1] De fait, il n'est pas fait mention explicitement de Nazareth, mais il est clair d'après les questions qu'on se pose sur son origine (Mt 13, 55) et la résponse de Jésus (Mt 13, 57) qu'il s'agit de sa ville natale.

servait d'encadrement de la partie D chez Matthieu, i.e. les mentions des départs de Jésus de Nazareth, est remplacé chez Marc par les départs de Capharnaüm (1, 38-39) et de Nazareth (6, 1-6).

Ce parallélisme des événements est corroboré par un parallélisme littéraire.

2. *Parallélisme littéraire entre la journée de Capharnaüm et la visite à Nazareth*

Journée de Capharnaum (Mc 1, 21-39)	Visite à Nazareth (6, 1-6)
i) Jésus entre à Capharnaüm (1, 21) εἰς Καφαρναούμ	i) Jésus vient dans sa patrie (6, 1) εἰς τὴν πατρίδα αὐτοῦ
ii) les jours du sabbat (1, 21) τοῖς σάββασιν	ii) le jour du sabbat (6, 1) γενομένου σαββάτου
iii) dans la synagogue (1, 21) εἰς τὴν συναγωγὴν	iii) dans la synagogue (6, 2) ἐν τῇ συναγωγῇ
iv) il enseigne (1, 21) ἐδίδασκεν	iv) il enseigne (6, 2) διδάσκειν
v) on est frappé d'étonnement (1, 22) καὶ ἐξεπλήσσοντο	v) on est frappé d'étonnement (6, 2) καὶ . . . ἐξεπλήσσοντο
vi) par son enseignement (1, 22) ἐπὶ τῇ διδαχῇ αὐτοῦ	vi) par son enseignement (6, 2) [1] ἐπὶ τῇ διδαχῇ αὐτοῦ
vii) on s'informe sur l'origine de sa doctrine (1, 27) τί ἐστιν τοῦτο; διδαχὴ καινὴ	vii) on s'informe sur l'origine de sa doctrine (6, 2) καὶ τίς ἡ σοφία ἡ δοθεῖσα τούτῳ
viii) il part en mission dans d'autres bourgs (1, 38-39) καὶ ἦλθεν κηρύσσων . . . εἰς ὅλην τὴν Γαλιλαίαν	viii) il part en mission dans d'autres bourgs (6, 6b) καὶ περιῆγεν τὰς κώμας κύκλῳ διδάσκων

Ce parallélisme avait déjà été remarqué par M. J. LAGRANGE.[2] Selon ce dernier, un auteur a le droit de s'imiter. Cependant, les travaux récents sur l'étude des formes littéraires ont montré que la structure stéréotypée d'une péricope correspond au type du sujet traité.[3] Il y a donc lieu de chercher quelle était l'intention de l'auteur en adoptant cette structure parallèle pour ces deux récits.

D'après l'opinion de L. CERFAUX,[4] la journée de Capharnaüm

---

[1] D'après quelques manuscrits P45, D, Θ, lat.

[2] *Evangile selon saint Marc*, 5e édit., Paris, 1929, p. LXXVIII.

[3] Cf. H. RIESENFELD, *The Gospel Tradition and its Beginnings*, dans *Studia Evangelica*, Berlin, 1959, p. 46.

[4] *En Marge de la question synoptique*, dans *La Formation des Evangiles*, p. 28. L. CERFAUX se base sur les recherches de S. SMITH, *Tannaitic Parallels*

serait un groupe de péricopes illustrant une journée du Maître à la manière des écrivains juifs de l'époque. Sans nier cette interprétation, il nous semble plutôt que cette journée se présente comme un résumé-type du ministère sédentaire de Jésus avant d'entreprendre le ministère galiléen proprement dit. Elle sert donc d'introduction à l'exposé qui suit.

La visite à Nazareth (Mc 6, 1-6) entre aussi dans cette catégorie. Il est probable que Jésus fit plusieurs visites à Nazareth, comme le texte correspondant de Luc (4, 16-30) semble l'indiquer. Selon le récit de Marc, il ne s'agirait que d'une seule visite. Cependant, ce récit, dans Marc, est trop solennel pour qu'il ne veuille rappeler ici qu'une visite quelconque de Jésus dans sa ville natale. L'évangéliste semble plutôt résumer une fois pour toutes l'accueil que le Maître reçut auprès des siens dans ses nombreuses visites à Nazareth. L'échec auprès de ses compatriotes donnera le signal du départ pour le ministère dans les autres villes de Galilée.

De toute évidence, ces deux récits veulent servir d'introduction au ministère galiléen qui suit. Voilà ce qui explique leur structure parallèle en même temps que l'enchaînement parallèle des événements.

Par ces deux récits, se trouve clairement délimitée la partie D.

Conclusions sur la constatation des faits

Cette analyse sommaire permet de tirer quelques conclusions dont il faudra tenir compte dans l'explication sur l'origine de cette division.

1. Du point de vue de l'ordonnance, une division se manifeste dans les matériaux de la triple tradition.
2. Le comportement des évangélistes est le même dans les deux parties, i.e. autant ils ont manifesté de liberté par rapport à l'ordonnance de D, autant ils semblent liés à une tradition stable par rapport à l'ordonnance de C.
3. Matthieu et Luc ont manifesté cette liberté de disposer de l'ordonnance de D, indépendamment l'un de l'autre: les divergences dans D ne tombent pas sur les mêmes péricopes.
4. La division est très nette.

---

to the Gospels, (Journal of Biblical Literature, Monography, Series VI), Philadelphia, 1951, pp. 130 ss.

Elle concerne les mêmes péricopes (de la triple tradition) dans C et dans D.

La partie D est, de plus, fortement soulignée :

a) par Luc, qui a rattaché toutes ces péricopes à la région du lac ;

b) par Matthieu, du fait que d'une part il l'a insérée entre deux passages de Jésus à Nazareth (4, 13 et 13, 53 ss) et que d'autre part il y manifeste une ordonnance très différente des deux autres évangélistes ;

c) par Marc enfin, du fait qu'il l'a encadrée entre deux structures parallèles dont l'une et l'autre servent respectivement d'introduction au ministère de Jésus en Galilée.

Ces premières observations suffisent à amorcer le problème : comment expliquer cette division en D et C commune aux synoptiques ? Quelle formation littéraire est à son origine ?

Avant de présenter notre solution, nous rappellerons les différents essais qui ont été tentés en face de cette situation de fait.

DIVISION EN C ET D ET LES HYPOTHÈSES
SUR L'ORIGINE DES SYNOPTIQUES

Notes liminaires

Avant de mettre les différentes hypothèses sur la formation
des synoptiques en face du problème de la division des évangiles
en C et D, il est important de bien situer la question.

1. Nous avons montré dans notre première partie que, pour
expliquer l'ordonnance commune aux synoptiques, il fallait recourir
à une ordonnance-type (c'est-à-dire à un évangile déjà structuré).

2. En prenant comme point de départ les diverses théories
sur la formation des synoptiques, nous avons essayé de situer,
dans l'histoire de la formation des évangiles, le moment où prit
naissance la structure qui est à l'origine du fait synoptique — tant
pour les phénomènes littéraires que pour l'ordonnance des péricopes.
Aucune n'a donné complète satisfaction: elles ont toutes dans
leur point de départ un à priori qui constitue un obstacle pour
une approche objective du problème synoptique.

3. Laissant de côté tout à priori, nous sommes maintenant
à faire l'essai d'un autre point de départ: chercher à déterminer
l'étendue de cette structure primitive qui se trouve à l'origine
de l'ordonnance commune. Couvre-t-elle toutes les péricopes
de la triple tradition (et même celles de la double tradition) ou
seulement une partie de la triple tradition?

Et plus précisément, cette structure bipartite de l'évangile
en D et C, que nous venons de signaler, ne serait-elle pas un indice
que la structure primitive commune aux trois synoptiques ne
contenait pas toutes les péricopes de la triple tradition?

4. Nous aurons à faire appel encore une fois aux différentes
théories déjà discutées sur la formation synoptique, v.g. celle
de la priorité de Marc, etc.; cependant, elles n'entreront en considération que dans la mesure où elles peuvent contribuer à la
solution du problème de l'étendue de la structure qui a servi de
base à l'ordonnance commune. Il s'agit donc avant tout de déterminer l'étendue de la première systématisation synoptique, peu

importe où elle se trouvait primitivement, v.g. dans Marc ou dans un Matthieu primitif.

5. Se basant sur les théories discutées jusqu'à date, on peut formuler deux conclusions qui seront le point de départ des discussions ultérieures :

a) Premièrement, toutes prennent comme point de départ une ordonnance-type couvrant aussi bien la partie D que la partie C, ordonnance-type qui a été transmise plus ou moins fidèlement par les évangélistes. Cette ordonnance-type peut être soit l'évangile de Marc, soit le Matthieu primitif (araméen ou sa traduction en grec). L'écart entre l'ordonnance-type et les évangiles actuels se manifeste surtout dans la partie D.

b) Deuxièmement, deux sortes d'influences ont pu jouer un rôle décisif dans la modification de cette ordonnance-type, l'une d'ordre interne : l'intention poursuivie par l'évangéliste ; l'autre d'ordre externe : l'état différent des sources utilisées par les évangélistes.

Pour expliquer la divergence dans l'ordonnance de la partie D, on accentuera le rôle de l'une ou de l'autre de ces influences, selon la position que l'on prendra sur la formation synoptique, sans toutefois renoncer au principe de la structure-type couvrant tous les matériaux de la triple tradition. Ainsi, toute une gamme de théories s'échelonnent, à partir de celle où l'on attribue la cause de la divergence de l'ordonnance dans D exclusivement au travail des évangélistes, jusqu'à celle où tout s'expliquerait par les conditions des sources utilisées par les évangélistes.

6. On simplifiera l'exposé de toutes ces théories en les divisant selon le rôle qu'elles veulent attribuer à l'une ou l'autre de ces deux influences signalées plus haut :

a) La division en D et C vient uniquement de la plume de l'évangéliste (chapitre VIII)

b) La division vient en partie de l'influence d'une seconde source utilisée par Matthieu et par Luc (chapitre IX)

c) La division vient principalement de l'état des sources communes utilisées par les trois synoptiques (chapitre X).

VIII

LA DIVERGENCE DANS
L'ORDONNANCE DES ÉVANGILES SYNOPTIQUES
VIENT-ELLE DES ÉVANGÉLISTES EUX-MÊMES?

D'après cette théorie, les évangélistes se trouvaient devant une ordonnance-type, —en l'occurrence devant Marc ou un Matthieu primitif (araméen ou traduction grecque). L'écart constaté entre l'ordonnance primitive et celle de l'un ou l'autre des évangiles actuels proviendrait de la plume de l'évangéliste lui-même. Celui-ci aurait ainsi modifié l'ordonnance de sa source pour mieux répondre à l'intention qu'il poursuivait.

Les évangélistes se seraient donc cru libres d'agir à leur guise à l'égard de cette ordonnance primitive; ils l'auraient manifesté ici, dans la partie D, plus qu'ailleurs.[1]

Cette explication, il faut le reconnaître, est fort simpliste et inadéquate. Il est possible et il est même probable que les évangélistes ont joué un rôle dans la situation actuelle de D. Mais vouloir tout mettre au compte des évangélistes est simplifier et de beaucoup le problème.[2]

Une telle solution ne prend aucunement en ligne de compte la manière particulière dont se manifeste la division de l'évangile en C et D. Pour s'en faire une juste idée, on n'a qu'à passer en revue les conclusions données plus haut.

En effet, comment expliquer l'accord des évangélistes à agir de la même manière et au même endroit, i.e. à suivre strictement la même ordonnance dans C et à manifester plus de liberté dans D?

Comment expliquer que ce phénomène se manifeste par une

---

[1] Il n'est pas question d'un système en particulier. La théorie de L. VA-GANAY peut aussi bien entrer dans cette catégorie que celle des deux sources.

[2] La solution est simpliste, parce qu'on veut situer sur un plan ,,théologique'' un élément qui de fait appartient au plan littéraire. Cette ,,solution théologique'' permet d'éviter de s'engager dans le sentier embarrassant concernant la condition des sources utilisées par Mt. Cependant, elle aboutit à des résultats néfastes. Par exemple, la place différente du discours en paraboles ou du discours de mission dans Mt résulterait, d'après cette manière de résoudre le problème, de la théologie particulière à cet évangéliste. Cet à priori devient, à son tour, un des éléments de base pour échafauder la théologie de Mt.

division si précise, division que les synoptiques s'entendent à souligner aux mêmes endroits chacun à sa manière, concernant les mêmes péricopes ?

Comment se fait-il enfin que Matthieu et Luc s'accordent à mentionner un départ de Nazareth au même endroit parallèle, i.e. au début de la partie D ? Et ces difficultés s'avèrent encore plus insolubles si, comme on le croit, Matthieu et Luc ne se sont pas connus.

Ne pas pouvoir répondre à ces difficultés porte un coup fatal à la théorie de la priorité de Marc, comme aussi à la priorité d'un Matthieu canonique ou araméen (selon l'explication de L. VAGANAY).

IX

LA DIVISION EN D ET C VIENDRAIT-ELLE
EN PARTIE DE L'INFLUENCE D'UNE
SECONDE SOURCE?

Cette approche attribue un rôle spécial à une seconde source Q, selon les tenants des ,,deux sources''. Cette source aurait influencé les évangélistes pour l'ordonnance des matériaux de la triple tradition.

L'ordonnance-type pour les matériaux de la triple tradition serait l'évangile de Marc. Matthieu, et surtout Luc, auraient modifié l'ordre de Marc dans la partie D en raison de l'insertion de matériaux de la double tradition, i.e. de la source Q.

Luc aurait généralement conservé l'ordonnance de Marc. Cependant, les divergences d'ordonnance constatées dans l'évangile de Luc ne doivent pas toutes être attribuées au travail littéraire de Luc. Dans bien des cas où on pourrait croire à une transposition de la part de Luc, il ne s'agit que d'une insertion d'une tranche de péricopes provenant de la seconde source Q où l'ordonnance était différente de celle de Marc.

L'étendue et la nature de cette seconde source diffèrent d'un auteur à l'autre. J. Moffat[1] énumère seize différentes manières de reconstituer ce document-source. A partir de sa structure primitive de *logia*, selon F. Schleiermacher,[2] elle s'est émiettée en plusieurs documents;[3] ou par une orientation contraire, elle a été conçue comme un véritable évangile qu'on a appelé, soit le proto-Matthieu,[4] soit le proto-Luc.[5]

Le rôle qu'on fera jouer à cette seconde source, dans l'organisation

---

[1] *Introduction to the Literature of the New Testament,* Edinbourg, 1920, pp. 197-202.

[2] *Über die Zeugnisse des Papias von unsern beiden ersten Evangelien,* dans, *Theolog. Studien und Kritiken,* 5, 1832, pp. 735-768.

[3] W. C. Allen, dans *Oxford Studies in the Synoptic Problem,* Oxford, 1911, p. 235; W. Bussmann, *Synoptische Studien* II, Halle (S), 1929, pp. 110 ss.

[4] B. Weiss, *Die Quellen der synoptischen Überlieferung,* Leipzig, 1908; A. Camerlynck, *Synopsis,* Bruges, 1932.

[5] P. Feine; A. Schlatter; B. H. Streeter; T. W. Manson; V. Taylor, etc.

du livre de Luc, s'accroîtra dans la mesure même où on la concevra comme un document formant une narration suivie. Ainsi, pour les uns, ces matériaux de provenance disparate ont été tout simplement insérés par tranches,[1] selon la manière habituelle d'écrire de Luc, dans la trame du récit de Marc. Pour d'autres, ces matériaux formaient déjà un évangile antérieur au Luc actuel, — le proto-Luc ou encore le proto-Matthieu. Cet évangile aurait donc été utilisé par Luc comme base de son travail, et dans cet évangile il aurait englobé celui de Marc. Pour certains, cet évangile préexistant ne contenait que les parties communes à Matthieu et à Luc; d'autres croient qu'il contenait en plus le récit de la passion (celui que Luc rapporte); un troisième groupe enfin est d'opinion qu'il incluait même le récit de l'enfance.[2] On relève donc bien des nuances entre ces différentes théories.

Afin de procéder de manière plus concrète dans cet exposé, nous choisirons une de ces explications comme modèle. Il faudra pourtant se souvenir qu'il ne s'agit que d'un exemple pour illustrer une manière de résoudre le problème de l'ordonnance.

Voici comment J. JEREMIAS[3] présente la formation de l'évangile de Luc. Il range ainsi sur deux colonnes les deux sources de l'évangile de Luc:

Evangile de base	*Evangile de Marc*
1) Luc, 1, 1-4, 30	
	2) Luc 4, 31-6, 11 = Mc 1, 21-3, 6
3) Luc 6, 12-8, 3(excepté 6, 17-19 = Mc 3, 7-11a)	
	4) Luc 8, 4-9, 50 = Mc 4, 1-25; (Mc 3, 31-35); Mc 4, 35-6, 44; Mc 8, 27-9, 40
5) Luc 9, 51-18, 14	
	6) Luc 18, 15-43 = Mc 10, 13-52
7) Luc 19, 1-28	
9) Luc 22, 14-24, 53	8) Luc 19, 29-22, 13 = Mc 11, 1-14, 16.

D'après cette disposition, Luc n'aurait fait que deux trans-

---

[1] C'est l'opinion la plus répandue; cf. A. WIKENHAUSER, *Einleitung in das Neue Testament*, 2e édit., Freiburg, 1956, Traduction anglaise, *Introduction to the New Testament*, Freiburg, 1958, pp. 245-249.

[2] Pour un exposé sommaire des différentes opinions, cf. L. CERFAUX, *Proto-Luc ou proto-Matthieu?*, dans *Eph. Theol. Lov.* 12, 1935, pp. 7 ss.; *Recueil Lucien Cerfaux*, T. I., pp. 392 ss.

[3] *Perikopen-Umstellungen bei Lukas?*, dans *New Testament Studies* 4, 1958, p. 116.

positions:[1] les foules à la suite de Jésus (6, 17-19= Mc 3, 7-12) et
la péricope sur la vraie parenté de Jésus (8, 19-21= Mc 3, 31-35);
les autres divergences, par rapport à l'évangile de Marc, v.g.
Jésus à Nazareth (4, 16-30= Mc 6, 1-6), l'appel des premiers
disciples (5, 1-11= Mc 1, 16-20) et celles que nous avons remarquées
dans le récit de la passion s'expliquent du fait que Luc reproduit
l'évangile de base qui contient une autre tradition sur les événements rapportés.

Il peut y avoir une grande part de vérité dans cette manière
de concevoir la formation de l'évangile de Luc. Cependant, ce
qui nous intéresse immédiatement, c'est de savoir dans quelle
mesure cette explication rend compte des divergences de l'ordonnance des péricopes de la triple tradition et plus spécialement
de la division de l'évangile en C et D. La manière de concevoir et
de reconstituer les sources particulières à Luc (en sources disparates
ou en un évangile déjà constitué) ne nous intéresse que secondairement, c'est-à-dire en autant qu'elle touche au problème ici considéré.
Donc, la première question à se poser est celle-ci: comment ces
hypothèses sur la formation de l'évangile de Luc rendent-elles
compte de l'ordonnance des péricopes?

Il faut d'abord se rappeler que ces hypothèses se basent sur la
manière particulière d'écrire de Luc. C'est un fait, d'ailleurs reconnu
par la plupart des exégètes, que Luc juxtapose par tranches[2] ses
sources, au lieu de les aligner pour en former une nouvelle unité.

Nous sommes prêt également à reconnaître que ces hypothèses
expliquent suffisamment bien les divergences de l'ordonnance
dans le récit de la passion chez Luc. D'ailleurs, nous avons déjà
signalé que Luc présentait une tradition différente du récit de
la passion.

Il faut bien aussi concéder que ces hypothèses peuvent rendre
compte en partie des divergences de l'ordonnance des péricopes
dans D. En effet, supposer que Luc ait préféré la série de péricopes
3, 1-4, 30 (prédication de Jean-Baptiste, baptême de Jésus,
tentation, visite à Nazareth) explique bien la place particulière

---

[1] H. SCHÜRMANN ne veut pas appeler ces divergences des transpositions,
mais des ajoutes (Nachträgen). cf. *Die Dubletten im Lukasevangelium. Ein
Beitrag zur Verdeutlichung des lukanischen Redaktionsverfahrens*, dans *Zeitschrift für Katholische Theologie* 75, 1953, p. 339, art. 9.
[2] Cf. P. BENOIT, *L'Evangile selon saint Matthieu. La Sainte Bible de
Jérusalem*, Paris, 1961, pp. 28 ss; H. MARRIOTT, *The Sermon on the Mount*,
Londres, 1925, p. 59; J. DUPONT, *Les Béatitudes*, Louvain, 1958, p. 47.

de la visite à Nazareth. Au lieu d'être à l'endroit où elle se trouve dans Marc, elle prenait place, dans cette seconde tradition, immédiatement après la tentation au désert. Cette tradition serait confirmée par la série de péricopes fort semblables en Matthieu 3, 1-4, 13, se terminant au même lieu parallèle par une mention d'un départ de Nazareth (Mt 4, 13). Il ne s'agirait donc pas, pour la place de la visite à Nazareth, d'une transposition proprement dite, mais d'une ordonnance différente selon une seconde tradition commune à Matthieu et à Luc.

CRITIQUE

Cependant, cette hypothèse ne rend pas compte de toutes les particularités que nous avons relevées sur la division commune aux évangiles en parties D et C.

D'abord elle n'explique pas pourquoi il existe un accord chez les trois synoptiques à encadrer, chacun à sa manière, les mêmes groupes de péricopes dont l'ordonnance est instable non seulement dans Luc mais aussi et surtout dans Matthieu.

A) *Dans Luc*

Et de plus, il ne suffit pas d'expliquer chez Luc la place particulière de la visite à Nazareth, il faut aussi justifier les divergences des trois autres péricopes, i.e. l'appel des premiers disciples (5, 1-11) que J. JEREMIAS ne mentionne même pas; les foules à la suite de Jésus (6, 17-19); la vraie parenté de Jésus (8, 19-21), qui ne peuvent recevoir la même explication que celle de la visite à Nazareth. La place de cette dernière était marquée dans la source: Luc aurait, selon sa manière d'écrire, inséré cette source telle quelle sans rien changer. Cette explication ne vaut plus pour les trois autres divergences.

Enfin, pourquoi des divergences dans l'ordonnance se trouvent-elles uniquement ici dans cette partie D et non pas dans C où on rencontre également des insertions de péricopes de différentes provenances. C'est simplifier le problème d'alléguer qu'il a vu la nécessité de modifier l'ordonnance, en raison des insertions, uniquement dans la partie D.[1]

---

[1] D'après cette théorie de J. JEREMIAS, une seule insertion se réfère à la partie D (Lc 6, 12-8, 3) et cinq insertions ont eu lieu dans la partie C. On devrait donc s'attendre à plus de transpositions dans la partie C; mais c'est le contraire.

B) *Dans Matthieu*

Cette hypothèse ne touche aucunement le problème de l'ordonnance dans Matthieu.

Si les divergences de l'ordonnance des péricopes dans D prove-
naient uniquement de l'évangéliste comme dans la première
hypothèse, alors comment expliquer l'accord de Matthieu et de
Luc pour conserver l'ordonnance de C et pour modifier celle de D ?
Le problème reste donc au même point, quelle que soit la théorie
que l'on présentera sur la condition des sources de cette double
tradition Q.

Au lieu de partir du postulat que les divergences dans l'ordonnance des péricopes en D sont des modifications faites sur l'ordonnance de Marc et d'essayer de déterminer avec précision la part de
l'évangéliste et celle des sources, voyons plutôt l'attitude de
Matthieu lorsqu'il s'agira d'introduire dans C et D les matériaux
de la double tradition et ceux qui lui sont propres. Par le fait
même, nous verrons que Matthieu est très conscient de la division
de son évangile en parties D et C; et cette conscience, on ne peut
l'expliquer à partir de l'évangile de Marc ni à partir de l'état
des sources de la double tradition ou encore des sources particulières :
elle préexistait au travail rédactionnel de Matthieu.

I. *Matériaux de la double tradition*

En effet, Matthieu ne semble pas guidé par les mêmes principes
lorsqu'il fait la rédaction de la partie D et celle de la partie C,
par rapport aux matériaux de la double tradition. Cette attitude se
manifestera de deux différentes manières.

a) *Quant à la manière d'insérer les matériaux de la double tradition*

On dit communément que Luc juxtapose ses sources par tranches
tandis que Matthieu les distribue à travers tout son évangile.[1]
Cette façon de décrire le travail rédactionnel de Matthieu est
incomplète car la manière de composer de Matthieu se manifeste
très différemment selon que l'on considère la partie D ou la partie C.

Dans D, Matthieu insère, par tranches, les péricopes de la double
tradition d'une manière fort semblable à Luc. Par exemple, il
dispose en bloc et presque dans le même ordre que celui de Luc:
1) les péricopes sur la question de Jean-Baptiste et sur le jugement

---

[1] Cf. p. 77, note 2.

de Jésus sur sa génération (Mt 11, 2-19; Lc 7, 18-35); les péricopes
sur la discussion sur Béelzéboul, le signe de Jonas, le retour offensif
de l'esprit immonde (Mt 12, 22-45; Lc 11, 14-32). Il en va de même
du discours sur la montagne et de la guérison du serviteur du
centurion (Mt 5, 3-7, 29 et 8, 5-13; Lc 6, 20-7, 10). Tout en insérant et
en entrelaçant ces péricopes avec celles de la triple tradition,
Matthieu reste fidèle à l'ordonnance qu'il possède en commun
avec Luc.

Par contre, dans la partie C, il procède tout différemment. On ne
rencontre pas comme dans D des groupes de péricopes de la double
tradition ayant une ordonnance parallèle dans Luc. Matthieu
semble n'avoir eu affaire qu'à des péricopes individuelles qu'il
a insérées séparément dans la trame de C.[1]

Chez Matthieu, cette manière de procéder, si différente d'une
partie à l'autre, laisse croire qu'il était conscient de la division
de son évangile en D et C.

b) *Quant aux raisons qui motivent la distribution des matériaux
dans C et D.*

D'après ce que nous venons de dire sur la manière d'écrire de
Matthieu, il découle que, pour l'insertion des péricopes de la double
tradition dans C, l'évangéliste se soumet au plan préexistant de C.
Ces péricopes distribuées isolément ne servent que de complément
à une charpente déjà préexistante à laquelle Matthieu veut à
tout prix conserver la priorité.

Il n'en va pas de même dans la partie D. Vu l'instabilité dans
l'ordonnance des péricopes de la triple tradition d'une part, et
l'insertion en bloc des matériaux de la double tradition d'autre
part, il devient évident que Matthieu n'est pas dirigé par les mêmes
motifs que dans la partie C. Il s'est produit un glissement d'intérêt.
Les péricopes de la double tradition ne sont plus introduites,
dans la partie D, dans le but de renforcer l'un ou l'autre thème
déjà préexistant dans la triple tradition; ces nouvelles insertions,
en raison de leur groupement en bloc, prennent dans D une certaine
autonomie. L'évangéliste semble vouloir donner à chaque tradition
son importance.

---

[1] Par exemple: parabole du festin nuptial (Mt 22, 1-14; Lc 14, 16-24);
apostrophe à Jérusalem (Mt 23, 37-39; Lc 13, 34-35); parabole du major-
dome (Mt 24, 45-51; Lc 12, 42-46); parabole des dix vierges (Mt 25, 1-13;
Lc 12, 35-38); parabole des talents (Mt 25, 14-30; Lc 19, 12-27).

On ne peut affirmer que Matthieu a été influencé dans son attitude différente envers C et D par l'état de ses sources: c'est-à-dire qu'il aurait ainsi distribué ses matériaux, parce que les sources employées pour la partie D se présentaient par blocs déjà formés, tandis que pour la partie C il n'avait que des péricopes disparates. Comment alors expliquer que la distribution dans son évangile soit si clairement tranchée? Là où il y a divergence dans l'ordonnance, là se rencontre une insertion par bloc; par contre, là où il y a accord dans l'ordonnance, s'est réalisée une distribution par péricopes individuelles. Faut-il encore mettre cette coïncidence au compte du hasard?

Le contraire ne serait-il pas plus près de la vérité? La conscience de l'existence de la division de son évangile en parties D et C a influencé son comportement envers les sources. Dans la partie C, il trouvait une structure stable et, pour cette raison, il considérait les matériaux de la double tradition qu'il voulait y insérer comme un complément au service d'une unité qui s'imposait à lui. Par contre, se voyant plus libre dans D, il y insérait ses sources par blocs, de sorte qu'un certain glissement s'est produit: les péricopes de la double tradition, au lieu d'être dominées par les thèmes développés par la triple tradition, comme dans C, affichent une certaine autonomie.

Ce comportement de Matthieu ne peut s'expliquer que par une conscience très claire de l'existence d'une division dans son évangile, division qui s'imposait à lui avant de commencer à écrire.

De même, le comportement de Matthieu envers les citations de l'Ancien Testament conduit à la même conclusion.

2) *Citations de l'Ancien Testament particulières à Matthieu*

Il est évident que le rédacteur se sentait plus libre d'agir à sa guise devant les matériaux qu'il intégrait lui-même en son évangile que devant ceux qu'il recevait dans un évangile confirmé par la tradition. En plus de pouvoir les distribuer à sa façon, il trouvait ces matériaux plus malléables et plus susceptibles de recevoir l'empreinte qu'il voulait donner à toute son œuvre. Nous savons qu'un des principaux soucis de Matthieu était de faire voir dans la personne de Jésus l'accomplissement des prophéties.

Sur 37 citations de l'Ancien Testament dans Matthieu, dix manifestent cette préoccupation toute spéciale de montrer dans les événements de la vie de Jésus la réalisation des prophéties.[1] Ces citations particulières à Matthieu sont facilement reconnaissables par la même formule d'introduction: ἵνα (ὅπως) (τότε) . . . πληρωθῇ (ἐπληρώθη) . . . τὸ ῥηθὲν . . . (ὑπὸ τοῦ κυρίου) . . . διὰ . . . (Ἰερεμίου) (Ἡσαΐου) . . . τοῦ προφήτου λέγοντος (τῶν προφητῶν).

Les dix citations sont distribuées comme suit:

a) quatre dans les deux premiers chapitres
   (1, 22-23; 2, 15, 17-18, 23)
b) quatre dans la partie D
   (4, 14-16; 8, 17; 12, 17-21; 13, 35)
c) deux dans la partie C (21, 4-5; 27, 9)

Sur les deux citations dans la partie C, une (27, 9) se rattache à une péricope particulière à Matthieu, i.e. la mort de Judas,[2] et, vu qu'il s'agit d'une péricope particulière à Matthieu, elle fait donc partie des matériaux où Matthieu se sentait plus libre d'interpréter à sa guise. Donc, parmi toutes ces citations, Mt 21, 4-5 semble faire difficulté: elle appartient à la partie C, se trouvant dans un récit commun aux trois synoptiques: l'entrée de Jésus à Jérusalem.[3]

Donc sur les neuf citations qui restent, cinq se rattachent aux matériaux propres à Matthieu (i.e. les quatre citations dans les deux premiers chapitres, et 27, 9 rattachée au récit de la mort de Judas) et quatre se trouvent dans la partie D. Ce n'est donc que dans les matériaux qui lui sont propres et dans la partie D, que Matthieu s'est permis d'ajouter des citations de l'Ancien Testament.

---

[1] Sur l'origine de ces citations, cf. L. VAGANAY, Le Problème Synoptique, Tournai, 1954, pp. 237 ss. Pour une étude récente sur les citations de l'A.T. dans Matthieu, voir R. H. GUNDRY, The use of the Old Testament in Matthew's Gospel, (Supplements to Novum Testamentum, XVIII), Leiden, E. J. Brill, 1967.

[2] Mt 27, 3-10.

[3] Mt 21, 1-11 = Mc 11, 1-11 = Lc 19, 28-38. Marc et Luc n'ont pas la citation, cependant dans un contexte parallèle chez Jean 12, 12-16, on retrouve presque la même citation (de Zach. 9, 9). Il se peut donc que Matthieu ne fasse que rapporter une tradition qui rattachait la citation à cette circonstance de la vie de Jésus. Dans ce cas, il faudrait classer cette citation avec les 27 autres qui ne sont pas propres à Matthieu. L'emploi de la même formule d'introduction qu'aux neuf autres citations particulières à Matthieu s'expliquerait ainsi: se trouvant devant une citation qu'une tradition rattachait à ce récit de l'entrée de Jésus à Jérusalem, Matthieu, en l'insérant dans ce contexte, a formulé l'introduction sur le modèle des neuf autres qu'il introduisit dans son évangile.

En considérant ce comportement de Matthieu, une conclusion s'impose: dans la conscience de Matthieu, une équation s'établit entre les matériaux qui lui sont propres et les matériaux de la triple tradition contenus dans D. Il plaçait, d'une certaine manière, la partie D sur le même pied que les péricopes qui lui venaient de ses sources particulières.

En effet, qu'il se soit servi des matériaux qui lui venaient de ses sources particulières pour donner une tournure personnelle à son évangile, cela allait de soi; mais qu'il ait agi de la même manière envers les matériaux de la triple tradition, dans la partie D, à l'exclusion presque totale de ceux qui se trouvent dans la partie C, c'est un indice non équivoque qu'il se sentait libre de traiter les matériaux de la triple tradition contenus dans D de la même manière que ceux qui lui venaient d'une source qui lui était propre.

Pour agir ainsi, Matthieu devait être conscient de la division de son évangile en parties D et C. Cette différence d'attitude si tranchée quant à ces deux parties et confirmée par la divergence dans l'ordonnance, demande une explication.

Et vu que le recours à l'influence des sources secondaires (i.e. de la double tradition) ne suffit pas à rendre compte ni de cette attitude différente de l'évangéliste envers D et C ni de la divergence de l'ordonnance des péricopes dans D, chez Luc et chez Matthieu, il faut faire appel aux conditions différentes des sources communes utilisées par les trois synoptiques.

LA CONDITION DES SOURCES IMMÉDIATES DE NOS SYNOPTIQUES: RAISON PRINCIPALE DE LA DIVISION DES ÉVANGILES EN C ET D

Pour expliquer la divergence dans l'ordonnance des péricopes, L. Cerfaux[1] et X. Léon-Dufour[2] ont recouru à des phases intermédiaires entre l'évangile du Matthieu primitif (qui dans l'hypothèse avait l'ordonnance-type) et les synoptiques. La différence dans l'ordonnance de D pour les péricopes de la triple tradition[3] ne viendrait pas uniquement de la liberté que l'évangéliste aurait prise à l'égard de l'ordonnance-type, mais de l'état instable de la tradition synoptique en cet endroit. Les évangélistes ont manifesté une plus grande liberté dans D; cependant ils y étaient poussés par l'état différent, quant au contenu et quant à l'ordonnance, de leurs sources immédiates.

Pour rendre compte de la division actuelle de l'évangile en D et C, on recourt donc à trois étapes fondamentales dans la formation des synoptiques:

1re étape de la formation de l'évangile primitif, — le Matthieu primitif;

2e étape intermédiaire où l'évangile primitif reçoit plusieurs modifications en raison de sa transmission;

3e étape de la formation des évangiles actuels où l'on remarque cette division en C et D dérivant plus immédiatement de la phase intermédaire.

Avant de porter un jugement sur cette explication, il faudra distinguer deux aspects du problème concernant la division de

---

[1] *A propos des Sources du troisième évangile*; *Proto-Luc ou proto-Matthieu?*, dans *Eph. Theol. Lov.* 12, 1935, pp. 23 ss.; *Le problème synoptique*, dans *Nouv. Rev. Theol.* 76, 1954, pp. 499 ss.

[2] *Exégèse du Nouveau Testament*, dans *Recherche de Science Religieuse* 42, 1954, pp. 570 ss. et dans *Introduction à la Bible*, II, pp. 292 ss.

[3] Selon X. Léon-Dufour et L. Cerfaux, les péricopes de la double tradition comme celles de la triple tradition, appartiennent au Matthieu primitif. Il faudrait donc expliquer les divergences, dans l'ordonnance des péricopes des deux traditions, de la même manière.

l'évangile en D et C. Il y a d'abord le fait de la divergence de l'ordonnance dans D ; et deuxièmement, la question de la formation littéraire qui est à l'origine de cette division en D et C.

On peut en effet s'arrêter uniquement au premier aspect, c'est-à-dire, à la divergence de l'ordonnance dans D, abstraction faite du reste de l'évangile, et chercher l'explication la plus immédiate à ce problème.

Par contre, si l'on veut atteindre jusqu'à la racine du problème, on le posera ainsi: pourquoi y a-t-il un état différent des sources ici et non pas là ? Quelle formation littéraire a amené cette condition des sources ?

Pour le problème plus immédiat de la divergence de l'ordonnance de la partie D, l'état différent des sources donne une explication satisfaisante. Par rapport à cette partie D, les évangélistes se trouvaient devant plusieurs traditions quant au choix et quant à l'ordonnance des péricopes. Ils se sont vu libres de disposer les matériaux à leur gré dans cette partie D. En cet endroit, il n'existait pas une tradition stable quant aux sources. Cette solution évite les difficultés des théories précédentes. On ne met pas tout au compte des évangélistes, et finalement au compte du hasard. L'endroit précis de la partie D se trouvait déjà indiqué par les conditions des sources.

Une tradition commune, relativement à la place de D comme à celle d'une péricope (v.g. la mention de la visite à Nazareth au début du ministère galiléen), ne peut exister qu'à l'intérieur d'un évangile déjà constitué. Le recours à Q sous toutes ses formes peut rendre compte d'un groupement de péricopes, mais ne peut être porteur d'une tradition sur la place précise d'une série de péricopes ou d'une seule péricope dans l'ensemble de l'évangile. Une telle tradition ne peut se transmettre que lorsque ces péricopes sont déjà insérées dans un évangile et mises en rapport avec les autres péricopes du même évangile.

Mais comment répondre au deuxième aspect du problème ? Pourquoi en effet les conditions des sources sont-elles différentes en cet endroit seulement ? Comment expliquer que ce phénomène ne s'est pas répandu dans tout l'évangile ? Quelle formation littéraire a pu amener cette situation (stabilité de l'ordonnance dans C, instabilité dans D) ?

Plus préoccupés de répondre à la première difficulté (fait de la divergence de l'ordonnance), L. CERFAUX et X. LÉON-DUFOUR se contentent d'affirmer que l'ordonnance du Matthieu primitif a été brisée par une transmission intermédiaire, sans nous donner une explication sur le mode de formation de ces sources intermédiaires.

A la base de ce système, on peut distinguer deux postulats:

1. L'ordonnance des péricopes de la double et de la triple tradition, tant dans la partie D que dans la partie C, dépend de l'ordonnance primitive du Matthieu primitif.

2. Cette ordonnance primitive a été mal servie par une transmission intermédiaire.

Pour montrer la validité du premier postulat, on se voit dans la nécessité de reconstruire l'ordonnance primitive de D en essayant d'agencer en une seule unité les matériaux de la double et de la triple tradition, contenus dans les évangiles actuels. De là découlent toutes les théories élaborées pour expliquer les divergences dans D: omission des matériaux de la double tradition dans Marc (v.g. du discours sur la montagne, etc.), bouleversement de l'ordonnance chez Matthieu.

C'est en raison du deuxième postulat (la transmission intermédiaire) que la tâche de reconstruire l'ordonnance du Matthieu primitif est rendue si difficile. Ce deuxième postulat devient la cause de tous les échecs sur la reconstruction du Matthieu primitif. Si nous remarquons des omissions, des divergences dans l'ordonnance, etc., il faut les attribuer à l'infidélité de la transmission intermédiaire.[1] Les évangiles actuels ont fait de leur mieux pour recueillir les restes avant que le naufrage ne soit complet. Il est tout de même curieux de constater que tous ont moins bien réussi précisément au même endroit, c'est-à-dire dans la partie D: Marc en omettant des péricopes de la double tradition, Matthieu et Luc en bouleversant l'ordonnance primitive.

Au lieu de charger de tous ces péchés le second postulat de la théorie, ne faudrait-il pas plutôt s'en prendre au premier: la dépendance des évangiles actuels à un Matthieu couvrant les deux parties C et D ? Le second n'est-il pas une théorie faite sur mesure pour combler les déficiences du premier ? Ces difficultés ne viennent-elles pas du fait qu'on donne trop d'étendue au Matthieu primitif ? Est-ce bien sûr que cet évangile primitif contenait la partie D, c'est-à-dire les péricopes de la double et de la triple tradition, en cet endroit ?

---

[1] Cependant voir note 1, p. 44.

Voilà le point à l'origine de toutes les difficultés de ce système. On place comme point de départ de la formation synoptique un évangile déjà parfait tant du point de vue des matériaux acquis (matériaux de la double et de la triple tradition) que du point de vue de la structure. Pour cette raison, les évangiles actuels ne peuvent être que des formes dégénérées de cet évangile primitif. Les difficultés surviennent lorsqu'on veut prouver qu'ils en sont.

La solution ne serait-elle pas dans la direction diamétralement opposée? Au lieu de concevoir un évangile primitif où tout est acquis, ne faudrait-il pas plutôt le considérer comme une étape dans la formation synoptique où une partie seulement de la triple tradition — dans l'occurrence la partie C — est acquise? L'acquisition de la partie D (i.e. les matériaux de la double et de la triple tradition dans cette partie) serait une étape postérieure à la formation de cet évangile primitif (i.e. à la partie C).

Cette manière de concevoir la formation des évangiles a le triple avantage:

1er de placer le problème de la formation synoptique dans le cadre d'un évolution historique où graduellement les matériaux sont acquis jusqu'à l'éclosion des évangiles actuels; ce qui est le processus normal de toute croissance;

2e d'expliquer pourquoi il existe une division de l'évangile en partie C et partie D;

3e enfin de répondre plus adéquatement à la manière d'agir très différente des évangélistes quant aux parties C et D.

TROISIÈME SECTION

LA PARTIE D, UNE INSERTION PLUS TARDIVE
DANS LA PARTIE C

Note liminaire

Nous avons déjà des indices en faveur de la solution qu'énonce le titre de cette section dans le fait que toutes les théories présentées plus haut, partant d'un évangile-type (soit Marc, soit le Matthieu, canonique ou araméen), pour expliquer aussi bien la structure de D que de C, ne réussissent ni à reconstruire d'une manière satisfaisante la partie D selon le modèle proposé (cela est vrai surtout par rapport au Matthieu primitif ou canonique) ni à rendre compte du comportement très différent des évangélistes lorsqu'il s'agit de D ou de C. Ces indices (i.e. difficultés de partir d'une structure-type pour D, comportement différent des évangélistes à l'égard de D et de C) orientent définitivement la recherche synoptique, non pas vers une structure-type couvrant à la fois les parties D et C, mais vers une structure-type limitée, couvrant seulement la partie C, d'où s'expliquent aussi bien la stabilité de C que la divergence de l'ordonnance de D, comme aussi le comportement plus libre des évangélistes dans cette dernière partie.

Toutes les données du problème pointent en effet vers une formation synoptique où les péricopes de D ont été graduellement insérées dans une structure déjà établie (la partie C), qui s'imposait au respect des trois évangélistes et qui commandait toutes les insertions postérieures.

Nous avons déjà signalé plus haut un argument en faveur d'une existence indépendante de C: en effet, en faisant abstraction de D, seules les péricopes de la triple tradition, dont l'ordonnance est constante, sont conservées, et du coup la place particulière de la visite à Nazareth chez Luc (dont Mt 4, 13 garde des traces) s'explique.

Il reste donc à mettre en plus grande évidence ce point: la partie C a eu une existence indépendante de D, ou ce qui revient au même, la partie D a été insérée graduellement dans la partie C.

Pour faciliter l'analyse, on peut distribuer ainsi les points de recherches, en distinguant les deux traditions:

1. L'acquisition des péricopes de la double tradition dans D marque une époque postérieure à celle de la triple tradition dans l'histoire de la formation synoptique.
2. Les péricopes de la triple tradition dans D y furent insérées après la formation de la partie C.

Il est clair que le point fondamental de toute l'argumentation est le second (les péricopes de la triple tradition dans D furent insérées après la formation de la partie C), car pour ce qui intéresse notre problème actuel (l'ordonnance des péricopes de la triple tradition), le premier point ne veut que mieux situer, dans l'histoire de la formation synoptique, le moment de l'insertion des matériaux de la triple tradition dans D. Si, de fait, la conjonction de la double et de la triple tradition s'opère après l'acquisition des matériaux de la triple tradition, du coup se précise le moment de la formation de la triple tradition dans D: il se situe entre la formation de C et l'acquisition des matériaux de la double tradition.

Le chapitre suivant (XI) servira donc à préciser le premier point.

Quant au second point, nous procéderons par trois étapes:

1. Au chapitre XII, en comparant d'abord Mt-Mc à Mt-Lc, dans C comme dans D, nous constaterons qu'il s'y révèle une évolution: le stade de formation de Mt-Mc, dans C, est plus développé que celui de Lc-Mc; par contre, dans D, nous relèverons un processus plutôt dans le sens opposé.
2. Au chapitre XIII, nous verrons que la structure littéraire de D est très différente de celle de C. Par l'analyse du travail rédactionnel de Luc et de Marc dans C, il deviendra évident qu'ils ont eu conscience de l'instabilité de D et, plus précisément, que la partie D était formée de groupes de péricopes disparates.
3. Au chapitre XIV, par l'analyse de Matthieu, il sera possible de déceler les conditions des sources littéraires utilisées par cet évangéliste dans la partie D.

XI

L'ACQUISITION DE LA DOUBLE TRADITION DANS D, POSTÉRIEURE À CELLE DE LA TRIPLE TRADITION

Ici, le point précis n'est pas d'établir si une tradition est plus ancienne que l'autre, mais bien de déterminer le moment où eut lieu la conjonction des deux sources dans la partie D.

D'après l'hypothèse de L. VAGANAY[1] les deux traditions sont venues en contact au moment de la formation du Matthieu araméen, source des synoptiques.

Pour connaître le contenu exact de cet évangile primitif, nous ne disposons que des évangiles actuels. Et, de l'opinion de presque tous les exégètes (même de L. VAGANAY), Marc, dans l'ordre chronologique, vient avant les deux autres synoptiques. C'est déjà un aveu implicite que la triple tradition était déjà acquise avant de venir en contact avec la double tradition, car seuls Matthieu et Luc sont témoins de la double tradition.

Deux arguments démontrent l'antériorité chronologique de la triple tradition sur la double:

1. Il est clair que dans C on peut relever une série de péricopes communes où les trois évangélistes suivent la même ordonnance. Et même si la suite en est brisée, dans l'un ou l'autre évangile, par l'insertion d'une péricope particulière, soit de la double, soit de la simple tradition, l'ordonnance commune se poursuit, à partir du point où cette insertion l'avait interrompue. On ne peut expliquer ce phénomène sans supposer que cette triple tradition était déjà acquise dans une structure évangélique antérieure à toutes les autres insertions de la double comme de la simple tradition.

2. Autre argument: la superposition des deux traditions, chez Matthieu, dans la partie D.

Luc enfile les deux traditions, l'une après l'autre, et par blocs de péricopes. Matthieu distribue ordinairement les deux traditions de la même manière que Luc, dans la partie D. Par exemple,

---

[1] *Le Problème Synoptique*, Tournai-Paris, 1954, p. 152, 221 ss., 272 ss.

la série de péricopes après le discours de mission (Mt 11, 2-19) parallèle à celles de Luc (7, 18-35); également Mt 12, 22-45, parallèle à Lc 11, 14-32.

Nous avons remarqué, en outre, que Matthieu a tendance, dans le détail, à tisser en une seule unité les sources de provenance différente, tout en gardant l'ordonnance particulière à chacune des sources.[1] L'exemple le plus frappant de cette manière d'écrire de Matthieu se trouve dans la série de péricopes groupées autour du sermon sur les béatitudes.

	Mt-Mc	*Lc-Mt*
a)	Appel des premiers disciples (Mc 1, 16-20; Mt 4, 18-22	
		1) Foules à la suite de Jésus (Lc 6, 17; Mt 4, 25)
		2) Sermon sur les beatitudes (Lc 6, 20-49; Mt 5, 3-7, 27)
b)	Etonnement de la foule (Mc 1, 22; Mt 7, 28-29)	
c)	Guérison d'un lépreux (Mc 1, 40-45; Mt 8, 1-4)	
		3) Guérison du serviteur du centurion (Lc 7, 1-10; Mt 8, 5-13)

L'ordonnance rencontrée dans Marc (a, b, c,) comme celle qui se trouve dans Luc (1, 2, 3) est intégralement conservée par Matthieu.

Cela montre que Matthieu se trouvait devant deux sources distinctes; autrement on ne saurait expliquer l'accord qu'il manifeste avec l'ordonnance de Marc pour ce qui concerne la triple tradition et ce même accord avec l'ordonnance de Luc quant aux matériaux de la double tradition.

Et par le fait que ces deux traditions se superposent, au même endroit, chez Matthieu, il faut bien convenir qu'une de ces traditions a précédé l'autre. En toute probabilité, c'est la double tradition qui s'est superposée à la triple tradition, car celle-ci est commune aux trois synoptiques et sert de cadre aux péricopes de la double tradition. Ce dernier point ressortira davantage lorsque nous exposerons la formation tardive de la triple tradition dans D.

---

[1] Cf. pp, 79 s.

XII

DIFFÉRENTS STADES DE FORMATION
DANS C ET D

De la comparaison entre Mt-Mc et Mc-Lc, dans C, se révèle un phénomène fort intéressant. Dans la partie C, la ressemblance entre Mt-Mc est plus profonde qu'entre Mc-Lc. Par contre, dans la partie D, c'est plutôt le contraire. Quelle formation littéraire peut rendre compte de ce phénomène?

Avant de tenter une réponse, examinons les faits.

A) DANS LA PARTIE C

Dans C, *Matthieu et Marc ont en commun une quantité de péricopes qu'on ne retrouve pas aux lieux parallèles dans Luc.*

1. Exécution de Jean-Baptiste (Mc 6, 17-29; Mt 14, 3-12) [1]
2. Les huit péricopes dans la section des pains (Mc 6, 45-8, 26; Mt 14, 22-16, 12) [2]
3. Le reproche fait à Pierre après la première annonce de la passion (Mc 8, 32b-33; Mt 16, 22-23)
4. La question sur Élie (Mc 9, 9-13; Mt 17, 9-13)
5. La question sur le divorce (Mc 10, 1-12; Mt 19, 1-9)
6. La demande des fils de Zébédée (Mc 10, 35-40; Mt 20, 20-23)
7. Les chefs doivent servir (Mc 10, 41-45; Mt 20, 24-28) [3]
8. Le figuier desséché (Mc 11, 12-14 et 20-25; Mt 21, 18-22)
9. Le premier commandement (Mc 12, 28-34; Mt 22, 34-40) [4]
10. Enfin, dans le récit de la passion, Matthieu et Marc présentent une commune tradition fort différente de celle de Luc.

---

[1] Luc, 3, 19-20 présente Jean-Baptiste en prison dès le début de l'évangile. Même si les deux autres évangélistes ne présentent pas une péricope en cet endroit sur l'incarcération de Jean-Baptiste, ils rapportent une tradition identique à celle de Luc selon laquelle Jésus ne commençait son ministère en Galilée qu'après l'incarcération du Baptiste (Mc 1, 14: Mt, 4 12).

[2] Dans cette section, Marc rapporte deux péricopes absentes de Matthieu: Mc 7, 31-37; 8, 22-26.

[3] Cf. Lc 22, 24-27.

[4] Nous trouvons une péricope semblable dans la partie particulière à Luc (10, 25-28).

Par contre, *les péricopes communes uniquement à Marc et à Luc* sont assez clairsemées dans cette même partie C.

1. L'usage du nom de Jésus (Mc 9, 38-40; Lc 9, 49-50);
2. L'obole de la veuve (Mc 12, 41-44; Lc 21, 1-4).

Il faut en outre signaler les *accords fréquents entre Marc et Matthieu contre Luc, dans les indications biographiques.*

1. L'endroit de la confession de Pierre: Césarée de Philippe (Mc 8, 27; Mt 16, 13); Luc dans le lieu parallèle (9, 18) ne donne aucune indication topographique précise.
2. Le temps de la transfiguration: ,,six jours après'' (Mc 9, 2; Mt 17, 1); ,,environ huit jours après'' (Lc 9, 28).
3. La seconde annonce de la passion, faite en Galilée (Mc 9, 30; Mt 17, 22); Luc (9, 43) la rapporte sans aucune indication de temps ou de lieu.
4. Après cette seconde annonce de la passion, Matthieu a inséré la péricope sur la redevance au temple (Mt 17, 24-27). Il reprend ensuite l'ordre commun (Mt 18, 1-4; Mc 9, 33-36; Lc 9, 46-47). On remarque ici un phénomène révélateur à propos des indications biographiques de Matthieu et de Marc dans C. Marc situe la péricope sur la question du plus grand (Mc 9, 33-36) à Capharnaüm. Matthieu conserve la même indication topographique; cependant, il la rattache non pas à la péricope rapportée par Marc, mais à celle qu'il a lui-même insérée (la redevance au temple: Mt 17, 24-27) entre la seconde annonce de la passion (Mt 17, 22-23) et la péricope concernant la question 'Qui est le plus grand?' (Mt 18, 1-4). Cet exemple fait ressortir l'aspect secondaire de ces indications biographiques; elles n'appartiennent pas à la couche primitive mais se superposent aux récits et se poursuivent indépendamment de l'enchaînement des péricopes. Ce que l'évangéliste veut situer dans le temps et l'espace, ce n'est pas tant une péricope particulière qu'une tranche de la vie de Jésus.
5. La question sur le divorce est introduite par un sommaire sur la mission de Jésus dans la région de Judée (Mc 10, 1; Mt 19, 1). Luc ne rapporte ni l'indication biographique, ni la péricope sur le divorce.[1]

---

[1] Encore une fois, il importe de remarquer le caractère particulier de cette indication topographique. Elle a une structure stéréotypée qu'on rencontre surtout dans la partie D, comme nous le verrons. Elle veut, avant tout,

B) Dans la partie D

Dans cette partie, les ressemblances qu'on relève vont plutôt dans le sens opposé à celles remarquées dans la partie C: Marc et Luc ont plus d'éléments en commun que Matthieu et Luc. Ce fait est évident du point de vue de l'ordonnance des péricopes et du point de vue du contenu de ces mêmes péricopes.

Ordonnance des péricopes

Marc et Luc se ressemblent ici plus que Marc et Matthieu: cela est surtout remarqué au début (Mc 1, 21-3, 6; Lc 4, 31-6, 11) et à la fin (Mc 4, 1-6, 13; Lc 8, 1-9, 6) de D.

Nombre de péricopes

Marc et Luc ont quelques péricopes qui n'apparaissent pas dans Matthieu:

1. Et d'abord la journée de Capharnaüm. Une série de péricopes, formant une journée de Capharnaüm, ne se retrouve pas dans Matthieu. On rencontre, dispersées en trois endroits différents (Mt 4, 24; 7, 28-29; 8, 14-17), des bribes de péricopes correspondant au contenu de cette journée rapportée par Marc et par Luc. Mais on n'y retrouve ni l'unité ni toutes les péricopes figurant dans cette journée, v.g. la guérison du démoniaque dans la synagogue (Mc 1, 23-27; Lc 4, 33-36), le départ de Capharnaüm (Mc 1, 35-39; Lc 4, 42-44).
2. Dans le discours en paraboles, Marc et Luc rapportent la parabole de la lampe (Mc 4, 21-23; Lc 8, 16-17).[1]

Détails descriptifs

Il faut signaler de plus la grande ressemblance entre Marc et Luc dans les détails descriptifs, à l'intérieur des récits.

D'une manière générale, les récits sont plus longs dans la partie D, chez Marc-Luc, que chez Matthieu.

---

situer non pas uniquement la péricope qui suit immédiatement, mais une partie de la vie de Jésus dans un cadre historique.

[1] Chez Matthieu, les deux éléments contenus dans la parabole de la lampe dans Marc et Luc sont séparés: la parabole proprement dite de la lampe se trouve dans le discours sur la montagne (Mt 5, 15), et le *logion* sur les choses secrètes qui doivent être révélées, dans le discours de mission (Mt 10, 26). Il ne donne aucun indice qu'il connaît le contexte de Marc. Il s'approche beaucoup plus de celui de la double tradition de Luc (Lc 11, 33-36 et 12, 2-7).

1. Dans le récit de la guérison du paralytique (Mc 2, 1-12; Lc 5, 17-26; Mt 9, 1-8), Marc et Luc décrivent comment les porteurs s'y sont pris pour mettre ce paralytique en présence de Jésus. Chez Matthieu, rien de tout cela.

2. L'épisode du démoniaque gérasénien est très différent dans Mc-Lc (Mc 5, 1-20; Lc 8, 26-39; Mt 8, 28-34).

   a) D'abord il est beaucoup plus développé dans Mc-Lc que dans Matthieu: Mc = 21 versets, Lc = 15 versets, Mt = 7 versets.

   b) Dans Marc et Luc il n'est question que d'un démoniaque; Matthieu, par contre, en présente deux.

   c) D'après Matthieu, ces démoniaques habitent la région des Gadaréens; Marc et Luc citent celle des Géraséniens.[1]

   d) Marc et Luc décrivent longuement les efforts qu'on a fait pour les tenir enchaînés. Matthieu n'en parle pas.

   e) D'après Marc et Luc, Jésus interroge le démon et lui demande son nom (Mc 5, 9; Lc 8, 30).

   f) Et finalement, le démoniaque demande à suivre Jésus (Mc 5, 18-20; Lc 8, 38-39).

3. Il en est de même pour la guérison d'une hémorroïsse et pour la résurrection de la fille de Jaïre (Mc 5, 21-43; Lc 8, 40-56; Mt 9, 18-26). Le récit de Marc contient 24 versets alors que celui de Matthieu n'en compte que 10.

Cependant, il ne faut pas croire que les rapprochements des évangiles dans la partie D vont tous du même côté. Matthieu et Marc ont aussi des ressemblances dont on ne trouve aucun parallèle en Luc.

1. Matthieu et Marc commencent de la même manière la partie D. D'abord un résumé sur le thème de la prédication de Jésus (Mc 1, 14-15; Mt 4, 12-17), suivi de l'appel des premiers disciples (Mc 1, 16-20; Mt 4, 18-22). Cette dernière péricope est bien différente dans Luc (5, 1-11).

2. Le discours en paraboles est présenté avec une introduction (Mc 4, 1-2; Mt 13, 1-3) et une conclusion (Mc 4, 33-34; Mt 13, 34-35) fort semblables dans les deux synoptiques.

3. La controverse sur Béelzéboul (Mc 3, 22-30; Mt 12, 22-32). Il est cependant probable qu'ici Matthieu se rattache à la double tradition qu'il a en commun avec Luc (Lc 11, 14-22).

---

[1] Cf. l'apparat critique pour les leçons variantes.

4. Matthieu et Marc s'entendent à placer la péricope sur la vraie parenté de Jésus (Mc 3, 31-35; Mt 12, 46-50) avant le discours en paraboles, au lieu de la renvoyer après ce discours, comme le fait Luc (Lc 8, 19-21).

5. Dans le discours en paraboles, Matthieu et Marc rapportent la parabole sur le grain de sénevé (Mc 4, 30-32; Mt 13, 31-32) qui ne se trouve pas dans le discours que nous livre Luc, mais dans la série de péricopes qui lui sont particulières (13, 18-19).

Un point important à retenir pour la discussion ultérieure: les ressemblances entre Marc et Luc, d'une part, et entre Marc et Matthieu d'autre part, sont centralisées sur des groupes de péricopes bien distincts. Matthieu et Marc présentent une ressemblance dans l'introduction avant la journée de Capharnaüm (Mc 1, 14-20; Mt 4, 12-22) et aux environs du discours en paraboles, tandis que Marc et Luc se rapprochent dans la suite des péricopes à partir de la journée de Capharnaüm jusqu'à la partie centrale de D (i.e. Mc 1, 21-3, 6) et dans les péricopes finales de D (Mc 5, 1-43).

Pour compléter le tableau, disons que c'est dans cette partie D que, d'une part, Marc a groupé le plus grand nombre de péricopes qui lui sont propres:

1. la démarche des parents de Jésus (3, 20-21),
2. la parabole du grain qui pousse seul (4, 26-29),
3. la parabole de la mesure (4, 24-25); [1] et que, d'autre part, Matthieu et Luc s'entendent à insérer, en groupes unifiées, des péricopes de la double tradition.

Déductions sur cet exposé des faits

Avant de chercher une solution, résumons d'abord les faits:

1° A l'accord entre Matthieu et Luc pour manifester une ordonnance différente dans D, il faut ajouter le contraste très prononcé dans le comportement de Matthieu par rapport à ces deux parties (C et D). Autant il s'approche de Marc dans C, autant il s'en éloigne dans D, et, cette fois-ci, non seulement du point de vue de l'ordonnance des péricopes, mais aussi du point de vue de leur nombre et de leur contenu.

2° Un même contraste, quoique moins évident, se manifeste chez Luc, mais plutôt dans le sens opposé à celui de Matthieu.

---

[1] Marc est le seul à rapporter cette parabole sous cette forme en cet endroit: comparer Mt 7, 2; 13, 12; Lc 6, 38; 8, 18.

Il s'éloigne de Marc, dans C, mais il s'en rapproche plus que Matthieu dans D.

3° A l'intérieur de C, il y a clairement deux niveaux de rapprochement: celui de Mc-Lc et celui de Mc-Mt. Ces deux niveaux se manifestent dans toute l'étendue de C, et toujours dans le même sens: un contact moins profond entre Mc-Lc un contact plus prononcé entre Mc-Mt.

4° Par contre, dans D, le rapprochement ne va aucunement dans le sens unique de C. Tout au contraire, la tendance semble prendre une direction opposée: il y a un contact plus prononcé entre Mc et Lc qu'entre Mc et Mt. Cependant, ici, on ne peut porter un jugement aussi net que dans C, car il semble bien que nous sommes en présence de groupements de péricopes qui ont suivi de manière indépendante leur propre voie de formation.

De toute évidence, une solution aussi simpliste que la théorie des omissions ou des modifications, faites sur une source unique couvrant également les deux parties C et D, ne répond pas à toutes les données du problème.

Pour qu'une solution soit adéquate à ces données du problème, il faut qu'elle permette à la partie C un développement indépendant de D, car d'une part, un rapprochement plus étroit entre Marc et Matthieu dans C suppose une dépendance commune à un stade de développement de C auquel la source utilisée par Luc n'a pas participé, et d'autre part, un développement très différent (et même opposé) dans D, exige que cette dernière partie n'ait pas eu part à l'évolution de C.

Donc, ces divergences remarquées dans les rapprochements s'expliquent difficilement autrement que par la supposition que la partie C a eu une existance indépendante de D et que la partie D s'est formée graduellement, par insertion à intervalles espacés, permettant ainsi un développement à ces divers stades d'insertion. Cette solution rend compte de la stabilité aussi bien que de l'évolution de C, considérée du stade de développement de Luc à celui de Mt-Mc.

Et cette solution rend également compte des particularités signalées dans la partie D:

1° du comportement très différent des évangélistes envers cette partie, par comparaison à la partie C;

2° de la diversité dans l'ordonnance;

3° de la diversité dans les rapprochements rapportés plus haut entre Mc-Lc par rapport à Mt-Mc;

4° des insertions, par blocs, de péricopes communes à Matthieu et à Luc;

5° de la présence du plus grand nombre de péricopes particulières à Marc dans cette partie D.

XIII

STRUCTURES LITTÉRAIRES
PARTICULIÈRES À LA PARTIE D

Un autre indice qui témoigne en faveur d'une insertion graduelle de D dans C est la différence de structure littéraire de ces deux parties.

Il ne faut pas oublier le point de départ de cette étude. Nous sommes à chercher la formation littéraire qui explique la division des évangiles en deux parties: d'une part, les trois synoptiques s'entendent à garder l'ordonnance dans C, et d'autre part, ils s'entendent également à présenter une divergence quant à l'ordonnance dans D.

Vu que le recours à la spontanéité des évangélistes — opinion qui fait trop appel au hasard — ne peut donner de réponse satisfaisante, il faut se replier sur la condition des sources utilisées par les synoptiques pour la partie D. Les évangélistes ont pris conscience que D présentait une plus grande instabilité que C et quant à l'ordonnance et quant au contenu; ceci explique leur liberté d'agir dans cette partie.

C'est donc en raison de l'état de leur source qu'ils ont manifesté une plus grande liberté d'action par rapport à D.

Cette conclusion ne découle pas directement d'une analyse littéraire de la partie D, mais de la position du problème sur l'existence de la division de l'évangile en parties D et C. Il s'agissait de trancher entre diverses possibilités pour répondre au problème de la division commune de l'évangile en D et C.

Il reste maintenant à envisager le problème à partir de la situation concrète de D. De fait, par leurs ,,transpositions'' dans D, les évangélistes ont fait connaître clairement qu'ils avaient conscience de l'instabilité de cette partie. Cette conscience, ils l'ont puisée dans la situation même de leurs sources. Comment ont-ils pu voir, à travers ces sources, qu'ici il y avait instabilité, et là, tradition constante?

Nous ne pouvons atteindre ces sources utilisées par les évangélistes qu'indirectement, i.e. par les évangiles actuels. Cependant nous verrons que la situation littéraire de ces sources se reflète dans la manière de composer de chaque évangéliste.

Dans ce chapitre, nous montrerons d'abord, en une première partie, la différence entre la structure littéraire de D et C, et, dans une seconde partie, nous chercherons à voir comment Marc et Luc ont manifesté qu'ils avaient eu conscience de l'instabilité de D, et plus précisément, de ce que leurs sources, en cet endroit, présentaient des groupes de péricopes disparates.

A) Structure littéraire différente dans D

L. Cerfaux,[1] dans sa manière de subdiviser les deux phases de l'évangile (phase galiléenne et phase de la passion), laisse déjà percevoir une différence dans la formation littéraire de ces deux parties.

Dans la première phase (correspondant partiellement à D), il n'ose suivre, pour distribuer la matière, l'ordre présenté par aucun des synoptiques; il la subdivise d'après différents thèmes. L'enchaînement temporel qui sert de lien entre les différents thèmes refléterait un travail rédactionnel.

Au contraire, dans la deuxième phase (phase de la passion, correspondant à C) il suit fidèlement l'ordonnance commune aux trois synoptiques. Il n'essaye pas de regrouper différentes péricopes sous un thème unique, comme il l'a fait dans la première phase. Il y voit une plus grande unité, centrée sur le drame de la passion.

Pour montrer cette différence dans la formation littéraire des deux parties, nous nous arrêterons d'abord à la structure de C pour la comparer ensuite à celle de D.

Unité littéraire de C

A part le récit de la passion et le discours eschatologique, les divisions, dans C, ne ressortent pas avec autant de clarté que dans D. Au contraire, ce qui frappe dans C, c'est l'absence de ces liens littéraires entre les groupes de péricopes que l'on perçoit si bien dans D. Les péricopes se suivent les unes les autres, dans un développement dont il est difficile, à première vue, de saisir les articulations. Cette partie semble dominée par une idée centrale qui en constitue le lien et l'unité: la passion et la résurrection.[2]

---

[1] *En Marge de la Question synoptique*, dans *La Formation des Evangiles*, p. 25 ss.

[2] C'est l'opinion de L. Cerfaux, *op. cit.*, p. 29. C'est entendu qu'on ne pense ici qu'aux matériaux de la triple tradition. Il faut donc faire abstraction de tous les matériaux de la double et de la simple tradition.

Une division commune à Matthieu et à Marc, et qui a grande chance d'être primitive, distribue les péricopes de C en trois sections:

Ire du début de C à la confession de Pierre (Mc 1, 1-13; 6, 14-8, 26 et lieux parallèles dans Mt et Lc);

2e de la première annonce de la passion jusqu'à la fin du discours eschatologique (Mc 8, 27-13, 37 et lieux parallèles);

3e le récit de la passion et l'annonce du tombeau vide (Mc 14, 1-16, 8 et lieux parallèles).

La troisième section, celle de la passion, est suffisamment claire; personne ne la contestera.

Les deux premières sections[1] pourraient sembler moins évidentes. Cependant, déjà, du seul point de vue externe, nous pouvons les déceler. En effet, dans la première section prédomine la partie narrative (prédication du Baptiste, baptême de Jésus, tentations, multiplication des pains, confession de Pierre), tandis que dans la seconde, nous est livré l'enseignement de Jésus.[2]

Toutefois, une indication littéraire, chez Matthieu, offre de meilleures garanties d'une division primitive. De fait, une structure stéréotypée qui n'apparaît que deux fois dans Matthieu (4, 17; 16, 21) semble vouloir diviser son évangile en deux parties à peu près égales: ἀπὸ τότε ἤξατο.

La mort du Baptiste est le point de départ de la proclamation ἀπὸ τότε ἤρξατο . . . κηρύσσειν de la bonne nouvelle (4, 17), tandis que la confession de Pierre est le point de départ d'un enseignement particulier: Mt 16, 21: ἀπὸ τότε ἤρξατο . . . δεικνύειν; Mc 8, 31: καὶ ἤρξατο διδάσκειν

Cependant, la première structure (Mt 4, 17), qui sert d'introduction à tout le ministère de Jésus, commençant à la partie D, peut difficilement caractériser le contenu s'étendant jusqu'à la confession de Pierre uniquement comme une proclamation de la bonne

---

[1] Cette division correspond à celle suggérée par X. LÉON-DUFOUR pour le Matthieu primitif. Cf. *Exégèse du Nouveau Testament*, dans *Recherches de Science Religieuse* 12, 1954, p. 569.

[2] On remarque que chez Marc, sur 12 emplois du titre διδάσκαλος adressé à Jésus, 10 se trouvent dans la seconde section Mc 9, 17, 38; 10, 17, 20, 35; 12, 14, 19, 32; 13, 1; 14, 14); et le titre ῥαββεί n'apparaît que dans cette section (Mc 9, 5; 10, 51; 11, 21; 14, 45). Aussi une seconde caractéristique de cette section: l'enseignement de Jésus procède par question et réponse à la manière rabbinique. Cf. D. DAUBE, *The New Testament and Rabbinic Judaism*, Londres, 1956, pp. 158 ss; 175 ss., et aussi B. GERHARDSSON, *Memory and Manuscript*, Uppsala, 1961, pp. 104 ss.

nouvelle. La seconde partie, celle qui débute avec la confession de Pierre a également droit à ce titre. Cette première formule (4, 17) ne veut donc pas présenter une division de l'évangile, mais caractériser, dès le début, le ministère de Jésus, qui est une proclamation de la bonne nouvelle, proclamation qui ne se limite pas uniquement à la première partie, mais qui vaut pour tout le ministère de Jésus, le drame de la passion et la résurrection compris. Ainsi, Mt 4, 17 ne sert pas, à proprement parler, à diviser l'évangile. Il appartient à la partie D et ne peut pas entrer en ligne de compte pour la division de C.

Il n'en est pas ainsi de la seconde structure (16, 21). Elle veut indiquer une étape dans le ministère de Jésus. La division qu'elle introduit coïncide avec ce que nous avons remarqué du contenu des péricopes: dans la première partie prédomine le récit narratif, dans la seconde les paroles du Maître.

Toutefois, la base de la division ne se trouve pas dans cet aspect tout extérieur des péricopes, car alors on s'expliquerait difficilement la place de la transfiguration dans la seconde section de C.[1]

Cette division découle avant tout de l'orientation plus définitive de l'enseignement de Jésus vers le dévoilement plus clair de sa destinée. A partir de la confession de Pierre, Jésus parle ouvertement à ses disciples de sa passion, comme le dit explicitement Marc 8, 32: καὶ παρρησίᾳ τὸν λόγον ἐλάλει. Ce n'est pas qu'il y ait revirement complet dans le ministère de Jésus; il ne s'agit que d'une question de progrès dans le dévoilement du mystère de sa personne. Il dit maintenant clairement ce que déjà la première section contenait de manière plus voilée: dans la première section, on se demande ,,qui il est'', car alors il ne se dévoile que par des œuvres.

Il est clair que la deuxième section, dominée par les trois annonces[2] de la passion, est centrée sur cette même passion et sur la résurrection. Dans cette section, ces mystères sont décrits sous les thèmes plus bibliques du Serviteur de Jahvé[3] et du Fils de

---

[1] Mc 9, 2-8; Mt 17, 1-8; Lc 9, 28-36; — donc, dans la seconde section de C.

[2] 1e annonce: Mc 8, 31-33; Mt 16, 21-23; Lc 9, 22
 2e annonce: Mc 9, 30-32; Mt 17, 22-23; Lc 9, 43-45
 3e annonce: Mc 10, 32-34; Mt 20, 17-19; Lc 18, 31-33.

[3] X. LÉON-DUFOUR, dans Introduction à la Bible, pp. 215 ss., reconnaît dans Mc 8, 31; 9, 31; 10, 33, 45 des traces du vocabulaire Isaïen sur le Serviteur de Jahvé; cf. aussi art. Passion, dans le Supplément du Dictionnaire de la Bible 6, 1960, col. 1482 ss. Cependant, M. D. HOOKER (Jesus and the Servant, Londres, 1959) ne croit pas que ce titre joue un rôle si important dans les évangiles synoptiques.

l'homme. Les trois annonces de la passion révèlent qu'il a une connaissance très claire de son rôle et de sa destinée comme Serviteur de Jahvé et Fils de l'homme. A partir de l'Ecriture, Jésus connaissait déjà la destinée du Serviteur de Jahvé ainsi que celle du Fils de l'homme. Ce qu'il révèle clairement maintenant, c'est l'identification de sa personne avec ces figures prophétiques.

Non seulement les trois annonces de la passion, mais toute la seconde partie de C se présentent comme un dévoilement plus lumineux, au moyen de la parole, de l'identité et du rôle de la personne de Jésus, par rapport aux prophéties de l'Ancien Testament. La transfiguration, l'entrée triomphale à Jérusalem, l'épisode des vendeurs chassés du temple, et même les controverses avec les juifs, (v.g. la pierre rejetée devenue pierre de faîte; le Christ, fils et Seigneur de David), tous ces événements trouvent leur sens définitif dans les deux figures centrales du Serviteur de Jahvé et du Fils de l'homme, et plus concrètement, dans la passion et la résurrection de Jésus.

Les développements parénétiques découlent aussi de ces mêmes thèmes: pour participer à la gloire du Fils de l'homme, il faut se faire serviteur comme lui et, par conséquent, porter la croix à sa suite (Mc 8, 34-38). Il n'y a plus qu'une voie accédant au royaume ou à la gloire du Fils de l'homme: celle suivie par le Serviteur de Jahvé. La passion conduit à la résurrection.[1]

La première partie de C, comme la seconde, est aussi centrée sur la personne de Jésus. Cependant nous ne sommes pas ici dans le rayonnement de la même lumière que celle de la seconde partie. On ne voit pas encore clair au sujet de la personne de Jésus. On se demande qui il est. On cherche à le situer dans le cadre des prophéties. Sa mission est comparée à celle de Jean-Baptiste. Par son baptême dans le feu et l'esprit saint, il est supérieur à celui-ci, et va le surpasser. Au baptême, il reçoit le sens de sa mission [2]. Il revit victorieusement les tentations d'Israël au désert.

---

[1] La passion du Christ est devenue rapidement le prototype de toute passion des disciples. Le récit de la lapidation d'Etienne en est l'exemple majeur: la passion du Christ revit littéralement en lui. ,,Il est accusé par des faux témoins d'avoir rapporté les paroles de Jésus sur le temple (Ac. 6, 13-15; cf. 7, 48); Etienne aurait ,,blasphémé'' (6, 11), il est amené devant le Sanhédrin (6, 12), le même qui jugea Jésus; à sa mort, il a la vision du Fils de l'homme (7, 55-56), remet son esprit au Seigneur Jésus (7, 59) et pardonne à ses bourreaux (7, 60)." X. LÉON-DUFOUR, art. *Passion*, dans le *Supplément du Dictionnaire de la Bible* 6, 1960, col. 1435.

[2] Cf. *Deux fils uniques: Isaac et Jésus*, dans *Studia Evangelica, IV, papers*

La multiplication des pains se rattache également au contexte de la vie d'Israël au désert. On ne sait que penser de ce personnage. Hérode de son côté cherche à savoir qui est Jésus. N'est-il pas Élie, ou Jean-Baptiste, ou du moins un des prophètes ressuscités (Mc 6, 15; Lc 9, 9) ?

Finalement, les mêmes thèmes reviennent lorsque Jésus demande aux disciples ce que l'on dit et pense à son sujet. ,,Pour les uns, il est Jean-Baptiste; pour d'autres Élie; pour d'autres Jérémie ou quelqu'un des prophètes" (Mt 16, 14). Mais, à la confession de Pierre, un point important est atteint dans le dévoilement de la personne de Jésus: ἀπο τότε. C'est à partir de ce moment que Jésus commence à leur enseigner ouvertement la destinée de sa personne, destinée qui se réalisera parfaitement à la passion et à la résurrection.

Donc, toute la partie C est unifiée par le thème central de la passion et de la résurrection, vu à travers les prophéties de l'Ancien Testament concernant les personnages du Serviteur de Jahvé et du Fils de l'homme.[1] Elle en constitue un dévoilement progressif en trois étapes: par les œuvres, par les paroles et enfin par le récit de la passion et de la résurrection proprement dit.

Dans cet ensemble, les indications biographiques, clairsemées, surtout si l'on fait abstraction du récit de la passion (elles sont encore plus rares dans Luc), semblent s'ajouter par surcroît à une suite de péricopes dont l'unité était déjà un point acquis. Au lieu de servir de lien entre les péricopes ou groupes de péricopes, comme nous le verrons dans D, elles veulent plutôt situer dans

---

presented to the third International Congress on New Testament Studies held at Christ Church, Oxford, 1965, *Part I: The New Testament Scriptures*, Berlin, 1968, pp. 198-204.

[1] Sous-jacente à cette perspective prophétique est la pré-occupation apologétique de l'église primitive. La théologie de C est axée sur deux pôles qui encadrent l'évangile: la prédication de J-Baptiste et la passion. L'église primitive essayait de se les justifier en recourant à l'A.T. J-Baptiste présentait ,,celui qui devait venir" dans un contexte de jugement. Il devait venir purifier son aire par un baptême de feu et d'esprit. La partie C réconcilie ces deux thèmes (prédication de J-Baptiste et la passion) en montrant qu'il est venu avec un baptême de feu, car lui-même est passé par le feu: la passion. Mais également il fait passer tout Israël par ce même feu de purification. Ce dernier point est fortement souligné dans les chapitres 11-13 de Marc (et par.): il entre à Jérusalem pour purifier le temple (Mc 11, 1-19), et immédiatement commence une annonce de purification du peuple: les différents groupes du peuple sont passés en jugement (Mc 11, 27-12, 40) et finalement toute la nation dans le discours eschatologique (Mc 13).

un cadre historique les différentes étapes du ministère de Jésus, ministère qui s'échelonne à partir de la Galilée jusqu'à Jérusalem où se déroulera le drame de la passion.[1]

Dans D

Cette partie est d'une structure très différente de C. En délimitant par subdivision la phase galiléenne, qui correspond à peu près à D, L. CERFAUX n'ose prendre comme norme l'ordre d'aucun des synoptiques; il préfère distribuer les péricopes selon différents thèmes. Il considère ces différents thèmes comme juxtaposés les uns aux autres; les notes biographiques leur servent de lien rédactionnel. Pour souligner davantage ces remarques de L. CERFAUX, nous relèverons trois particularités de la structure littéraire de D:

— le manque d'unité dans D;
— la présence de groupements de péricopes très distincts;
— les sommaires introduits à la jonction de ces différents groupements.

1. *Le manque d'unité dans D*

Il est évident que la présence de la partie D, à l'intérieur de C, brise l'unité thématique de C; de plus, la partie D manque elle - même d'unité.

a) *Unité de C brisée par la présence de D*

Dans C, comme nous l'avons vu, le thème central du message est la personne du Christ qui remplit le rôle du Serviteur de Jahvé et celui du Fils de l'homme, rôle qui a sa réalisation définitive dans la passion et la résurrection dont le complément est le règne eschatologique. Le Christ est donc, dans C, l'objet du message évangélique. Dans la première section de C, on cherche à savoir qui il est, comment il répond à l'attente des prophètes de l'Ancien Testament. Dans la seconde section, il se dévoile comme étant celui qui réalise les figures du Serviteur de Jahvé et du Fils de l'homme.

---

[1] Il est à remarquer également que la partie C possède toutes les péricopes qui ont un intérêt liturgique: baptême de Jésus, tentation au desert, multiplication des pains, confession de Pierre, transfiguration, institution de l'eucharistie, passion et résurrection.

Dans D, par contre, Jésus n'est plus l'objet du message, mais il en est le héraut. Il est celui qui vient proclamer le message de la bonne nouvelle (Mc 1, 14-15; Mt 4, 12-17). L'objet de sa proclamation n'est pas tant sa personne que le royaume de Dieu, et, plus précisément, ses miracles et son enseignement qui déjà réalisent une présence du règne eschatologique.

De plus, dans la partie C, tout le message sur la personne de Jésus tend vers le futur: les figures du Serviteur de Jahvé et du Fils de l'homme se réaliseront à la passion et à la résurrection et définitivement à la venue du Fils de l'homme dans sa gloire.

Par contre, dans D, le règne eschatologique est déjà anticipé, et même la gloire et la puissance du Fils de l'homme sont des points acquis qui se reflètent dans ses œuvres sur terre.

i) Le Fils de l'homme[1] a le pouvoir de remettre les péchés sur terre (Mc 2, 10; Mt 9, 6; Lc 5, 24)
ii) Il est le maître κύριός du sabbat (Mc 2, 28; Mt 12, 8; Lc 6, 5);
iii) La mer et le vent lui obéissent (Mc 4, 41; Mt 8, 27; Lc 8, 25);
iv) Il parle avec autorité ἐξουσία (Mc 1, 22; Mt 7, 29; Lc 4, 32)
v) Dans D, il multiplie les miracles de guérison; par contre, dans C, on n'en relève qu'un seul: guérison de l'aveugle de Jéricho (Mc 10, 46-52; Mt 20, 29-34; Lc 18, 35-43).
vi) Il a pouvoir sur les démons; il délivre de la puissance des démons. C ne rapporte qu'une seule délivrance du démon: celle de l'épileptique (Mc 9, 14-29; Mt 17, 14-21; Lc 9, 37-42).

En fait, dans C, le démon intervient surtout contre la personne même de Jésus: dans le récit des tentations et à la fin dans la passion (d'après Luc, 4, 13; 22, 3, 53). Il est présenté comme Satan, l'adversaire, celui qui s'oppose à la destinée du Fils de l'homme (Mc 1, 13; 8, 33).

En somme, la partie D présente une préoccupation plus évoluée du kérygme primitif. On réfléchit sur les œuvres de Jésus dans l'optique du Christ ressuscité. On perçoit que sa gloire et sa puissance, qu'il devait obtenir à la résurrection, se reflétaient déjà

---

[1] Dans C (si l'on ne considère que les péricopes communes aux trois synoptiques) l'expression ,,Fils de l'homme'' n'apparaît que dans un contexte portant sur le futur (eschatologique): dans les annonces de la passion, dans les conditions pour suivre Jésus, dans le discours eschatologique et devant le sanhédrin. Dans D, l'expression est mise en rapport avec le ministère terrestre de Jésus (Mc 2, 10, 28). Il est à remarquer que dans Jean, l'expression n'est employée également que dans un contexte eschatologique.

dans son ministère terrestre. Sur terre, il n'a pas seulement rempli le rôle de l'humble Serviteur de Jahvé, comme le présente C, mais encore, d'une manière plus voilée, celui de Fils de l'homme qui est déjà présent en gloire. Ici, on projette dans le présent ce qui, dans C, était attendu dans le futur.

Nous sommes donc en présence d'un stade de réflexion théologique plus évolué que dans C. On suppose déjà acquis le contenu de C; on cherche de plus l'implication du Christ glorieux dans le ministère de l'Eglise: déjà l'Eglise réalise une présence du règne de Dieu par les miracles et l'enseignement de ses ministres, continuateurs du ministère terrestre du Christ.

Donc, d'une part, la place de la partie D, à l'intérieur de C, brise l'unité thématique de cette partie et, d'autre part, la partie D reflète une préoccupation théologique plus tardive que celle de C.

L'explication la plus plausible de ce phénomène, c'est que la partie D a été insérée plus tardivement dans une unité préexistante: la partie C.

b) *Manque d'unité à l'intérieur de D*

Il n'y a pas cette division claire: partie où prédomine la narration et partie où prévalent les paroles du Maître. La division de D n'est pas basée sur ce critère; comme nous le verrons, cette partie est constituée de groupes de péricopes, liés l'un à l'autre, par des sommaires biographiques. Il en résulte un manque de suite qui trahit le caractère composite de cette partie.

Il suffira de présenter quelques exemples tirés de l'évangile de Marc.

Après la journée de Capharnaüm, Jésus décide de partir annoncer l'évangile dans ,,toute la Galilée'' (Mc 1, 39). Cependant, à la péricope suivante, i.e. après la guérison du lépreux (Mc 1, 45), l'évangéliste semble laisser entendre que Jésus a complètement changé d'idée: il ne va plus de ville en ville pour annoncer la bonne nouvelle, il s'est retiré à l'écart dans un lieu désert, et c'est la foule elle-même qui doit faire les démarches pour aller à sa rencontre. Toutefois, la péricope suivante (Mc 2, 1) nous le montre de nouveau à Capharnaüm où il est envahi par la foule.

A la fin des controverses (Mc 3, 6), les pharisiens se proposent de mettre Jésus à mort, décision qui cependant devra attendre la fin de l'évangile pour se réaliser. Une opposition aussi violente, dès le début du ministère de Jésus, surprend un peu. Elle trouverait meilleure place vers la fin du ministère de Jésus.

Ces inconséquences ne se rencontrent que dans D. Mais si l'on suppose que D appartient à un stade de formation plus tardif et que cette partie a été insérée graduellement dans C, alors on s'explique ces irrégularités.

2) *La présence de groupes de péricopes dans D*

Depuis longtemps on a remarqué la présence de différents groupements de péricopes dans cette partie de l'évangile.[1] Ces groupements sont clairement perceptibles en raison de l'homogénéité du contenu des péricopes de chaque groupe et aussi du fait qu'ils sont séparés par des résumés biographiques.

En voici la distribution selon les trois synoptiques:

	Marc	Luc	Matthieu
a) Journée de Capharnaüm	1, 21-39	4, 31-44	
b) Les controverses	2, 1-3, 6	5, 17-6, 11	9, 1-17; 12, 1-14
c) Le discours en paraboles	4, 1-34	8, 4-18	13, 1-52
d) Les miracles dans la région du lac	4, 35-5, 43	8, 22-56	8, 23-34; 9, 18-25

La présence de groupements de péricopes n'est pas un fait particulier à D. On signale également l'existence de groupes homogènes dans C, v.g. le discours eschatologique. Cependant, dans la partie D, ce fait acquiert une importance particulière en raison du travail rédactionnel des évangélistes autour de ces divers groupements. En effet, c'est par l'analyse du travail particulier à chaque évangéliste qu'on pourra entrevoir sous quel angle chacun d'eux a pris conscience de l'instabilité de D, et par suite de sa formation.

3. *Présence de sommaires dans D*

Une des principales particularités de la structure de D est la

---

[1] V.g. au commencement du chapitre 4 de Marc, Jésus enseigne assis dans la barque. A la fin du discours (4, 36), il se trouve encore dans la barque; on l'emmène ainsi. Le récit se poursuit jusqu'à la visite à Nazareth, de sorte qu'on a inclus dans l'espace d'une journée: le discours en paraboles, la traversée du lac — pendant laquelle eut lieu le miracle de la tempête apaisée—, la guérison du démoniaque gérasénien immédiatement après la traversée, et, sur l'autre rive, encore deux guérisons. Le groupement de tous ces événements en une seule journée semble fort artificiel. Cf V.TAYLOR, *The Gospel according to St. Mark*, Londres, 1957, p. 94.

présence des résumés du ministère de Jésus à la jonction des différents groupements de péricopes.

Marc et Luc disposent à peu près de la même façon ces sommaires. Voici un tableau de leur distribution dans Marc.

Sur la colonne de gauche, figurent les sommaires; sur celle de droite les groupements de péricopes.

Sommaires	*Groupements*
a) sommaire (1, 14-15) Appel des premiers disciples (1, 16-20)	
	I — Journée de Capharnaüm (1, 21-38)
b) sommaire (1, 39) guérison d'un lépreux (1, 40-44) c) sommaire (1, 45)	
	II — Controverses (2, 1-3, 6)
d) sommaire (3, 7-12) choix des douze (3, 13-19)	
	[Les vrais disciples] (3, 20-35) III — Discours en paraboles (4, 1-34) IV — Miracles dans la région du lac (4, 35-5, 43)

Plusieurs autres sommaires s'y rencontrent que nous signalerons plus loin et qui indiquent un travail rédactionnel ultérieur.

Pour le moment, il suffit de remarquer que les deux premiers groupements (I et II) sont séparés par des sommaires. Le premier sommaire (a) et le dernier (d) sont l'un et l'autre suivis d'un appel: des premiers disciples (a) — 1, 16-20; et des douze (d) — 3, 13-19. Après le sommaire d (3, 7-12), il semble que nous passons à un processus de formation très différent. Le prochain groupement, bien reconnaissable, est celui du discours en paraboles (III). Ce groupement est aussi encadré par deux sommaires (4, 1-2 et 4, 33-34) qui se présentent respectivement comme une introduction et une conclusion du discours.

Ces sommaires laissent entendre que, d'une part, Marc (et Luc également) était conscient de l'existence de groupements de péricopes dans D et, d'autre part, que ces différents groupements formaient une unité assez lâche dans cette partie.

Ce point ressortira davantage par l'analyse du travail rédactionnel de Luc et de Marc.

B) Travail rédactionnel de Marc et de Luc, indice d'une structure composite

La différence de structure littéraire entre C et D ressort surtout du travail rédactionnel de Marc et de Luc. Ce travail laisse voir que ces évangélistes se sont rendus compte que cette partie était formée de groupes de péricopes hétérogènes.

1. *Chez Marc*

Ce qui caractérise le travail rédactionnel de Marc dans D, ce n'est pas tant la mise en relief de ces groupements de péricopes, comme nous le verrons pour le cas de Luc, mais plutôt l'insertion, dans la trame de D, de structures stéréotypées et le rôle qu'il leur attribue.

Deux structures révélatrices d'un travail rédactionnel de Marc reviennent très fréquemment dans cette partie D. L'une sert à indiquer que la foule est assemblée autour de Jésus, l'autre signifie que la foule va d'elle-même à sa rencontre. Chacune de ces structures contient ordinairement trois membres. Cependant, en quelques endroits, on ne saurait reconnaître que l'un ou l'autre de ces membres.

a) *Première structure stéréotypée*

La formulation la plus classique de la première structure se trouve dans Mc 2, 2:

    i) καὶ εἰσελθὼν . . . εἰς Καφαρναούμ . . . ἐν οἴκῳ . . .
    ii) καὶ συνήχθησαν πολλοί, ὥστε . . .
    iii) καὶ ἐλάλει αὐτοῖς

On rencontre également cette formule dans Mc 3, 20 et 4, 1-2.

Le premier membre de la structure présente Jésus dans un endroit retiré, du moins un endroit difficile d'accès en raison de l'étroitesse de l'espace, et ordinairement dans une maison, v.g. Mc 2, 2; 3, 20.

L'élément caractéristique de cette structure se trouve au second membre: la foule est assemblée autour de Jésus: καὶ συνήχθησαν πολλοί (2, 2); καὶ συνέρχεται . . . ὁ ὄχλος (3, 20); καὶ συνάγεται . . . ὄχλος πλεῖστος (4,1) suivi de ὥστε. La conjonction ὥστε veut exprimer d'une manière générale l'abondance de la foule, mais plus spécifiquement l'insuffisance, soit du lieu (2, 2; 3, 7; 4, 1), soit du temps (3, 20); la foule déborde les cadres prévus.

Cette structure est chargée de sens dans Marc. Par la force

des circonstances, une discrimination se réalise dans le nombre des auditeurs. Tous ne peuvent être atteints par les œuvres du Maître, car il ne peut suffire à la tâche. D'où nécessité pour Jésus, limité qu'il est par le temps et le lieu, de se choisir des collaborateurs pour continuer son œuvre (3, 14-19). Ce sont en quelque sorte les circonstances de temps et de lieu, qui décident du choix des disciples. Le Christ, soumis au temps et au lieu, soumet à son tour son ministère à ces circonstances incontrôlables.

Comme le lieu est restreint, il s'agit d'une conversation plus intime et non d'un enseignement public. Le verbe employé au troisième membre pour désigner ces colloques intimes n'est pas διδάσκειν que Marc réserve pour un enseignement aux grandes foules, mais les verbes λαλεῖν ou λεγεῖν qui se prêtent mieux aux circonstances.

b) *Deuxième structure stéréotypée*

Le meilleur exemple de cette deuxième structure se trouve dans Marc 2, 13.

 i) καὶ ἐξῆλθεν (πάλιν) παρὰ τὴν θάλασσαν
 ii) καὶ πᾶς ὁ ὄχλος ἤρχετο πρὸς αὐτόν
iii) καὶ ἐδίδασκεν αὐτούς

Comme pour la première structure, on trouve aussi ailleurs des vestiges assez nombreux de celle-ci; mais les principaux exemples, outre celui mentionné ici (Mc 2, 13), sont 3, 7; 4, 1-2; 10, 1.[1]

Cette structure contient également trois membres. Par opposition à ce qui est rapporté dans la première structure, Jésus se rend en un endroit spacieux, près de la mer: παρὰ τὴν θάλασσαν (2, 13; 4, 1), πρὸς τὴν θάλασσαν (3, 7). Il n'est pas gêné par l'espace comme dans le premier cas. Il n'y a pas de limite à son auditoire.

La partie caractéristique de cette structure, tout comme pour la première, est le deuxième membre. La foule va elle-même à la rencontre de Jésus:

καὶ πᾶς ὁ ὄχλος ἤρχετο πρὸς αὐτόν (2, 13);

καὶ πᾶς ὁ ὄχλος πρὸς τὴν θάλασσαν (4, 1),

καὶ πολὺ πλῆθος ... ἦλθον ορὸς αὐτόν (3, 7).

---

[1] Cette dernière citation se trouve dans C. Mais elle semble être une ajoute secondaire. D'abord, le sommaire et la péricope (question sur le divorce), à laquelle le sommaire est rattaché, manquent dans Luc. Deuxièmement, la forme du sommaire manifeste un travail rédactionnel particulier à chacun des deux évangélistes: de Matthieu (19, 1-2), qui emploie de préférence le verbe ἐθεράπευσεν au lieu de ἐδίδασκεν (cf. le chapitre suivant) — de Marc qui ici introduit une structure qui lui est particulière.

Dans ces circonstances, Jésus enseigne: καὶ ἐδίδασκεν,[1] ce qui contraste avec les verbes employés dans la première structure où s'exprimait un enseignement dans le secret.

Ces deux structures sont révélatrices du travail rédactionnel de Marc dans D. Dans la seconde formule, l'enseignement est présenté à un auditoire le plus nombreux possible, sur le bord du lac. Le lieu n'offre aucune limite au nombre des auditeurs. Jésus enseigne à tous également.

Par contre, dans la première formule, Marc prépare le lecteur à l'idée d'un choix des auditeurs et à celle de la révélation des mystères dans le secret, idée qui connaîtra son apogée dans le discours en paraboles.

De fait, l'introduction au discours en paraboles (Mc 4, 1-2) est tissée de ces deux formules, ce qui montre que Jésus veut enseigner à tous mais ne révéler ses secrets qu'à un groupe choisi et limité, c'est-à-dire à ceux qui sont avec lui, à l'intérieur, par opposition à ceux qui sont dehors (ἔξω 3, 31; 4, 11). Voici la distribution des deux structures dans l'introduction au discours en paraboles (4, 1-2).

I*e* structure	II*e* structure
	i) καὶ (πάλιν) . . . παρὰ τὴν θάλασσαν
ii) καὶ συνάγεται (πρὸς αὐτὸν) ὄχλος πλεῖστος, ὥστε. . .	
	ii) καὶ πᾶς ὁ ὄχλος πρὸς τὴν θάλασσαν
	iii) καὶ ἐδίδασκεν αὐτοὺς . . .
iii) καὶ ἔλεγεν αὐτοῖς . . .	

A la première structure manque le premier membre (la venue dans un endroit retiré) qui est suppléée par le contexte (4, 11: ἐκείνοις δὲ τοῖς ἔξω. . .).

A la seconde structure, au lieu de πρὸς αὐτόν, au second membre, on trouve πρὸς τὴν θάλασσαν. A part cela, tous les membres des deux structures sont reconnaissables.

Le discours en paraboles fait la synthèse de tout ce qui avait été dit ou fait depuis le commencement du ministère en Galilée. Toutes les péricopes sont liées, dans la pensée de Marc, par ces

---

[1] L'objet de l'enseignement n'est pas décrit dans D comme c'est le cas dans C (Mc 8, 31; 11, 17; 12, 14). Cf. H. RIESENFELD, *Tradition und Redaktion im Markusevangelium*, dans *Neutestamentliche Studien für* R. BULTMANN. Berlin, 1957, p. 161. Cependant il y a une exception: l'introduction du discours en paraboles, Mc 4, 2. Ce discours se présente comme l'aboutissement de l'enseignement de Jésus dans D.

deux structures antinomiques jusqu'à ce qu'elles soient unifiées dans l'introduction au discours en paraboles.

Ces deux structures s'enchaînent l'une l'autre, et le lien avec la structure précédente appartenant à la même forme stéréotypée est soigneusement rappelé par la particule πάλιν qui revient comme un refrain dans Marc; ainsi la partie D forme deux colonnes parallèles jusqu'à ce qu'elles soient jointes ensemble par la clef de voûte que constitue le discours en paraboles.

I Structure	*II Structure*
	Mc 1, 16
	— καὶ παράγων παρὰ τὴν θάλασσαν
Mc 1, 21	
— καὶ εἰσπορεύονται εἰς Καφαρναούμ	
Mc 2, 1	
— καὶ εἰσελθὼν ΠΑLIN εἰς Καφαρναούμ	
— καὶ συνήχθησαν πολλοί, ὥστε . . .	
— καὶ ἐλάλει αὐτοῖς	
	Mc 2, 13
	— καὶ ἐξῆλθεν ΠΑLIN
	παρὰ τὴν θάλασσαν
	— καὶ πᾶς ὁ ὄχλος ἤρχετο πρὸς αὐτόν
	— καὶ ἐδίδασκεν αὐτούς
Mc 3, 1	
— καὶ εἰσῆλθεν ΠΑLIN εἰς συναγωγήν	
Mc 3, 20	Mc 3, 7s
— καὶ ἔρχεται εἰς οἶκον	— καὶ . . . ἀνεχώρησεν
— καὶ συνέρχεται ΠΑLIN ὁ ὄχλος,	πρὸς τὴν θάλασσαν
ὥστε . . .	— καὶ . . . πλῆθος πολύ . . .
	— ἦλθον πρὸς αὐτόν
	Mc 4, 1-2
	— καὶ ΠΑLIN ἤρξατο διδάσκειν
	παρὰ τὴν θάλασσαν
— καὶ συνάγεται πρὸς αὐτὸν ὄχλος	
πλεῖστος, ὥστε	
	— καὶ πᾶς ὁ ὄχλος
	πρὸς τὴν θάλασσαν
	— καὶ ἐδίδασκεν αὐτούς
— καὶ ἔλεγεν αὐτοῖς	

On remarquera que sur la colonne, à droite du tableau, les auditeurs sont continuellement placés sur le bord de la mer (1, 16; 2, 13; 3, 7; 4, 1). Πάλιν dans 2, 13, rappelle clairement 1, 16; et πάλιν dans 4, 1, peut rappeler soit 3, 7 ou mieux encore 2, 13, où Jésus est représenté comme enseignant sur le bord de la mer.

Sur la colonne, à gauche du même tableau, πάλιν est répété trois fois avant l'introduction au discours en paraboles, rappelant les endroits où Jésus a parlé à un groupe restreint à l'intérieur, soit de la synagogue (1, 21; 3, 1), soit d'une maison (2, 1; 3, 20). Ainsi, une distinction progressive s'établit entre ceux qui sont à l'extérieur: ἔξω (3, 31; 4, 11) et ceux qui sont à l'intérieur; ces derniers pouvant par conséquent l'entendre dans l'intimité.

Le point culminant des deux structures — et donc de tout le développement de la partie D — se réalise dans le discours en paraboles. Là, Jésus s'adresse en paraboles à la foule, cependant, son enseignement reste à l'extérieur du groupe intime des disciples à qui il donne des explications.

De toute façon, ces deux formules stéréotypées font voir la très grande différence entre la structure littéraire de D et de C.

Le rôle primordial que Marc attribue à ces structures dans la partie D (structures presque totalement absentes dans C) manifeste qu'il était conscient que cette partie était constituée de groupes de péricopes disparates. Il cherche à établir un lien commun entre ces divers groupements. Il le trouve dans deux formules stéréotypées qui relient comme par la cîme les péricopes individuelles. Elles sont la base sur laquelle se construit sa pensée dans D, au sujet du secret sur le royaume de Dieu réservé à un nombre restreint de disciples choisis; pensée qui est explicitée dans le discours en paraboles.

2) Chez Luc

En comparant Marc et Luc, on se rend compte que le travail rédactionnel le plus évident de Luc se concentre aux jonctions des différents groupes de péricopes. En effet, il a fortement mis en relief la présence de groupements de péricopes dans D, car outre les sommaires qu'il possède en commun avec Marc, aux jonctions des différents groupements, il souligne ces endroits par des ,,transpositions'' particulières.

Voici le tableau de D dans Luc.

Sommaires et Transpositions	*Groupes*
Visite à Nazareth (4, 16-30)	1 — Journée de Capharnaüm (4, 31-43)
a) sommaire (4, 44)	
1 — appel des premiers disciples (5, 1-11)	
	[guérison d'un lépreux]
b) sommaire (5, 15-16)	
	2 — controverses (5, 17-6, 11)

II — choix des douze (6, 12-16)
    c) sommaire (6, 17-19)

                     [péricopes de la double tradition
                     (6, 20-7, 50)]

III —

    d) sommaire (8, 1-3)

                    3 — discours en paraboles (8, 4-18)

IV — la vraie parenté de Jésus (8,
    19-21)

                    4 — miracles aux environs du lac
                       (8, 22-56)
                    [consigne de mission (9, 1-6)]

Ainsi Luc, dans D, présente quatre groupes de la triple tradition (1, 2, 3, 4), un groupe de la double tradition et deux péricopes (guérison d'un lépreux et consigne de mission) isolées.

A gauche du tableau, se trouvent quatre sommaires (a, b, c, d) et quatre transpositions (I, II, III, IV).

En effet, à l'intérieur de D, trois péricopes (appel des premiers disciples, foule à la suite de Jésus, la vraie parenté de Jésus) et un sommaire (III, 8, 1-3) ne concordent pas avec l'ordonnance de Marc. Ces divergences mettent clairement en relief les mêmes groupements signalés dans Marc.

La journée de Capharnaüm est encadrée par la visite à Nazareth (4, 16-30) et l'appel des premiers disciples (5, 1-11) précédé d'un sommaire (4, 44).

Comme chez Marc, la guérison du lépreux (5, 12-14) est isolée du groupement des controverses (2) par un sommaire. Cependant, Luc considère comme formant une seule unité la guérison d'un lépreux (5, 12-14) et les controverses (5, 17-6, 11), car ce tout est encadré par deux transpositions (I) et (II).

Suit un groupement de la double tradition (6, 20-7, 50) dont nous avons remarqué un parallèle dans Matthieu.[1]

Le discours en paraboles est aussi encadré d'une part par un sommaire (d), qui est également une transposition, en comparaison de Marc, et d'autre part par une divergence dans l'ordonnance (IV).

Finalement la consigne de mission (9, 1-6) ressort comme une entité indépendante dans Luc, si l'on compare la disposition de Luc avec celle de Marc. Ce dernier place une visite à Nazareth entre le groupe de péricopes sur le bord du lac (Mc 4, 35-5, 43) et la consigne de mission (Mc 6, 7-13), tandis que Luc a placé la visite à Nazareth au commencement de D (Lc 4, 16-30).

---

[1] Cf. chapitre XI.

Ainsi donc, dans Luc, nous retrouvons les mêmes groupes de péricopes que dans Marc.

1. La journée de Capharnaüm (Mc 1, 21-38; Lc 4, 31-43)
2. Les controverses (Mc 2, 1-3, 6; Lc 5, 17-6, 11)
3. Le discours en paraboles (Mc 4, 1-34; Lc 8, 4-18)
4. Les miracles aux environs du lac (Mc 4, 35-5, 43; Lc 8, 22-56).

Par le fait que Luc a gardé ces groupements intacts et qu'il a concentré tout son travail rédactionnel sur les jonctions de ces groupements, deux conclusions s'imposent:

1re Luc était conscient de l'existence de groupes de péricopes à l'origines de D;
2e Il était également conscient du lien artificiel entre ces différents groupements et donc du manque d'unité de la partie D.

Mais comment Luc est-il parvenu à la connaissance de ces faits? Il est certain qu'il faut se tourner du côté de ses sources pour chercher la réponse. C'est à partir de l'état de ses sources qu'il s'est rendu compte que la partie D était composée de groupements disparates et que, par conséquent, la structure de cette partie était instable.

Quel était exactement l'état des sources en possession de Luc, en cette partie D? Il est difficile d'y répondre immédiatement; il suffira pour le moment d'indiquer qu'il n'a pu se rendre compte de groupes disparates dans D, à partir de l'évangile de Marc. Voici deux raisons qui militent contre cette possibilité:

a) d'abord, par cette supposition, nous retombons dans les difficultés présentées plus haut: on ne peut expliquer la division de l'évangile en partie D et C, en partant d'une structure-type contenant également les deux parties;

b) puis, une difficulté spéciale se présente en considérant l'évangile de Marc: la division en groupes de péricopes est en partie obnubilée par son travail rédactionnel.

En effet, on peut difficilement expliquer que Luc ait pris une connaissance aussi nette de ces groupements à partir de l'état actuel de l'évangile de Marc.

i) Marc a brisé l'unité du deuxième groupe (les controverses: Mc 2, 1-3, 6). Il a introduit l'appel de Lévi (2, 14) par un résumé sur le ministère de Jésus, résumé qui sépare du coup l'épisode du paralytique (2, 1-12) des quatre autres péricopes (2, 15-3, 6). Ce résumé (2, 13) correspond d'une part aux structures très caractéristiques du style de Marc dans cette partie D, i.e. à la seconde structure stéréotypée mentionnée plus haut, et, d'autre part, il ne figure ni dans Luc, ni dans Matthieu. En effet, même si ce groupe est divisé en deux parties (9, 1-17 et 12, 1-14) dans Matthieu, ce dernier concorde avec Luc, contre Marc, pour ne pas insérer ce résumé au commencement de l'épisode sur la vocation de Lévi (Mt 9, 9).

ii) Par l'introduction de ce résumé en cet endroit, Marc a donné une division complètement différente à cette section de son évangile. En raison de ce sommaire particulier à Marc, cette section devrait plutôt être divisée ainsi:

I — A — Résumé du ministère galiléen (Mc 1, 14-15)

    B — καὶ παράγων παρὰ τὴν θάλασσαν (Mc 1, 16)

    C — εἶδεν... appel des premiers disciples (Mc 1, 16-20)

    D — καὶ εἶπεν αὐτοῖς... (Mc 1, 17 ss)

        — journée de Capharnaüm (1, 21-39)

        — guérison d'un lépreux (1, 40-45)

        — guérison d'un paralytique (2, 1-12)

II — A — Résumé du ministère sur le bord du lac καὶ ἐξῆλθεν πάλιν παρὰ τὴν θάλασσαν (2, 13)

    B — καὶ παράγων

    C — εἶδεν... appel de Lévi (2, 14)

    D — καὶ λέγει αὐτῷ...

        — repas avec les pêcheurs (2, 15-17)

        — discussion sur le jeûne (2, 18-22)

        — les épis arrachés (2, 23-28)

        — guérison d'un homme à la main desséchée (3, 1-6)

III — A — Résumé du ministère sur le bord du lac (3, 7-12) καὶ... ἀνεχώρησεν πρὸς τὴν θάλασσαν

    B — [Sans correspondance]

    C — Choix des douze (3, 13-19)

Les trois sommaires (I, II, III) correspondent l'un à l'autre. Marc a scandé la trame de cette section par un appel progressif des apôtres. Avant chaque appel, Jésus se trouve sur le bord de la mer (1, 16; 2, 13; 3, 7).

La ressemblance, dans la structure littéraire, du premier et du deuxième appel (I, II), est frappante. Les mêmes expressions reviennent dans chacun des membres (A, B, C, D). De plus πάλιν, au commencement du second appel, rattache clairement celui-ci à l'appel précédent (I).

Dans Marc, la manière de diviser cette tranche de D va donc en marge de la division par groupes reconnue dans Luc. Il ne semble plus les reconnaître avec la même clarté que Luc. Il reflète plutôt un travail rédactionnel d'un état postérieur de D.

Cette conclusion est confirmée par le fait que d'une part, cette structure (2, 13), qui obnubile la division par groupements, est caractéristique du style de Marc, et d'autre part, que, contre Marc, Matthieu et Luc s'accordent à l'omettre.

Luc a donc connu D dans un stade de formation antérieur à l'état actuel de Marc. Pour pouvoir expliquer le travail rédactionnel de Luc, il faut retourner en arrière dans l'histoire de la formation de D, à une étape de formation antérieure à Marc, étape où il était possible de reconnaître l'instabilité de D, rendue visible par les groupements disparates de péricopes dont cette partie était constituée.

Nous pouvons tirer deux conclusions sur l'état des sources utilisées par Luc en cette partie.

1re Les sources dans D se présentaient sous forme de groupes de péricopes.

2e C'est à partir de ces groupes disparates de péricopes que Luc reconnut l'instabilité de D.

Conclusions sur le travail rédactionnel de Marc et de Luc dans D

1. Par leur travail rédactionnel, Marc et Luc ont manifesté qu'ils étaient conscients que la partie D était formée d'un ensemble de péricopes hétérogènes. C'est par l'état des sources, en cette partie D, comparaison faite avec la partie C, qu'ils ont pu reconnaître l'instabilité de D.

2. De fait, pour expliquer la formation de la partie C, il faut recourir à une ordonnance-type commune aux trois synoptiques; la partie D, par contre, ne peut s'expliquer de cette façon. Recourir à l'hypothèse d'une ordonnance-type brisée par les variantes au cours de la transmission peut rendre compte, peut-être, de l'état différent des sources, mais cela peut difficilement expliquer pourquoi, précisément et uniquement en la partie D, se présentaient différentes conditions des sources.

3. Marc et Luc laissent entendre, par leur travail rédactionnel, que cette partie D était composite, en comparaison avec la partie C.

C'est déjà une indication que la formation de D n'est pas de la même époque que la partie C. De fait, pour expliquer la présence d'un ensemble composite comme D, à l'intérieur de la structure monolithique de C, il faut faire appel à deux étapes différentes de formation. La partie D n'a pas pu être formée au même moment que C. Voilà ce que font assez clairement voir Marc et Luc dans leur travail rédactionnel.

4. Cependant, dans leur travail, il n'apparaît pas avec la même évidence que la formation de la partie D s'est réalisée par une insertion *progressive* de groupes de péricopes dans la partie C. Toutefois, le travail rédactionnel de Luc est une indication dans ce sens. Il montre l'existence de groupes de péricopes à la base de la formation de D. Par ses sources, il a reconnu que ces groupements formaient des unités disparates. L'existence de groupes disparates, dans un ensemble homogène comme la partie C, laisse entendre déjà que ces groupements ont pu être insérés séparément dans C, à différentes époques.

6. Nous nous tournons maintenant vers Matthieu, pour chercher plus de lumière sur ce point. Il nous fera voir que D n'a pas été formée d'un seul coup et que pour cette partie Matthieu a utilisé plus d'une source pour les matériaux de la triple tradition.

XIV

INDICES DE DIFFÉRENTS STADES D'INSERTION
DANS L'ÉVANGILE DE MATTHIEU

Comme les deux autres évangélistes, et même plus que ceux-ci, Matthieu était conscient de l'état instable de la partie D. Cette prise de conscience, Matthieu, toutefois, la manifeste d'une manière bien différente de Luc. Luc, par ses ,,transpositions'' à la jonction des différents groupements de péricopes, a laissé voir clairement que les sources de la partie D étaient constituées de groupes disparates. Cependant, dans son travail rédactionnel, il n'a pas touché à l'unité de ces groupements.

Par contre, Matthieu, par ses propres ,,transpositions'', ne fait aucunement ressortir l'existence de différents groupes en cette partie; tout au contraire, ses ,,transpositions'' font perdre de vue ces groupements que nous avons constatés d'une manière si évidente chez Luc.

La différence de l'ordonnance de Matthieu, par rapport aux deux autres synoptiques, dans D, n'est pas le fait d'une divergence qui se révèle par le déplacement de l'une ou l'autre péricope isolée, mais, vient de ce que les groupements de péricopes ne conservent plus l'unité constatée dans Marc et dans Luc.

Pour résumer la situation, nous avons dressé le tableau suivant.

	Mc	Lc	Mt
Sommaire sur le ministère galiléen	1, 14-15	4, 14-15	4, 12-17
Appel des premiers disciples	1, 16-20	—	4, 18-22
I — Journée de Capharnaüm	1, 21-39	4, 31-44	4, 23-24; 5, 2; 7, 28-29
Guérison d'un lépreux	1, 40-45	5, 12-16	8, 2-4
II — Les controverses	2, 1-3, 6	5, 17-6, 11	9, 1-17; 12, 1-14
Sommaire	3, 7-12	6, 17-19	12, 15-16
Controverses sur les vrais disciples	3, 20-35	—	[Double tradition: 12, 24-32] et 12, 46-50
III — Discours en paraboles	4, 1-34	8, 4-18	13, 1-35 [et 36-52]
IV — Miracles aux environs du lac	4, 35-5, 43	8, 22-56	8, 23-34; 9, 18-26

Sur les quatre groupes de péricopes communes à Marc et à Luc (I, II, III, IV), nous n'en retrouvons qu'un seul qui, chez Matthieu, soit complet, i.e. III: le discours en paraboles.

On ne retrace que des bribes de la composition formant la journée de Capharnaüm, bribes qui sont distribuées en quatre endroits: 4, 23-24; 5, 2; 7, 28-29; 8, 14-17.

Les trois premiers textes correspondent exactement à la place de la journée de Capharnaüm dans Marc. Si l'on fait abstraction des matériaux de la double tradition (discours sur les béatitudes), ces trois textes (4, 23-24; 5, 2 et 7, 28-29) se situent entre l'appel des premiers disciples (Mt 4, 18-22; Mc 1, 16-20) et la guérison d'un lépreux (Mt 8, 2-4; Mc 1, 40-45), tout comme la journée de Capharnaüm dans Marc.

Après la péricope sur la guérison d'un lépreux, la divergence dans l'ordonnance entre Matthieu et les deux autres synoptiques se concentre autour de deux groupes de péricopes: les controverses (II); les miracles aux environs du lac (IV). Ces deux groupes sont divisés en deux parties dans Matthieu (9, 1-17 et 12, 1-14; 8, 23-34 et 9, 18-25).

En somme, il faut attribuer la divergence entre l'ordonnance de Matthieu et les deux autres synoptiques à trois différents groupements de péricopes:

1. la journée de Capharnaüm,
2. le groupe sur les controverses. Dans Matthieu, ce groupe se trouve divisé en deux parties, séparées l'une de l'autre par plusieurs chapitres (9, 1-17 et 12, 1-14),
3. le groupe de péricopes sur les miracles aux environs du lac, divisé également (8, 23-34 et 9, 18-25).

Cette constatation soulèvent deux questions:

1. Matthieu a-t-il connu ces péricopes en groupes unifiés comme dans Marc et Luc?
2. Si la réponse est affirmative, comment alors Matthieu est-il arrivé à reconnaître l'instabilité de D?

Ces deux questions reviennent à se demander quelle était la condition des sources utilisées par Matthieu. Mais gardons les deux questions distinctes.

A la première, deux raisons militent en faveur de l'affirmative.

1) *L'ordonnance des péricopes est identique dans les trois synoptiques.*

En effet, même si ces groupes sont divisés dans l'évangile de Matthieu et les parties sont distancées l'une de l'autre de plusieurs chapitres (le groupement des controverses: Mt 9, 1-17 et 12, 1-14; le groupement des miracles aux environs du lac: Mt 8, 23-34 et 9, 18-25), on retrouve chez cet évangéliste les mêmes péricopes dans le même ordre que celui rapporté par les deux autres synoptiques.

2) *La manière de composer particulière à Matthieu.*

Deux caractéristiques semblent se dégager de la manière d'écrire de Matthieu: a) au lieu de juxtaposer simplement ses sources comme le fait Luc, il superpose en un même endroit différentes sources pour en former une unité complexe; b) toutefois, tout en entremêlant ainsi les péricopes, il ne change pas l'ordonnance originelle de chacune des sources utilisées.

Cette manière de composer se constate clairement lorsqu'il utilise parallèlement, dans D, les matériaux de la double et de la triple tradition. En plaçant sur deux colonnes distinctes les matériaux de la double et de la triple tradition utilisés par Matthieu en cet endroit, on retrouve intacte l'ordonnance de chacune de ces deux traditions: celle de la triple (représentée par Marc) et celle de la double (représentée par Luc). En voici le tableau:

Triple tradition	*Double tradition*
a) sommaire (Mt 4, 12; Mc 1, 14-15)	
b) appel des premiers disciples (Mt 4, 18-22; Mc 1, 16-20)	
c) sommaires correspondant à la journée de Capharnaüm (Mc 1, 21-39; Mt 4, 23 ss)	
i) Jésus parcourt la Galilée (Mt 4, 23)	
ii) sa renommée se répandit (Mt 4, 24a)	
iii) on lui amène des malades (Mt 4, 24b)	
iv) il les guérit . . . . . (Mt 4, 24c)	
v) des foules le suivent . . (Mt 4, 25)	
vi) il enseigne . . . . . . (Mt 5, 2)	
	a) discours sur les béatitudes (Mt 5, 3-7, 27; Lc 6, 20-49)
vii) La foule est étonnée de son enseignement (Mt 7, 28b-29)	
d) guérison d'un lépreux (Mt 8, 2-4; Mc 1, 40-45)	
	b) guérison du serviteur d'un centurion (Mt 8, 5-13; Lc 7, 1-10)

Ce tableau, où se trouvent représentées la triple tradition (à gauche) et la double tradition (à droite), montre bien que l'ordonnance des péricopes de chacune des traditions est bien conservée. On voit immédiatement la différence entre la méthode de composer de Luc et celle de Matthieu: dans Luc, ces deux traditions sont placées en bloc, l'une après l'autre, tandis que dans Matthieu, elle sont agencées l'une dans l'autre pour fournir une nouvelle unité.

On peut légitimement supposer que ces deux évangélistes n'ont pas changé soudainement de méthode en utilisant les matériaux provenant de la triple tradition. Luc a dû juxtaposer de la même manière ses sources. Il a dû en être de même pour Matthieu. Fidèle à sa méthode, au lieu de juxtaposer tout simplement ses sources pour la partie D, il les a superposées et imbriquées l'une dans l'autre tout en conservant l'ordonnance de chaque source. Il faut donc attribuer la division des groupes de péricopes dans D à la manière d'écrire particulière à Matthieu.

Vu que la réponse à la première question est affirmative, essayons de répondre à la seconde: comment Matthieu est arrivé à reconnaître l'instabilité de D?

Dans notre recherche, nous distribuerons ainsi le travail, puisque le problème se concentre autour de trois différents groupes de péricopes:

A) nous commencerons par le groupe formant la journée de Capharnaüm, car, chez Matthieu, il présente un caractère spécial;

B) nous étudierons ensuite les deux autres groupes de péricopes (celui des controverses: Mt 9, 1-17 et 12, 1-14; celui des miracles aux environs du lac: Mt 8, 23-34 et 9, 18-25), dans le but de déceler l'état des sources utilisées par Matthieu.

A) Groupe de péricopes formant la journée de Capharnaüm

Matthieu et Marc se rapprochent quant à la structure formant le cadre de la journée de Capharnaüm telle que rapportée par Marc et Luc. En effet, si l'on fait abstraction des éléments de la double tradition chez Matthieu, on y reconnaît la même disposition.

	Marc	Matthieu
1) Sommaire	1, 14-15	4, 12-17
2) Appel des premiers disciples	1, 16-20	4, 18-22
[Journée de Capharnaüm]	1, 21-39	4, 23-24; 5, 2; 7, 28b-29
3) Guérison d'un lépreux	1, 40-45	8, 2-4

Donc, à l'endroit de la journée de Capharnaüm, dans Marc, correspondent, en Matthieu, quelques éléments parallèles (4, 23-24; 5, 2; 7, 28b-29). Comment juger ces éléments dans Matthieu ? Sont-ils les derniers vestiges d'une journée à l'instar de Mc 1, 21-39, ou représentent-ils un stade de formation antérieur à celui rapporté par les deux autres évangélistes ?[1]

Notre conviction est que Matthieu représente un stade de formation antérieur à celui de Marc et de Luc. Et pour le démontrer:

1. nous verrons d'abord que la journée de Capharnaüm est une structure artificielle secondaire et que Matthieu, ne possédant que l'ossature des éléments formant une journée dans Marc et Luc, représente un stade de formation plus primitif;

2. nous montrerons ensuite qu'il est possible d'atteindre un état de formation encore plus primitif que celui de Matthieu.

1. *Caractère artificiel de la journée de Capharnaüm, dans Marc et Luc*

Dans Marc et Luc, cette journée comporte sept éléments. Le tableau suivant les établit, en référence à Marc, tout en indiquant ce que nous en retrouvons chez Matthieu au lieu parallèle.

	Marc	Matthieu
a) *introduction*	1, 21 (edidasken)	5, 2
	1, 22 —	7, 28b-29
b) guérison d'un possédé	1, 23-27	
c) *logion sur la renommée de Jésus*	1, 28 —	4, 24a
d) guérison de la belle-mère de Simon	1, 29-31	
e) *guérisons multiples*	1, 32-34 —	4, 24bc
f) Jésus se retire à l'écart	1, 35-38	
g) *départ pour la mission de Galilée*	1, 39 —	4, 23

Sur ces sept éléments, trois sont des récits d'événements (b, d, f). Les quatre autres (a, c, e, g) sont des sommaires sur le ministère de Jésus. Cette journée est donc formée de récits concrets et de résumés généraux sur l'activité de Jésus. Ces deux sortes d'éléments alternent, de sorte que les récits d'événements sont complètement encadrés et liés aux récits suivants par des sommaires.

---

[1] Il n'est pas difficile d'indiquer la position des exégètes sur ce point. Tout dépend de la position qu'on a prise sur la priorité des évangiles: Marc ou Matthieu. Dans notre cas, il n'est pas nécessaire d'opter pour l'une ou pour l'autre à priori. La décision va dépendre avant tout de l'analyse des faits. Pour une étude récente dans la perspective de la priorité de Marc, voir R. Pesch, *Ein Tag vollmächtigen Wirkens Jesu in Kapharnaum* (*Mk 1, 21-34, 35-39*), dans *Bibel und Leben*, 9, 1968, 114-128.

De ces sept éléments, Matthieu ne rapporte que les quatre sommaires (a, c, e, g) et exactement au lieu parallèle où, chez Marc, se trouve située la journée de Capharnaüm, c'est-à-dire entre l'appel des disciples (Mc 1, 16-20; Mt 4, 18-22) et la guérison d'un lépreux (Mc 1, 40-45; Mt 8, 2-4).

Comment expliquer que Matthieu ne possède, en cet endroit précis, que les éléments de description générale? Est-ce-qu'il aurait dépouillé ce groupement de tous ses récits concrets pour ne conserver que les sommaires? ou bien serait-ce que ces sommaires eux-mêmes ont servi de base à la formation de la journée de Capharnaüm chez Marc et Luc?

En faveur de cette dernière solution se présentent de sérieux indices. D'abord, Matthieu ne possède que les éléments homogènes. Chez Marc et Luc, la présence de récits concrets, alternant avec des sommaires, donne à tout ce développement une allure composite. La formation de Matthieu a donc en sa faveur une très grande probabilité de représenter un stade plus primitif.

L'analyse de ces récits qui sont particuliers à Marc et à Luc laisse voir que ces péricopes ont été maladroitement introduites dans un groupe de sommaires sur le ministère de Jésus.

B. C. BUTLER, en particulier, a fortement souligné le caractère artificiel de la péricope sur la guérison du possédé dans la synagogue (Mc 2, 23-27).[1]

Cet épisode est inséré entre deux considérations sur la doctrine de Jésus (Mc 1, 22 et 27). La seconde considération (Mc 1, 27) reprend le thème de la première (enseignement donné avec autorité) et sert maladroitement de contexte à l'épisode du démoniaque. Il en résulte que l'étonnement de la foule, qui devait originairement porter sur le miracle, se réfère maintenant à la puissance de la parole manifestée à l'occasion du miracle.

Matthieu ne possède que le premier membre de la péricope rapportée par Marc (Mt 7, 28b-29; Mc 1, 22): ,,les foules étaient vivement frappées de son enseignement: c'est qu'il les enseignait en homme qui a autorité, et non pas comme leurs scribes.'' Et il

---

[1] *The Originality of St. Matthew*, Cambridge, 1951, pp. 124 ss. Cette péricope est composée d'éléments hétérogènes. Il n'est question que d'un possédé dans la journée de Capharnaüm, et pourtant il parle de lui-même au pluriel: τί ἡμῖν καὶ σοί (Mc 1, 24), avec les mêmes expressions que les deux démoniaques gadaréniens, rapportées par Matthieu (8, 29). Ne serait-ce pas là une composition construite de pièces provenant de ce dernier récit de Matthieu (Mt 8, 28-34)? C'est l'opinion de B. C. BUTLER.

l'illustre ensuite par le discours sur les béatitudes. En faisant ainsi porter l'étonnement de la foule sur l'enseignement donné dans ce discours, Matthieu reste fidèle au contenu du *logion* beaucoup plus que Marc ou Luc. Il n'essaye pas de jouer sur deux différents thèmes (enseignement et miracle) comme le font Marc et Luc. Cependant, l'interprétation de Matthieu n'est pas plus primitive que celle de Marc; le discours sur les béatitudes, en effet, appartient à la double tradition et, par conséquent, s'est introduit après coup dans la trame de la triple tradition.

Le *logion* commun aux deux évangiles (Mc 1, 22; Mt 7, 28b-29) a donc servi de base aux développements ultérieurs des deux évangélistes. Les éléments en plus se présentent comme des illustrations concrètes et secondaires d'un thème général sur l'enseignement de Jésus.

D'après Marc, l'épisode sur le possédé de Capharnaüm se conclut par un résumé sur la renommée de Jésus (Mc 1, 28). Le ministère de Jésus vient à peine de commencer; c'est le premier miracle et, cependant, déjà sa renommée s'est répandue au loin, et tout cela à l'intérieur d'une seule journée. C'en est assez pour démontrer le caractère artificiel de la structure de cette journée.

On s'explique aussi difficilement que l'auteur de cette journée de Capharnaüm ait lui-même introduit ce *logion* en cet endroit. Ce *logion* devait se trouver déjà en cet endroit, avant toute entreprise de développement.[1] L'auteur cherche à composer une unité littéraire en étayant les affirmations générales sur le ministère galiléen par des illustrations concrètes circonscrites dans le temps et le lieu. Voilà ce qui donne à cette journée un caractère composite.

Matthieu rapporte le même *logion* dans le lieu parallèle (Mt 4, 24a; Mc 1, 28);[2] cependant, en le rattachant à la phrase suivante (guérisons multiples — Mt 4, 24 bc; Mc 1, 32-34), il le situe dans le contexte d'un sommaire sur le ministère de Jésus et conserve du coup l'homogénéité de l'enchaînement:

i) en raison de la renommée de Jésus (4, 24 a),
ii) les foules lui amènent leurs malades (4, 24b),
iii) et il les guérit (4, 24c).

---

[1] Nous verrons que ce *logion* est un des éléments de la structure à la base de la formation de D. Cf. pp. 195 ss.

[2] La phrase est la même, cependant, d'après Matthieu, la renommée de Jésus se répand dans la Syrie au lieu de la Galilée.

Cette structure sur le ministère de Jésus se retrouve ici et ailleurs avec les mêmes éléments (Lc 5, 15; Mt 14, 34-36; Mc 6, 55-56); il est fort probable que Matthieu représente un stade de formation plus primitif que la structure parallèle plus développée de Marc (1, 28-34).

L'aspect artificiel de la journée de Capharnaüm viendrait alors du fait que l'auteur essaie de former une unité littéraire avec des éléments de provenance disparate (sommaires et récits concrets). Les sommaires constituent l'ossature à laquelle se sont ajoutés maladroitement les récits concrets. On s'explique difficilement un processus d'épuration de la part de Matthieu, processus qui réussirait à ne conserver que les éléments généraux. Le processus contraire semble plus vraisemblable: les éléments généraux ont servi de charpente pour former un exemple d'une journée du Maître; Matthieu ne possédant que ces éléments généraux, présente un stade de formation plus primitif.

2. *Structure schématique à la base du groupe de péricopes formant le cadre et la journée de Capharnaüm*

Est-il possible de remonter davantage dans l'histoire de la formation littéraire de ce groupe de péricopes formant le cadre de la journée de Capharnaüm et de rejoindre au delà de la formation actuelle de Matthieu un stade de formation plus primitif?

Si de fait cette tranche de D (i.e. Mc 1, 14-45 et les lieux parallèles en Matthieu) s'est formée graduellement, il reste toujours la possibilité d'atteindre une structure de base à laquelle les éléments communs à Marc et à Matthieu, en cette partie, se sont accrochés.

En comparant uniquement les éléments du sommaire formant l'ossature de la journée de Caphernaüm, on se rend compte de deux anomalies. L'observation en est facilitée par le tableau suivant:

	Marc	*Matthieu*
a)	Jésus enseigne (1, 21 c)	tournée de mission en Galilée (4, 23)
b)	on est frappé de son enseignement (1, 22)	
c)	sa renommée se répandit (1, 28)...	sa renommée se répandit (4, 24a)
d)	rassemblement des foules	rassemblement des foules (4, 24b)
	(1, 32-33)	
e)	il guérit (1, 34)	il guérit (4, 24c)
f)	....	de grandes foules le suivent (4, 25)
		il enseigne (5, 2)
g)	tournée de mission en Galilée	on est frappé de son enseignement
	(1, 39)	(7, 28b-29)

La première anomalie consiste en ce que Matthieu contient un élément de plus que Marc (f). Après avoir parlé des guérisons (4, 24c), Matthieu ajoute: ,,de grandes foules se mirent à le suivre, etc." (cf. Mt 4, 25). Comment expliquer la présence de cet élément en cet endroit? Il ne fait pas partie des membres constituant l'ossature de la journée de Capharnaüm chez Marc. Cependant, il appartient aux sommaires sur le ministère de Jésus. En effet, on le trouve chez Marc (3, 7) dans un contexte de sommaire fort similaire sur le ministère de Jésus.

La seconde anomalie consiste dans la divergence d'ordonnance de ce groupe de sommaires. L'ordonnance des éléments centraux (c, d, e) est la même dans les deux évangiles. Les premiers éléments (a et b) et le dernier (g) sont intervertis. Matthieu commence la série des éléments par la tournée de mission en Galilée (4, 23) et termine par l'enseignement de Jésus (5, 2) et l'étonnement de la foule (7, 28b-29). Marc, au contraire, commence par l'enseignement de Jésus (1, 21c) et l'étonnement de la foule (1, 22), et il finit par la tournée de mission en Galilée (1, 39). Comment rendre compte de ces divergences? Elles découlent sans aucun doute du processus de formation de ce sommaire. Pour en arriver à une solution, il faut retourner en arrière et reprendre le problème au point de départ, c'est-à-dire au moment où n'existaient pas encore les divergences dans l'ordonnance. Le point important est donc d'établir la structure de base sur laquelle s'est construit tout ce groupe de péricopes formant le cadre de la journée de Capharnaüm.

Une étude attentive de la séquence des éléments communs à Matthieu et à Marc, dans ce groupe de péricopes, laisse voir, comme en filigrane, une structure schématique autour de laquelle pivotent les éléments inconstants.

Le tableau suivant fait voir clairement un schème de base et la place relative des péricopes ou des *logia* chez les deux évangélistes.

Nous avons mis en relief, sur le côté gauche de la page, la structure schématique. Elle contient quatre membres chez Matthieu; chez Marc, il manque le second membre: καὶ ἠκολούθησαν αὐτῷ.

Du simple coup d'œil, le tableau révèle où se situent la journée de Capharnaüm chez Marc, et de même les éléments correspondants à cette journée chez Matthieu.

Tableau de la structure de la Journée de Capharnaüm

Schème primitif	Marc (1, 14-45)	Matthieu (4, 12-8, 4)
α) ἀνεχώρησεν εἰς τὴν.	....εἰς τὴν Γαλιλαίαν	.......ἀνεχώρησεν εἰς τὴν
Γαλιλαίαν		Γαλιλαίαν (4, 12)
		καὶ καταλιπὼν τὴν Ναζαρά
		(4, 13)
		... εἰς Καφαρναούμ
	appel des premiers	appel des premiers
	disciples (1, 16-20)	disciples (4, 18-22)
	εἰς Καφαρναούμ	

καὶ περιῆγεν (4, 23)
—διδάσκων
—κηρύσσων
—θεραπεύων

καὶ ἀπῆλθεν ἡ ἀκοὴ αὐτοῦ
(4, 24a)

καὶ προσήνεγκαν αὐτῷ
(4, 24bc)

καὶ ἐθεράπευσεν αὐτούς

β) καὶ ἠκολούθησαν αὐτῷ................. .καὶ ἠκολούθησαν αὐτῷ
(4, 25)
—ἰδὼν δὲ τοὺς ὄχλους
—ἀνέβη εἰς τὸ ὄρος
—καθίσαντος αὐτοῦ
—προσῆλθαν αὐτῷ

γ) ἐδίδασκεν αὐτούς .....ἐδίδασκεν /.. .....καὶ ... ἐδίδασκεν αὐτούς
(1, 21) (5, 2)

(discours sur les béati-
tudes)

δ) ἐξεπλήσσοντο ....καὶ ἐξεπλήσσοντο ..ἐξεπλήσσοντο ...
(1, 22) (7, 28b-29)

démoniaque (1, 23-27)

καὶ ἐξῆλθεν ἡ ἀκοὴ αὐτοῦ
(1, 28)

guérison de la belle-mère
de Simon (1, 29-31)

ἔφερον πρὸς αὐτὸν ...
(1, 32)

καὶ ἐθεράπευσεν ...

départ de Capharnaüm
(1, 35-38)

tournée de ministère en
Galilée (1, 39)

guérison d'un lépreux. ...guérison d'un lépreux
(1, 40-45) (8, 2-4)

Matthieu	*Marc*

α)[1] ἀνεχώρησεν εἰς τὴν Γαλιλαίαν
   (4, 12) . . . .   εἰς τὴν Γαλιλαίαν (1, 14)

β) καὶ ἠκολούθησαν αὐτῷ (4, 25) . [manque]

γ) ἐδίδασκεν (5, 2) . . . .   ἐδίδασκεν (1, 21c)

δ) ἐξεπλήσσοντο (7, 28b-29) . . . .   ἐξεπλήσσοντο (1, 22)

Dans Marc, la journée de Capharnaüm vient après le quatrième membre (δ: ἐξεπλήσσοντο). Dans Matthieu, les éléments correspondants sont insérés entre le premier membre (α) et le second (β). Marc et Matthieu s'accordent à placer l'appel des premiers disciples entre le premier et le second membre.

Entre le second membre (β) et le troisième (γ) Matthieu nous livre une structure stéréotypée (Mt 5, 1) qui reviendra encore dans 15, 29-30.[2]

Entre le troisième et le quatrième membre, Matthieu a inséré le discours sur les béatitudes. Finalement, après ce quatrième membre, se lit la guérison d'un lépreux (Mt 8, 2-4). Cette dernière péricope clôt le cadre de la journée de Capharnaüm.

Pour montrer le bien-fondé de cette structure schématique, il faut la comparer aux structures qui servent à résumer le ministère de Jésus chez Matthieu et chez Marc. Voici d'abord le tableau des structures schématiques chez Matthieu.[3]

Ce tableau fait voir immédiatement qu'il y a là un schème fondamental auquel les autres schèmes secondaires s'accrochent. Matthieu développe les différents schèmes comme une orchestration symphonique. Il présente d'abord le thème fondamental (I), suivi des trois autres thèmes secondaires (II, III, IV). Il reprend trois fois de suite le thème I, avec répétition des thèmes secondaires. Cependant, le thème II ne revient plus et l'ordonnance des thèmes III et IV est intervertie.

Ce qui pour le moment nous intéresse avant tout, c'est le thème I. La structure la plus classique de ce schème se trouve en Matthieu 14,

---

[1] Cette structure reviendra souvent dans la troisième partie de notre travail, cf. pp. 156 ss; 201 ss. Pour cette raison, nous tenons à garder les mêmes sigles (i.e. les lettres grecques: α, β, γ, δ) pour indiquer les mêmes membres de la structure.

[2] Cf. le tableau p. 131: Mt 5, 1 (. . . ἀνέβη εἰς τὸ ὄρος· καὶ καθίσαντος αὐτοῦ προσῆλθαν αὐτῷ οἱ μαθηταὶ αὐτοῦ); Mt 15, 29s (. . . καὶ ἀναβὰς εἰς τὸ ὄρος ἐκάθητο ἐκεῖ. καὶ προσῆλθον αὐτῷ ὄχλοι πολλοὶ . . .).

[3] Cf. p. 131

	Mt 4, 12ss	Mt 4, 23ss	Mt 9, 35ss	Mt 12, 15ss	Mt 13, 53ss	Mt 14, 13ss	Mt 14, 14	Mt 15, 29ss	Mt 19, 1s
	I	I			I	I		III … IV	I
α)	ἀκούσας	ἀνεχώρησεν		γνοὺς … ἀνεχώρησεν	ἀκούσας	ἀκούσας ἀνεχώρησεν καὶ ἐλθὼν εἰς τὴν πατρίδα		καὶ ἐλθὼν εἰς ἀνεχώρησεν	καὶ ἦλθεν εἰς τὰ ὅρια …
		II καὶ περιῆγεν - διδάσκων - κηρύσσων - θεραπεύων	II καὶ περιῆγεν - διδάσκων - κηρύσσων - θεραπεύων						
β)	καὶ ἠκολού-θησαν αὐτῷ	καὶ ἠκολού-θησαν αὐτῷ			[Mc 6, 1: καὶ καὶ … ἠκο-λουθοῦσιν αὐτῷ]				καὶ ἠκολού-θησαν αὐτῷ
		III ἰδὼν δὲ τοὺς ὄχλους ἀνέβη καθί-σαντος προ-σῆλθαν αὐτῷ	IV ἰδὼν δὲ τοὺς ὄχλους				IV εἶδε πολὺν ὄχλον	III ἀναβὰς ἐκά-θητο προσῆλ-θον αὐτῷ	
			ἐσπλαγχνίσθη … ὅτι ἦσαν … ὡσεὶ πρόβατα μὴ ἔχοντα ποιμένα				καὶ ἐσπλαγχνίσ-θη [Mc 6, 34: ὅτι ἦσαν ὡς πρόβατα μὴ ἔχοντα ποιμένα]		
			καὶ προσκα-λεσάμενος					προσκαλεσά-μενος σπλαγ-χνίζομαι, ὅτι … (Mt 15, 32)	
γ)	καὶ … ἐδί-δασκεν αὐτούς		καὶ ἐθεράπευ-σεν αὐτούς	καὶ ἐθεράπευ-σεν αὐτούς		καὶ ἐθεράπευ-σεν τοὺς …		καὶ ἐθεράπευ-σεν αὐτούς	
δ)	ἐξεπλήσσοντο		ἐκπλήσσεσθαι						

13 ss: (ἀκούσας;[1] ἀνεχώρησεν; ἠκολούθησαν[2] αὐτῷ; ἐθεράπευσεν αὐτούς) ainsi que dans Matthieu 12, 15 ss, où cependant dans ces versets ἀκούσας est remplacé par un verbe équivalent γνούς.

Dans les autres exemples (Mt 13, 53 ss; 19, 1-2), en plus de l'absence de ἀκούσας, le verbe ἔρχομαι remplace ἀνεχώρησεν. Malgré ces différences, la structure est bien reconnaissable.

Assurément, il y a dans Matthieu une structure schématique qui sert de sommaire relativement au ministère de Jésus. Un des éléments intégrants de cette structure schématique est le membre construit autour du verbe ἀκολουθέω. A ce verbe s'ajoute, dans Matthieu 4, 25, la mention du lieu de provenance de la foule: ἀπὸ τῆς Γαλιλαίας, etc. On retrouve la même association chez Marc 3, 7, en un endroit qui n'est pas parallèle à celui de Matthieu 4,25. Vu que ἀπὸ τῆς Γαλιλαίας n'apparaît pas dans les autres exemples de la structure, cela montre le caractère parasite de ce complément. La structure schématique a servi d'aimant pour attirer les expressions similaires. Ce complément est secondaire. En guise de preuve, nous trouvons chez Matthieu (12, 15-16), en un lieu parallèle à Marc (3, 7-12), la même structure schématique, mais cette fois, sans ce complément.

Matthieu 12, 15-16	*Marc* 3, 7-12
— γνούς	
α) ἀνεχώρησεν	ἀνεχώρησεν
β) καὶ ἠκολούθησεν αὐτῷ	καὶ . . . ἠκολούθησεν
γ) καὶ ἐθεράπευσεν αὐτούς	πολλούς γὰρ ἐθεράπευσεν (3, 10)
δ) καὶ ἐπετίμησεν αὐτοῖς	καὶ πολλὰ ἐπετίμα αὐτοῖς (3, 12)

D'après le schème I, Matthieu a tendance à présenter Jésus comme thaumaturge (12, 16; 14, 14; 19, 2): ἐθεράπευσεν. Dans les lieux parallèles, Marc le montre plutôt comme le maître enseignant: ἐδίδασκειν (Mc 6, 34 = Mt 14, 14; Mc 10, 1 = Mt 19, 2).

Cependant, en Matthieu, dans deux endroits, la présentation de Jésus dans son rôle de maître (ἐδίδασκεν) a prévalu: dans la visite à Nazareth (Mt 13, 54; Mc 6, 2) et dans la structure qui nous concerne immédiatement (Mt 5, 2 et 7, 28b-29; Mc 1, 21-22).

---

[1] La suite ἀκούσας ... ἀνεχώρησεν revient en Mt 2, 22. Dans Mt 2, 12, 13-14, au lieu de ἀκούσας sont employées des expressions équivalentes. Cependant, ces trois emplois (Mt 2, 12, 13-14, 22) se distinguent facilement des structures stéréotypées indiquées sur le tableau par le fait qu'ils ne veulent pas servir de sommaire et par conséquent la structure n'est pas continuée.

[2] Dans Mt 13, 53 ss, il manque ἠκολούθησαν αὐτῷ; par contre, le même verbe se retrouve chez Mc 6, 1 (ἀκολουθοῦσιν), au lieu parallèle de Mt 13, 53 ss.

Cela montre que Matthieu dépend pour ces deux endroits d'une structure préexistante.[1]

Jésus enseigne (Mt 5, 2; Mc 1, 21c) et la foule est émerveillée de son enseignement (Mt 7, 28b-29; Mc 1, 22). Entre ces deux membres, Matthieu a inséré le discours sur les béatitudes (5, 3-7, 27). Marc, ou mieux la source où il puise, les a fait suivre de la journée de Capharnaüm (1, 23-39). Ces ajoutes de Marc et de Matthieu sont secondaires par rapport à cette structure. En faisant donc abstraction des éléments particuliers à chaque évangéliste, on aboutit à une structure commune aux deux évangélistes.[2]

Vu que cette structure se retrouve ailleurs chez Matthieu comme chez Marc dans un état plus dégagé, on est en droit de croire que par elle nous atteignons un stade de formation antérieur aux synoptiques actuels. Par le fait même s'expliquent les anomalies remarquées chez Matthieu en cet endroit. L'élément en plus (i.e. καὶ ἠκολούθησεν) fait partie d'une structure de base à laquelle se sont accrochés les éléments formant l'ossature de la journée de Capharnaüm. Du même coup s'explique la seconde anomalie: la divergence entre Matthieu et Marc dans l'ordonnance de ces éléments. La structure schématique a servi de base autour de laquelle ont pivoté les ajoutes postérieures.[3]

Cette tranche formant le cadre et la journée de Capharnaüm offre donc des indices de différents stades de formation. A partir d'une structure schématique de base, jusqu'à l'évolution actuelle de Marc et de Luc, nous pouvons signaler trois stades de formation.

---

[1] Ces points seront discutés plus en détail dans la troisième partie, cf. pp. 204 ss.

[2] Une étude plus approfondie fera reconnaître une autre structure plus fondamentale parmi les éléments qui, en raison de leur distribution divergente, par rapport à cette structure commune, sont adventices, (cf. pp. 204 ss.). La perspective actuelle est celle de Matthieu pour qui la structure (ἀνεχώρησεν, ἠκολούθησεν etc.) sert de gond autour duquel d'autres éléments sont rattachés et donc par rapport à cette structure sont des ajoutes secondaires.

[3] Ici encore, il s'agit de la perspective particulière à Matthieu. Les diverses sources que nous délimiterons dans la troisième partie permettront d'assigner cette structure commune à la journée de Capharnaüm et à la visite à Nazareth à la source A-1, et donneront un aperçu plus juste du rapport entre cette structure et la structure plus fondamentale mentionnée à la note précédente. Pour un aperçu rapide des rapports entre la structure schématique de base et les additions, voir tableau p. 129.

1er stade: la structure schématique de base.

α) ἀνεχώρησεν . . . εἰς τὴν Γαλιλαίαν (Mt 4, 12a; Mc 1, 14a).
β) καὶ ἠκολούθησεν αὐτῷ (Mt 4, 25).
γ) καὶ ἐδίδασκεν αὐτούς (Mt 5, 2a: Mc 1, 21).
δ) ἐξεπλήσσοντο . . . (Mt 7, 28b-29; Mc 1, 22).

2e stade: les sommaires généraux ajoutés à la structure de base (représentés par les éléments communs à Matthieu et à Marc).

α) ἀνεχώρησεν . . . εἰς τὴν Γαλιλαίαν (Mt 4, 12a; Mc 1, 14a).

— proclamation du royaume de Dieu (Mt 4, 12b-17; Mc 1, 14b-15).
— vocation des premiers disciples (Mt 4, 18-22; Mc 1, 16-20).
— sommaires sur le ministère en Galilée (Mt 4, 23-24; cf. schéma II dans le tableau à la page 131).

β) καὶ ἠκολούθησεν αὐτῷ (Mt 4, 25a).
γ) καὶ ἐδίδασκεν αὐτούς (Mt 5, 2; Mc 1, 21).
δ) ἐξεπλήσσοντο . . . (Mt 7, 28b-29; Mc 1, 22).

3e stade: la formation de la journée de Capharnaüm représentée par Marc et Luc [1].

B) Les deux autres groupes de péricopes dans Matthieu

Nous avons vu qu'en plus de la journée de Capharnaüm, la divergence entre Marc-Luc et Matthieu se concentrait autour de deux autres groupes de péricopes (les controverses[2] et les miracles aux environs du lac[3]. Matthieu a probablement connu ces groupements de péricopes unifiés, tout comme dans Marc et Luc. Il s'agit maintenant de répondre à la question: comment Matthieu est parvenu à la connaissance de l'instabilité de D? Avant de répondre à cette question, il faut signaler que par ces groupes de péricopes nous passons à une tranche de formation distincte du groupe formant le cadre de la journée de Capharnaüm.

1) *Les groupes de péricopes qui suivent l'épisode de la guérison du lépreux (Mc 1, 40-45 et lieux parallèles) appartiennent à une tranche distincte du cadre et de la journée de Capharnaüm*

Après le récit de la guérison du lépreux, dans Marc et Luc, se trouve un sommaire (Mc 1, 45; Lc 5, 15-16) sur le ministère de

---

[1] Cf. le tableau à la p. 129. La journée de Capharnaüm se développe autour des éléments contenus dans le schème II (cf. p. 131). Nous verrons plus loin que ce schème II contient les principaux membres de la structure de base de tout le développement de la partie A-2. Cf. pp. 164 ss.

[2] Mt 9, 1-17 et 12, 1-14, cf. Mc 2, 1-3, 6.

[3] Mt 8, 23-34 et 9, 18-25, cf. Mc 4, 35-5, 43.

Jésus, sommaire qui sépare clairement les péricopes formant le cadre et la journée de Capharnaüm (Mc 1, 14-44) de celles qui constituent les controverses (Mc 2, 1-3, 6).

Cette séparation est encore accentuée par le contenu même de ce sommaire. En effet, après la journée de Capharnaüm (Mc 1, 39; Lc 4, 44), il est dit que Jésus quitte Capharnaüm pour aller de ville en ville annoncer la bonne nouvelle. Cette randonnée annoncée ne s'étend pas plus loin que la péricope suivante, car, sitôt après la guérison du lépreux, le Maître se retire à l'écart dans un lieu désert (Mc 1, 45). Jésus ne peut plus aller à la foule; la foule doit faire elle-même les démarches pour le rencontrer dans son lieu de retraite. Cependant, immédiatement après, commence de nouveau, avec le groupe de péricopes sur les controverses (Mc 2, 1-3, 6), le ministère actif de Jésus.

Décidément, les cadres changent rapidement. Dans l'espace de six versets, Jésus change trois fois d'avis: il décide d'aller en mission de ville en ville (Mc 1, 39); il se retire à l'écart afin d'éviter de se présenter aux villes (1, 45); de nouveau il décide d'aller en mission (2, 1).

Comment expliquer ces changements si soudains? De fait, c'est le sommaire introduit après la guérison du lépreux qui crée ces anomalies, car il semble mettre un terme au ministère public de Jésus en Galilée. Pourtant, il se trouve situé au sein de péricopes ne concernant que le ministère public. Il faut croire alors que ce sommaire présente une division primitive entre ce qui précède et ce qui suit; autrement on s'explique difficilement que l'évangéliste l'ait lui-même introduit en cet endroit. C'est qu'il servait de conclusion ou de résumé à un groupe de péricopes, montrant en même temps le résultat du ministère de Jésus. Et alors, le groupe de péricopes qui suit (i.e. les controverses) aurait été maladroitement accolé au précédent.

Ce point de vue est confirmé par la présentation de Matthieu relativement à cette même tranche d'évangile. L'évangile de Matthieu s'accorde en effet avec celui de Marc sur le cadre de la journée de Capharnaüm, cadre qui se termine par la guérison du lépreux (8, 2-4). Cependant, là s'arrête l'accord, car, à partir de ce récit, Matthieu se sépare des deux autres synoptiques pour suivre son ordonnance particulière. Au même endroit où Marc et Luc ont signalé un changement dans le genre de ministère de Jésus (i.e. après la guérison du lépreux), Matthieu, pour sa part, brise le contact avec la suite commune à Marc et à Luc. Nous sommes donc à la jonction de deux différentes tranches de formation littéraire. Le cadre, comme les éléments qui constituent la journée de Capharnaüm, forment bloc à part; les péricopes qui suivent immédiatement ne sont pas de la même venue que les péricopes qui forment le cadre de cette journée.

2) *Conditions des sources utilisées par Matthieu pour la partie D*

L'histoire de ces groupements, avant leur insertion dans les évangiles, a pu être très variée. A un moment donné de l'histoire de la formation synoptique, ils ont été assumés et mis en relation les uns avec les autres pour former la partie D de nos évangiles. Il reste maintenant à voir comment, en réalité, les choses se sont passées.

Matthieu s'est rendu compte de l'instabilité de D; c'est évident si l'on compare le comportement de cet évangéliste à l'égard de D et de C. Il est parvenu à cette connaissance à partir de l'état des sources. Alors, quelle était la condition de ces sources pour qu'il pût ainsi se rendre compte de l'instabilité de D?

Pour atteindre l'état des sources utilisées par Mattheu pour cette partie D il faut remplir deux conditions:

1re rétablir l'unité des groupes, car par son travail rédactionnel, Matthieu n'a pas conservé l'unité originelle des groupements de péricopes;

2e respecter la manière d'écrire particulière à Matthieu. Même si, par l'imbrication des sources, il brise la suite immédiate des péricopes, il revient toujours à l'ordonnance originelle de ses sources, de sorte que dans le résultat final, il conserve l'ordonnance particulière à chacune des sources utilisées, comme nous l'avons montré plus haut pour la double et la triple tradition.

En suivant l'ordonnance commune à Marc et à Luc, les matériaux se distribuent comme suit:

		Marc	*Matthieu*
1 — journée de Capharnaüm	. .	1, 21-39	a) 4, 23-24; 5, 2; 7, 28-29
			b) 8, 14-16
2 — controverses	. . . .	2, 1-3, 6	(a) 9, 1-17
			(b) 12, 1-14
3 — les vrais disciples.	. . . . .	3, 20-35	[matériaux de la triple tradition et Mt 12, 46-50]
4 — discours en paraboles	. . . .	4, 1-34	13, 1-35
5 — miracles aux environs du lac		4, 35-5, 43	(a) 8, 23-34
			(b) 9, 18-25

Maintenant si l'on veut se conformer à l'ordonnance particulière à Matthieu, tout en conservant l'unité des péricopes, il faut distribuer ainsi les matériaux de la partie D :

        colonne B   colonne A

journée de Capharnaüm :
        groupe 1 (a) : Mt 4, 23-24 ; 5, 2 ;
        7, 28-29
        groupe 1 (b) : Mt 8, 14-16

miracles   groupe 5 (a) : Mt 8, 23-34
aux   groupe 2 (a) : Mt 9, 1-17
environs
du lac :
        groupe 5 (b) : Mt 9, 18-25
                                         controverses

discours de mission   : Mt 10
                       groupe 2 (b) : Mt 12, 1-16

                       groupe 3 : (matériaux de la double tradition et Mt 12, 46-50)
                       groupe 4 : Mt 13, 1-35 (discours en paraboles)
                       (visite à Nazareth) : Mt 13, 53-58

Si l'on s'en tient uniquement aux matériaux de la triple tradition, la première partie (5a) du groupe de péricopes sur les miracles aux environs du lac (Mt 8,23-34) suit sans interruption dans Matthieu les bribes d'éléments formant la journée de Capharnaüm dans Marc et Luc (groupe 1a : Mt 4, 23-24 ; 5, 2 ; 7, 28-29 ; et groupe 1b : Mt 8, 14-16). Pour rétablir l'unité du groupe de péricopes sur les miracles aux environs du lac, il faut faire suivre immédiatement, sur la même colonne (B) Mt 9, 18-25 (groupe : 5b) : ce qui signifie placer sur une colonne séparée (A) la première partie du groupe des controverses (groupe 2a : Mt 9, 1-17).

La deuxième partie du groupe des controverses (groupe 2b : Mt 12, 1-16) est séparée de la première partie (groupe 2a : Mt 9, 1-17) par le groupe 5b (Mt 9, 18-25) et le discours de mission (Mt 10). Pour refaire le groupe de péricopes sur les controverses, il faut placer également dans la colonne (B) le discours de mission (Mt 10) à la suite du groupe 5b (Mt 9, 18-25), et dans la colonne (A) le groupe 2b (Mt 12, 1-16).

Les autres péricopes (Mt 12, 46-50, le discours en paraboles : Mt 13, 1-35 ; la visite à Nazareth : Mt 13, 53-58), vu qu'elles suivent dans Matthieu la seconde partie du groupement sur les controverses (groupe 2b: Mt 12, 1-16), se rangent tout naturellement à la suite de celle-ci sur la colonne (B). [1]

En séparant ainsi la série de péricopes de Matthieu de la partie D, en deux colonnes distinctes, en vue de réaliser l'unité des groupes, on procède exactement à rebours de la manière dont il a composé cette partie de son évangile. Ces deux colonnes (A et B) révèlent donc l'état des sources utilisées par Matthieu.

En rétablissant ainsi les sources utilisées par Matthieu, on est maintenant en mesure de répondre à la question du début: comment Matthieu a-t-il pris conscience de l'instabilité de la partie D?

Si, de fait, ces deux colonnes correspondent à l'état des sources utilisées par Matthieu, la réponse est évidente. Matthieu trouvait à l'endroit de D, plusieurs types d'insertions de péricopes de la triple tradition, entre autres, ces types représentés par les colonnes A et B. Il les a agencés selon sa manière particulière d'écrire.

Conclusions

1. Par cette analyse, nous sommes arrivé à trouver l'état des sources utilisées par Matthieu, chose nécessaire pour répondre aux problèmes à l'étude, aussi bien à celui de l'instabilité de la partie D qu'à celui de la divergence dans l'ordonnance de cette partie. La divergence entre Marc et Luc d'une part, et Matthieu d'autre part, se comprend très bien. Elle découle de la manière particulière de chaque évangéliste de composer à partir de ses sources. Les premiers les ont juxtaposées; Matthieu les a entrelacées. Cependant tous trois sont restés fidèles à l'ordonnance de leurs sources.

2. Cette analyse montre un aspect encore plus important: le mode de formation de la partie D. Cette partie n'a pas été formée d'un seul coup. Les péricopes ou groupes de péricopes ont été insérés graduellement dans la partie C.

Nous avons reconnu plusieurs stades de formation, depuis la structure de base de la journée de Capharnaüm jusqu'à l'état de formation de cette journée dans Marc et Luc.

3. Les autres groupes de péricopes présentent un argument encore plus convaincant en faveur de cette formation progressive de D. Lorsque Matthieu a entrepris de composer son évangile, plusieurs copies de l'évangile primitif devaient circuler. Quelques-unes de

---

[1] Il est entendu qu'on ne s'occupe que des péricopes de la triple tradition.

ces copies devaient conserver la forme originelle de la partie C, c'est-à-dire, la partie C sans insertions. D'autres, cependant, avaient déjà subi des transformations et reçu des additions; v.g. à l'endroit où se situe la partie D, plusieurs degrés de développement commençaient à poindre.

Matthieu a utilisé au moins deux différentes copies de C: une ayant, à l'endroit où se trouve D, l'insertion de la colonne A; l'autre ayant l'insertion de la colonne B. Voilà ce qui explique la situation de D dans cet évangile.

4. Cette conclusion, basée sur la manière d'écrire, tant de Luc que de Matthieu, ainsi que sur l'ordonnance commune des synoptiques, dans cette partie D, mérite donc d'être prise en sérieuse considération. Elle repose sur des bases indénaibles et faciles à contrôler.

TROISIÈME PARTIE

HISTOIRE DE LA FORMATION DE LA PARTIE D

Introduction

Le but de cette partie est de faire la genèse de la formation de D. La thèse que la partie D fut une insertion progressive dans la partie C peut être vraie sans que l'on puisse prouver dans le détail comment la chose s'est passée. Pour cette raison, il faut reconnaître une grande part d'hypothèse dans la recherche que nous entreprenons actuellement. Cependant, il manquerait toujours un *confirmatur* concret à cette thèse, si nous ne parvenions pas à illustrer comment *de facto* la partie D s'est formée graduellement pour devenir ce qu'elle est dans les trois synoptiques.

Nous devons prendre la voie opposée à celle suivie par les évangélistes, lorsque ceux-ci ont formé leur évangile. Pour la formation de la partie D, ceux-ci ont unilatéralement suivi la phase constructive à partir probablement d'un noyau central. Nous n'avons pas d'autre choix que de prendre comme point de départ de notre analyse la situation concrète de la partie D telle qu'elle se révèle dans les trois synoptiques. De cette situation de fait, nous chercherons à reculer en arrière pour retrouver le point de départ initial de la formation de D. Après avoir établi cette phase régressive, nous essayerons de reconstituer la phase constructive: c'est-à-dire, l'acheminement suivi par les évangélistes eux-mêmes lors de la formation de leur évangile.

Cette partie se divise tout naturellement en deux phases:

1. *Phase régressive:*

1re *Partie*: Aux chapitres XV et XVI, nous chercherons à déterminer les sources communes utilisées par les trois synoptiques pour la partie D.

2e *Partie*: Au chapitre XVII, nous essayerons de reconstituer la structure de base qui servit de point de départ pour la formation de ces sources déterminées aux deux chapitres précédents.

2. *Phase constructive:*

A partir de la structure à la base des sources de D, nous montrerons la voie suivie par les trois synoptiques pour la construction de la partie D (chapitre XVIII).

XV

DÉTERMINATION DES SOURCES UTILISÉES PAR LES TROIS SYNOPTIQUES POUR LA PARTIE D

Le but immédiat des deux premiers chapitres (XV et XVI) est d'établir et de délimiter les sources utilisées par les trois synoptiques pour la partie D.

Nous supposons la thèse déjà suffisamment fondée que l'ordonnance des péricopes dans D ne vient pas uniquement du travail rédactionnel des évangélistes. Ce point est devenu évident pour le cas de Matthieu. Pour faire justice à la divergence dans l'ordonnance de cet évangile, il faut admettre l'enjeu de deux facteurs: 1) la situation des sources utilisées, 2) la manière d'écrire particulière à cet évangéliste. Les divergences dans l'ordonnance viennent directement de sa manière de composer et indirectement de l'existence de différentes sources à l'origine de D.

Cette manière de résoudre le problème de l'ordonnance dans Matthieu nous a conduit à une conclusion très importante pour notre étude actuelle: pour expliquer l'ordonnance de Matthieu, il faut reconnaître l'utilisation d'au moins deux sources distinctes pour la partie D. Cette conclusion est basée sur l'assomption que les trois synoptiques, si l'on prend en considération la manière particulière à chacun des évangélistes de composer, n'ont pas dérangé l'ordonnance des péricopes à l'intérieur d'un même groupe: la reconstitution de ces groupes communs aux trois synoptiques a fait reconnaître, dans le cas de Matthieu, l'existence de deux sources pour la partie D.

Cet état des sources utilisées par Matthieu nous oblige à pousser l'investigation plus loin et à nous demander si Marc et Luc ne se trouvaient pas en face d'une distribution semblable des sources. En d'autres mots, est-ce que les trois synoptiques n'ont pas utilisé des sources qui, quant à la distribution des matériaux de D, étaient foncièrement celles que nous retrouvons dans Matthieu?

Déjà, la balance penche du côté de l'affirmative. Car s'il est vrai que les synoptiques ne dépendent pas directement l'un de l'autre, il ne reste qu'une hypothèse valable: la dépendance de ceux-ci à des sources communes. Et si, pour expliquer l'ordonnance dans Matthieu dans la partie D, il faut recourir à, au moins, deux sources, il faut croire que la même situation est également valable pour les deux autres synoptiques. Cependant cette dernière affirmation reste encore abstraite, déduite d'un côté du problème que pose l'ordonnance dans Matthieu par rapport aux deux autres, et de l'autre, de l'hypothèse que les synoptiques ne dépendent pas directement l'un de l'autre. Il reste donc à faire l'expérience concrète de la véracité de cette affirmation en partant non plus du problème de la divergence dans l'ordonnance dans Matthieu comme dans le chapitre XIV, mais d'une analyse des sources elles-mêmes que nous a révélées la situation de D de Matthieu.

Notre point de départ sera donc l'état des sources dans l'évangile de Matthieu telles qu'elles apparaissent sur la planche suivante. Les deux colonnes A et B correspondent à la division des sources déjà signalée à la page 137. [1] Cependant, nous anticipons un peu la conclusion en introduisant les éléments (1, 2, 3) dans la source A.[2] Les lettres grecques montrent la structure schématique particulière à Matthieu. Les lettres romaines font ressortir une structure qui se révélera à la base de la formation de la partie D.

Notre analyse consistera à déterminer si cette division de D en A et B peut se maintenir; et si de fait les deux autres synoptiques ont connu une division semblable de la partie D. Nous commencerons par la partie B.

Il ne faut pas perdre de vue la position du problème des deux premiers chapitres de cette troisième partie de notre travail. Il s'agit d'une recherche des sources utilisées par les trois synop-

---

[1] Nous demandons au lecteur la patience d'étudier attentivement ce tableau, car sa compréhension est absolument nécessaire pour suivre l'analyse littéraire détaillée de ces prochains chapitres. Pour avoir un tableau complet des sources utilisées par les trois synoptiques dans la partie D, il faut se référer aux trois tableaux à la fin du chapitre XVIII. Une lecture rapide du chapitre XVIII, qui se présente comme une synthèse de cette troisième partie, peut aider à se situer dans le développement qui va suivre. Tout au long du développement de cette troisième partie de notre travail, il faudra faire un recours constant à ces tableaux.

[2] L'histoire de la formation de D doit être capable de justifier la présence de tous les matériaux contenus dans cette partie. Pour cette raison, on a vu la nécessité, dès le début, de compléter la distribution des éléments, en plaçant (1, 2, 3; Mt 4, 13a-22) dans la source A, la guérison d'un lépreux (Mt 8, 1-4) dans la source B. La raison d'être de cette distribution se verra tout au long de la troisième partie de ce travail.

| A | B |

α)ἀνεχώρησεν (Mt 4, 12a)
  a) εἰς τὴν Γαλιλαίαν (4, 12b) ....
  ....1) Ναζαρά (4, 13a)
  ....2) proclamation de la
                  proximité du royau-
                  me (4, 17)
  ....3) vocation des premiers
                  disciples (4, 18-22)
  c) καὶ περιῆγεν ... διδάσκων
    ἐν ταῖς συναγωγαῖς αὐτῶν (4, 23a) ....
  b) καὶ ἀπῆλθεν ἡ ἀκοὴ αὐτοῦ (4, 24a) ....
β) καὶ ἠκολούθησαν αὐτῷ (4, 25a)
γ) καὶ ... ἐδίδασκεν αὐτούς (5, 2)
δ) καὶ ... ἐξεπλήσσοντο (7, 28b)
  ....1) guérison d'un lépreux
                  (8, 1-4)
  ....2) guérison de la belle-
                  mère de Pierre (8,
                  14-15)
  ....3) guérisons multiples
                  (8, 16)
  ....4) tempête apaisée
                  (8, 23-27)
  ....5) démoniaques gadaré-
                  niens (8, 28-34)
  ....4) guérison d'un paraly-
                  tique (9, 1-8)
  ....5) appel de Mt (9, 9)
  ....6) repas avec les pécheurs
                  (9, 10-13)
  ....7) discussion sur le jeûne
                  (9, 14-17)
  ....6) guérison d'une hémor-
                  roïsse (9, 18-25)
  c) καὶ περιῆγεν ... διδάσκων ἐν ταῖς συναγωγαῖς
  αὐτῶν (9, 35a) ....
  ....7) DISCOURS DE
                  MISSION (10)
  .... 8) les épis arrachés
                  (12, 1-8)
  .... 9) guérison d'un homme
                  à la main desséchée
                  (12, 9-14)
  ....10) foule à la suite de Jésus
                  (12, 15-16)
  ....11) vraie parenté de Jésus
                  (12, 46-50)
  ....12) DISCOURS EN PARABOLES
                  (13, 1-52)
  ....13) visite à Nazareth
                  (13, 53-58)

tiques pour cette partie D. Si, par une étude de D dans Marc et Luc, nous trouvons qu'une division semblable de D subsiste, celle-ci ne peut venir que de la condition des sources utilisées. On ne pourrait alors éviter la conclusion: Marc et Luc ont connu un état à peu près semblable des sources pour la partie D.

La Partie B

Pour faciliter l'étude, nous isolons la partie B et mettons en regard l'une de l'autre la présentation de Matthieu et de Marc.

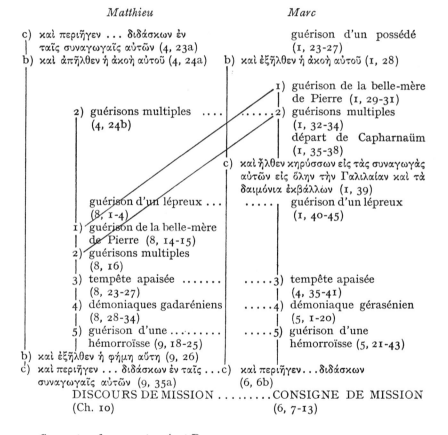

Matthieu	*Marc*
c) καὶ περιῆγεν ... διδάσκων ἐν ταῖς συναγωγαῖς αὐτῶν (4, 23a)	guérison d'un possédé (1, 23-27)
b) καὶ ἀπῆλθεν ἡ ἀκοὴ αὐτοῦ (4, 24a)	b) καὶ ἐξῆλθεν ἡ ἀκοὴ αὐτοῦ (1, 28)
	1) guérison de la belle-mère de Pierre (1, 29-31)
2) guérisons multiples (4, 24b)	2) guérisons multiples (1, 32-34) départ de Capharnaüm (1, 35-38)
	c) καὶ ἦλθεν κηρύσσων εἰς τὰς συναγωγὰς αὐτῶν εἰς ὅλην τὴν Γαλιλαίαν καὶ τὰ δαιμόνια ἐκβάλλων (1, 39)
guérison d'un lépreux (8, 1-4)	guérison d'un lépreux (1, 40-45)
1) guérison de la belle-mère de Pierre (8, 14-15)	
2) guérisons multiples (8, 16)	
3) tempête apaisée (8, 23-27)	3) tempête apaisée (4, 35-41)
4) démoniaques gadaréniens (8, 28-34)	4) démoniaque gérasénien (5, 1-20)
5) guérison d'une hémorroïsse (9, 18-25)	5) guérison d'une hémorroïsse (5, 21-43)
b) καὶ ἐξῆλθεν ἡ φήμη αὕτη (9, 26)	
c) καὶ περιῆγεν ... διδάσκων ἐν ταῖς συναγωγαῖς αὐτῶν (9, 35a)	c) καὶ περιῆγεν...διδάσκων (6, 6b)
DISCOURS DE MISSION (Ch. 10)	CONSIGNE DE MISSION (6, 7-13)

1. Correspondance entre A et B

1. Dans Matthieu, les deux parties A et B sont imbriquées, de sorte que cette division de D se voit difficilement. Cette division apparaît plus clairement dans Marc (et Luc): la partie B comprend le commencement et la fin de la partie D, correspondant respective-

ment à la journée de Capharnaüm (Mc 1, 21-39) et aux miracles
sur le bord du lac (Mc 4, 35-5, 43), de sorte que la partie B encadre
la partie A (Mc 2, 1-4, 34) [1] et semble constituer pour ces deux
évangélistes la base de la formation de D.[2]

2. *Parallélisme entre les deux parties extrêmes de B*

a) Nous avons déjà eu l'occasion de souligner la présence de
deux sommaires presque identiques dans Matthieu 4, 23 et 9, 35.[3]
Malgré les divergences indéniables, ces deux phrases de Matthieu
correspondent respectivement à celles de Marc: 1, 39 et 6, 6b.
En plus d'une correspondance dans la structure de la phrase,
il y a également correspondance quant à l'endroit où elles se situent
dans les deux évangiles.

Dans Matthieu, si l'on s'arrête uniquement à la partie B, cette
phrase répétée presque identiquement (Mt 4, 23 et 9, 35) encadre
clairement les péricopes de la partie B (Mt 8, 14-16; 8, 23-34; 9, 18-25)
et est suivie du discours de mission (Mt 10).

Elle joue exactement le même rôle dans Marc: elle clôt la journée
de Capharnaüm (1, 39) et réapparaît immédiatement avant la
consigne de mission (6, 6b), encadrant, tout comme dans Matthieu,
le groupe de péricopes qui se rapporte à la partie B: les miracles
sur le bord du lac (Mc 4, 35-5, 43).

b) Ce parallélisme à l'intérieur de la partie B ne se révèle pas
uniquement dans Matthieu et dans Marc; il ressort avec encore
plus de force si l'on compare attentivement Marc et Luc. On a
déjà reconnu depuis longtemps le parallélisme de structure entre
la tempête apaisée (Mc 4, 39-41) et le démoniaque de Capharnaüm
(Mc 1, 23-27).[4]

---

[1] Dans cette affirmation, nous ne considérons comme faisant partie de A
que les matériaux correspondants à la source A dans Mt à la page 137. Nous
aurons à préciser plus loin cette division pour inclure également (1, 2, 3).
Cf. tableau p. 146. Il ne faut pas confondre ces éléments (1, 2, 3) de la partie
A avec les numéros correspondants de la partie B.

[2] Nous verrons au chapitre XVIII que la partie A est dominante dans
Matthieu, tandis que la partie B l'est dans Marc et Luc.

[3] Ce sommaire est reproduit sur le tableau précédent: cf. la lettre c du
côté de Matthieu et de Marc. Voir le schème II à la p. 131.

[4] Cf. X. LÉON-DUFOUR, *Introduction à la Bible* (A. ROBERT *et* A. FEUILLET),
T. II, Tournai, 1959, p. 202; et M. J. LAGRANGE, *L'Évangile selon Saint Marc*,
Paris, 4e éd., 1929, p. LXXVII.

Mc 1, 23-27	Mc 4, 39-41
1) καὶ ἐπετίμησεν αὐτῷ ὁ Ἰησοῦς (λέγων)	1) ἐπετίμησεν τῷ ἀνέμῳ καὶ εἶπεν τῇ θαλάσσῃ
2) φιμώθητι καὶ ἔξελθε ἐξ αὐτοῦ	2) σιώπα, πεφίμωσο
3) effet produit: guérison du possédé (v. 26)	3) effet produit: apaisement de la mer (vv. 39b-40)
4) καὶ ἐθαμβήθησαν ἅπαντες ὥστε συζητεῖν αὐτοὺς λέγοντας	4) καὶ ἐφοβήθησαν φόβον μέγαν, καὶ ἔλεγον πρὸς ἀλλήλους
5) τί ἐστιν τοῦτο; διδαχὴ καινὴ κατ' ἐξουσίαν	5) τίς ἄρα οὗτός ἐστιν
6) καὶ τοῖς πνεύμασι τοῖς ἀκαθάρτοις ἐπιτάσσει, καὶ ὑπακούουσιν αὐτῷ.	6) ὅτι καὶ ὁ ἄνεμος καὶ ἡ θάλασσα ὑπακούει αὐτῷ;

Même si ces deux incidents sont différents du point de vue du contenu — dans le premier il est question d'une guérison d'un possédé, dans le second d'une tempête apaisée — ils sont coulés dans une structure littéraire identique. Ils servent à inaugurer respectivement la journée de Capharnaüm: Mc 1, 23-39 et les miracles sur le bord du lac: Mc 4, 35-5, 43; les deux groupes de péricopes qui constituent la partie B selon la présentation de Marc et de Luc.

Donc comme dans le cas de Mt-Mc, les deux parties composantes de B dans Marc et Luc forment un parallélisme qui ne peut être le fait du simple hasard.

Pour faire ressortir plus clairement ce parallélisme dans Marc et Luc, nous reproduisons le tableau suivant:

I- Journée de Capharnaüm (Mc 1, 21-39)

    a) guérison d'un démoniaque (Mc 1, 23-27)
    b) multiples péricopes (Mc 1, 28-38)
    c) καὶ ἦλθεν κηρύσσων εἰς τὰς συναγωγὰς αὐτῶν εἰς ὅλην τὴν Γαλιλαίαν (Mc 1, 39)

II- Miracles sur le bord du lac (Mc 4, 35-5, 43)

    a) tempête apaisée (Mc 4, 35-41)
    b) multiples péricopes (Mc 4, 42-5, 43)
    c) καὶ περιῆγεν ... διδάσκων (Mc 6, 6b)

III- CONSIGNE DE MISSION (Mc 6, 7-13)

Les sigles I, II, III, indiquent les trois composantes de B. Les trois éléments (a, b, c) entre I et II, et entre II et III forment un arrangement chiasmatique: le point culminant de la partie B est la consigne de mission (III).

Nous avons vu que Matthieu n'a que la charpente de la journée de Capharnaüm. Et si notre conclusion que Marc et Luc présentent un stade plus évolué que celui de Matthieu est tenable, il est difficile de rendre compte d'une telle évolution sans supposer que la partie B formait une entité indépendante du reste de D. En effet, cette structure parallèle de I et de II (cf. le tableau plus haut) s'explique le mieux en supposant une influence de II sur I (c'est-à-dire, du groupe de *miracles sur le bord du lac* sur la *journée de Capharnaüm*). Vu que la formation de la journée de Capharnaüm de Marc et de Luc est plus récente que la structure schématique de Matthieu, il faut supposer alors l'influence de la péricope de la tempête apaisée (Mc 4, 35-41) sur la formation du récit sur la guérison d'un démoniaque (Mc I, 23-27) qui appartient à la journée de Capharnaüm. Et en plus, la suggestion de B. C. BUTLER à propos de l'influence du récit des deux démoniaques gadaréniens de la leçon matthéenne sur celui du récit de Capharnaüm reçoit ici un solide appui.[1] B. C. BUTLER voit un des principaux arguments en faveur de cette thèse dans l'emploi du pluriel dans Mc I, 24: τί ἡμῖν καὶ σοί . . . ἦλθες ἀπολέσαι ἡμᾶς; οἴδαμεν κτλ . . . [2] au sujet d'un seul démoniaque. Cette anomalie se résoud si ce dernier texte a subi l'influence de Mt 8, 29: τί ἡμῖν καὶ σοί . . . ἦλθες . . . βασανίσαι ἡμᾶς où il est question de deux démoniaques [3].

Pour que tous ces échanges d'influences puissent avoir lieu, il faut supposer une situation où la partie B formait une entité par elle-même. On pourrait difficilement rendre compte de tels échanges et d'un parallélisme si marqué entre les différents composants de B, si cette partie B ne formait pas déjà un tout unifié avant d'être jointe à A pour constituer la partie D.

3. *Thème de la partie B: chasser les démons* (ἐκβάλλειν δαιμόνια). Nous avons vu l'effort qu'on a fait pour assimiler la guérison du démoniaque de Capharnaüm d'un côté à la tempête apaisée

---

[1] *The Originality of St. Matthew*, Cambridge, 1951, p. 124 s.

[2] οἴδαμεν est attestée par le *Sinaïticus* et quelques autres manuscrits.

[3] B. H. STREETER, *The Four Gospels*, Londres, 1956, p. 170, veut rendre compte de la présence des deux démoniaques dans Mt 8, 28-34 en supposant que ce dernier évangéliste a combiné Mc I, 23-27 et 5, 1-20. Mais il ne semble pas voir les anomalies dans le récit de Mc I, 23-27. (cf. BUTLER, *Op. cit.*, p. 124 s.). Quoi qu'il en soit, l'hypothèse de B. H. STREETER implique, comme pour le cas de la tempête apaisée, un échange entre la journée de Capharnaüm et les miracles sur le bord du lac (Mc 4, 35-5, 43). Et la nature de cet échange qui aboutit à une structure parallèle si frappante témoigne en faveur d'un stade de formation où la partie B formait une entité indépendante des autres matériaux contenus dans D.

et de l'autre à l'exorcisme des démoniaques gadaréniens. Cet effort rend plus sensible l'unité du thème qui domine la partie B. Nous verrons que pour la partie A, le ministère de Jésus se définit avant tout comme un enseignement: διδάσκω, dont le point culminant est le discours en paraboles.[1] Dans la partie B, par contre, l'enseignement est très secondaire.[2] Le ministère de Jésus dans la partie B est conçu dans les termes d'un exorcisme qui révèle la puissance de Jésus contre l'adversaire par excellence, le démon. En effet, toutes les péricopes de la triple tradition ayant pour thème la possession de satan dans D se trouvent dans la partie B. Cette perspective de B semble surtout avoir influencé la présentation de Marc. Ἐκβάλλειν δαιμόνια apparaît neuf fois dans Marc: I, 34, 39; 3, 15, 22; 6, 13; 7, 26; 9, 38; 16, 9, 17,[3] contre sept fois dans Matthieu: 7, 22; 9, 33, 34; 10, 8; 12, 24, 27, 28,[4] et sept fois dans Luc: 9, 49; 11, 14, 15, 18, 19, 20; 13, 32.[5]

Sur les neuf emplois de Marc, cinq font partie d'un sommaire sur le ministère de Jésus (I, 34, 39) ou des disciples (3, 15; 6, 13; 16, 17).

Donc, à part de Mc 16, 17, cette expression, employée dans un sommaire, caractérise le ministère particulier à la partie B chez Marc. C'est dans cette partie d'une part que les épisodes d'expulsion se concentrent et d'autre part que le lien s'établit entre le ministère que Jésus exerce (Mc I, 34, 39) et celui qu'il confie à ses disciples (3, 15; 6, 13) dans la consigne de mission (6, 6b-13). Marc en effet est le seul à exprimer la charge reçue lors de la consigne de mission comme un pouvoir d'expulser les esprits impurs à l'exclusion de toute autre fonction: καὶ ἐδίδου αὐτοῖς ἐξουσίαν τῶν πνευμάτων τῶν ἀκαθάρτων (Mc 6, 7c). Luc (9, 1-2) et Matthieu (10, 8) y ajoutent la fonction de guérir et de proclamer le royaume de Dieu.

---

[1] θεραπεύω y apparaît aussi, mais ne domine pas.

[2] Mc 6, 6b; Mt 4, 23a et 9, 35a, comme nous le verrons, appartiennent à une structure de base commune à toute la partie D et non pas uniquement à B.

[3] Une autre expression ne se rencontre qu'une fois dans Marc: σατανᾶν ἐκβάλλειν (Mc 3, 23). Certes, Marc emploie aussi l'expression πνεῦμα ἀκάθαρτον 11 fois, contre 2 fois dans Mt et 5 fois dans Lc, cependant jamais conjointement avec le verbe ἐκβάλλειν.

[4] Les trois derniers textes sont de la double tradition. Matthieu emploie en plus ἐκβάλλειν πνεύματα (Mt 8, 16; 10, 1) ou ἐκβάλλειν σατανᾶν (12, 26).

[5] Le chapitre onzième n'appartient pas à la triple tradition, ni le chapitre treizième. Et même la péricope dans laquelle apparaît 9, 49 ne se retrouve pas chez Matthieu au lieu parallèle.

C'est sans doute également sous l'influence du thème dominant dans la partie B que Marc est le seul à ajouter καὶ τὰ δαιμόνια ἐκβάλλειν, dans 1, 39, à la phrase sommaire qui sert de gond à la partie B.[1]

Donc toutes ces données: le parallélisme remarqué entre les deux parties composantes de la partie B, soit du côté de Mt-Mc, soit du côté de Mc-Lc; les différents stades d'évolution de la partie B, si l'on compare Matthieu d'un côté et Mc-Lc de l'autre; l'unité du thème de la partie B, s'expliquent difficilement sans supposer que cette partie formait une source indépendante du reste des matériaux groupés dans D. Toutes ces particularités constatées tantôt dans un évangile, tantôt dans un autre, ne peuvent être le fait du hasard. D'après le chapitre XIV, le point de départ pour diviser la partie D en A et B venait du problème que posait la divergence de l'ordonnance dans Matthieu. Voici que maintenant cette agglomération de péricopes de B, vu sous une autre lumière, devient un groupement homogène, formant une unité littéraire ayant sa propre structure et son thème caractéristique. La partie B devait donc constituer une source de D commune aux trois synoptiques.

La structure de B, selon cette hypothèse, rend compte d'un point resté obscur jusqu'à date: la place particulière du discours de mission dans Matthieu.

Dans Marc et dans Luc, la consigne de mission (Mc 6, 6b-13) vient après les miracles sur le bord du lac (Mc 4, 35-5, 43). Matthieu a conservé la même ordonnance: le discours de mission (Mt 10) est placé après les miracles sur le bord du lac (Mt 8, 23-34; 9, 18-25). En d'autres mots, Matthieu, comme les deux autres évangélistes, Marc et Luc, a conservé l'ordonnance de sa source B. La place différente du discours de mission ne vient pas d'une ,,transposition'' de Matthieu, mais d'une distribution différente de la source B par rapport à la source A. Cela suppose que B formait une entité distincte et séparée de A.

Matthieu combine en plus avec la partie B des matériaux de la double tradition. En effet, il est intéressant de trouver ici dans

---

[1] Cf. p. 147 Parallèle à τὰ δαιμόνια ἐκβάλλειν apparaît le verbe κηρύσσω: 1, 39; 3, 15; 6, 13. Cette dernière description du ministère n'est pas un thème particulier à la partie B. Par contre, il est évident que l'addition de τὰ δαιμόνια ἐκβάλλων au sommaire de Mc 1, 39 correspond au thème dominant de la partie B.

Matthieu une séquence presque identique à celle de la double tradition chez Luc.

	Matthieu	*Luc*
a)	exigences apostoliques (8, 18-22)	9, 57-60
b)	discours de mission (10)	10, 1-12
c)	malheur aux villes des bords du lac (11, 20-24)	10, 13-15
d)	évangile révélé aux simples (11, 25-27)	10, 21-22
e)	Jésus et Béelzéboul (12, 22-32)	11, 14-23
f)	signe de Jonas (12, 38-42)	11, 29-32
g)	retour offensif de l'esprit immonde (12, 43-45)	11, 24-26

Matthieu a organisé les deux traditions (double et triple), de sorte que les matériaux communs aux deux traditions arrivent au point donné pour compléter l'une et l'autre traditions (v.g. pour le cas qui nous intéresse: le discours de mission). Mais tout en disposant ainsi ces deux traditions, il conserve l'ordonnance particulière à chacune, et plus précisément (pour ce qui concerne la triple tradition) l'ordonnance de la partie B .[1] Voilà qui explique la place particulière du discours de mission dans Matthieu. Cette constatation constitue un *confirmatur* pour l'existence d'une source telle que B dans la partie D.

Les arguments en faveur de la source B constituent déjà un plaidoyer pour l'existence de sources indépendantes utilisées par les évangélistes dans la formation de la partie D. L'étude ultérieure sur la partie A ne fera que renforcir notre conviction.

LA PARTIE A

Il ne faut pas oublier le point de départ de la division de D en A et B: le problème que posait la divergence de l'ordonnance dans la partie D chez Matthieu. En raison de cette perspective, on ne voyait alors aucune nécessité de classifier dans A ou B les péricopes de la partie D qui ne posaient aucune difficulté de ce point de vue particulier, v.g. les péricopes du début: inauguration du ministère en Galilée (Mt 4, 12-17); vocation des premiers disciples (Mt 4, 18-22); guérison d'un lépreux (Mt 8, 1-4).[2] Maintenant cette nécessité se fait sentir. Vu que la partie B se révèle comme une entité littéraire homogène, il sera tentant de verser au compte

---

[1] Voir le tableau de la partie D de Matthieu au chapitre XVIII pour le rapport entre la double et la triple tradition, en face de p. 218.

[2] On avait montré que ces éléments formant le cadre de la journée de Capharnaüm appartenaient à une formation distincte de celles qui suivent cette journée. Cf. pp. 134 ss.

de la partie A toutes les péricopes non encore classifiées. C'est ce
que nous nous sommes permis de faire. Mais très tôt se posera
la question de l'unité de A. Une étude plus attentive nous obligera
à voir deux sources distinctes dans A; dans la même mesure s'ap-
profondira la conviction que la partie A possède des caractéristiques
qui la distinguent clairement de B et exigent une existence indépendante de celle-ci.

La partie B est construite de sorte que la consigne de mission
constitue son apogée. La partie A présente la même caractéristique,
avec le discours en paraboles comme point de convergence de tout
l'enseignement contenu dans A.[1] Ainsi les parties A et B forment
deux structures parallèles pointant l'une et l'autre vers un discours
qui constitue l'aboutissement du genre de ministère révélé dans
les péricopes qui le précèdent. D'après la partie B, Jésus est avant
tout un exorciste; par contre, d'après la partie A, il est un maître
qui enseigne. Il enseigne dans leurs synagogues (Mc 1, 21; 6, 2;
Mt 4, 23; 9, 35; 13, 54; Lc 4, 15), avec autorité (Mc 1, 22; Mt 7, 29;
Lc 4, 32), le jour du sabbat (Mc 1, 21; 6, 2; Lc 4, 31; 6, 6),[2] sur
le bord du lac (Mc 2, 13; 4, 2; Lc 5, 3). Ces caractéristiques de
l'enseignement sont particulières à la partie A; on ne les rencontre
pas ailleurs dans les matériaux de la triple tradition.[3]

La convergence de tous les éléments de la partie A vers le discours
en paraboles est surtout perceptible dans le travail rédactionnel
de Marc. Nous avons déjà relevé les deux structures stéréotypées
chez Marc dans la partie D.[4] Il est intéressant de constater que ces
deux structures n'apparaissent que dans les matériaux appartenant
à la partie A. En reliant ainsi les éléments de la partie A, elles font
ressortir encore plus nettement le point culminant de A (le discours
en paraboles) et mettent davantage en relief la distinction des parties
A et B.

La sélection des disciples, qui commence avec la mention des
quatre premiers disciples (1, 16-20), et progresse par le choix

---

[1] Cf. pp. 146, 157, 158. Il faut se souvenir que les tableaux auxquels on
se réfère présentent l'ordonnance particulière à Matthieu et à Marc où la
visite à Nazareth apparaît après le discours en paraboles. Luc a une ordonnance différente. Dans l'affirmation du texte, on ne prend en considération
que les éléments communs aux trois synoptiques.

[2] Matthieu ne mentionne pas un enseignement de Jésus le jour du sabbat.

[3] Lc 13, 10 (où il est question d'un enseignement dans une synagogue le
jour du sabbat) n'appartient ni à la partie D ni à la triple tradition.

[4] Cf. pp. 110 ss.

I Structure   *II Structure*

Mc 1, 14   Mc 1, 16s
—καὶ ... ἦλθεν ... εἰς τὴν Γαλιλαίαν   —καὶ παράγων παρὰ τὴν θάλασσαν
                                            —vocation des premiers disciples
                                              (1, 16-20)

Mc 1, 21s
—καὶ εἰσπορεύονται εἰς Καφαρναούμ
—enseignement à Capharnaüm
  (1, 21-22)

Mc 2, 1s
—καὶ εἰσελθὼν πάλιν εἰς Καφαρναούμ
—καὶ συνήχθησαν πολλοί, ὥστε ...
—καὶ ἐλάλει αὐτοῖς
— guérison d'un paralytique
  (2, 1-12)

                                            Mc 2, 13s
                                            —καὶ ἐξῆλθεν πάλιν παρὰ τὴν
                                              θάλασσαν
                                            —καὶ πᾶς ὁ ὄχλος ἤρχετο πρὸς αὐτόν
                                            —καὶ ἐδίδασκεν αὐτούς
                                              —de la vocation de Lévi à la
                                                péricope sur les épis arrachés
                                                (2, 13-28)

Mc 3, 1s
—καὶ εἰσῆλθεν πάλιν εἰς συναγωγήν
—guérison d'une main desséchée
  (3, 1-6)

                                            Mc 3, 7s
                                            —καὶ ... ἀνεχώρησεν πρὸς τὴν
                                              θάλασσαν
                                            —καὶ ... πλῆθος πολύ ...
                                            —ἦλθον πρὸς αὐτόν
                                              —foule à la suite de Jésus
                                                (3, 7-12)

Mc 3, 20
—καὶ ἔρχεται εἰς οἶκον
—καὶ συνέρχεται πάλιν ὁ ὄχλος, ὥστε ...

                              Mc 4, 1s
—καὶ συνάγεται πρὸς αὐτὸν ὄχλος   —καὶ πάλιν ἤρξατο διδάσκειν παρὰ
  πλεῖστος, ὥστε ...   τὴν θάλασσαν
                                         —καὶ πᾶς ὁ ὄχλος πρὸς τὴν
                                           θάλασσαν
—καὶ ἔλεγεν αὐτοῖς.   —καὶ ἐδίδασκεν αὐτούς

DISCOURS EN PARABOLES (4, 1-34)

de Lévi (2, 13) et des douze (3, 16-19) à l'exclusion de tous ceux qui sont à l'extérieur (ἔξω) se comprend dans le contexte d'un enseignement privilégié (discours en paraboles) accordé à ceux qui sont avec le Seigneur à l'intérieur du cercle intime (Mc 4, 11).

Toutes ces particularités suggèrent très fortement que A formait une entité distincte de B, et que les évangélistes ont utilisé au moins deux sources distinctes pour la formation de la partie D.[1]

Deux sources distinctes dans A

Mais avant de procéder plus loin, il faut se poser la question de l'unité de A. Marc et Luc ont-ils connu A ne formant qu'une source unique et indépendante de B? Certes, Marc par son travail rédactionnel établit une unité entre les éléments de la partie A. Mais ce travail est secondaire, et de plus la visite à Nazareth placée après ce discours, dans Marc (et Matthieu) apparaît comme une péricope adventice [2]. L'unité de A est loin d'être aussi évidente que celle de B. De fait, nous verrons que la partie A est constituée de deux parties distinctes et indépendantes l'une de l'autre.

Pour faciliter l'intelligence de notre travail, nous présentons le tableau suivant qui distribue les deux sources de A sur deux colonnes distinctes avec les sigles respectifs: A-1, A-2.

Cette division est basée sur trois phénomènes littéraires:

1. Les péricopes qui font partie de A-1 sont axées sur une structure que nous avons relevée déjà plus haut dans Matthieu.[3]

α) ἀνεχώρησεν . . .
β) καὶ ἠκολούθησεν αὐτῷ
γ) καὶ ἐδίδασκεν αὐτούς
    καὶ ἐθεράπευσεν αὐτούς
δ) καὶ . . . ἐξεπλήσσοντο
    καὶ ἐπετίμησεν αὐτοῖς

Cette structure apparaît en trois endroits dans Matthieu et Marc. a) Elle semble être à la base du cadre de la journée de Capharnaüm, comme nous l'avons démontré plus haut [4]. b) Une structure semblable termine le groupe de péricopes sur les contro-

---

[1] Comme de raison, nous entendons toujours par sources, ici, des tranches d'insertion à l'intérieur de la partie C.

[2] Cf. le tableau à la page 146. Ce tableau reflète la situation de A dans Marc et Matthieu, et non celle dans Luc.

[3] Voir pp. 130 ss et comparer le tableau à la page 131 avec celui à la page 157.

[4] Voir pp. 129 s.

A-1 A-2

α) ... ἀνεχώρησεν...εἰς Καφαρναούμ
(Mt 4, 12a = Mc 1, 21)

a) εἰς τὴν Γαλιλαίαν (Mt 4, 12b =
Mc 1, 14)
1) Ναζαρά (Mt 4, 13a)
2) proclamation de la proximité
du royaume (Mt 4, 17 =
Mc 1, 14s)
3) vocation des premiers disciples
(Mt 4, 18-22 = Mc 1, 16-20)
b) καὶ ἀπῆλθεν ἡ ἀκοὴ αὐτοῦ
(Mc 1, 28 = Mt 4, 24a)
c) καὶ περιῆγεν...διδάσκων ἐν ταῖς
συναγωγαῖς αὐτῶν (Mt 4, 23a =
Mc 1, 39)

β) καὶ ἠκολούθησαν αὐτῷ (Mt 4, 25a)
γ) καὶ...ἐδίδασκεν αὐτούς (Mt 5, 2 =
Mc 1, 21)
δ) καὶ...ἐξεπλήσσοντο (Mt 7, 28b =
Mc 1, 22)
Discussions avec les pharisiens
(Mt 9, 8-17; 12, 1-14 = Mc 2,
1-3, 6)
Foule à la suite de Jésus (Mt 12, 15-16
= Mc 3, 7-12)
α) ... ἀνεχώρησεν
β) καὶ ἠκολούθησαν αὐτῷ
γ) καὶ ἐθεράπευσεν αὐτούς
δ) καὶ ἐπετίμησεν αὐτοῖς

4) Discours en paraboles
(Mt 13, 1-35 = Mc 4, 1-34)

Visite à Nazareth (Mt 13, 53-58 =
Mc 6, 1-6)
α) καὶ ἐλθὼν εἰς τὴν πατρίδα αὐτοῦ
β) (καὶ ἀκολουθοῦσιν αὐτῷ, Mc 6, 1)
γ) ... ἐδίδασκεν αὐτοὺς ἐν τῇ συναγωγῇ
αὐτῶν
δ) ... ἐκπλήσσεσθαι

verses avec les pharisiens (Mt 12, 15-16; Mc 3, 7-12). L'histoire
de ce groupe de péricopes (Mc 2, 1-3, 6 et par.) semble s'identifier
du moins dans son dernier stade de formation avec cette structure
de base. Nous reviendrons sur ce point plus tard[1]. c) Enfin elle
revient dans la visite à Nazareth (Mt 13, 53s; Mc 6, 1s), de
sorte que toute la partie A-1 est scandée par cette structure.

2. En laissant de côté les péricopes de A-1, immédiatement
se trouvent groupées ensemble les péricopes où Luc est le plus

---

[1] Voir pp. 201 ss. Pour un aperçu schématique, voir les tableaux en
face de page 218.

éloigné des deux autres évangiles (A-2). En effet, dans A-2 sont groupées toutes les péricopes où Luc semble dépendre d'une autre tradition évangélique: Luc n'a pas une proclamation sur la proximité du royaume de Dieu (Mc 1, 14-15); il dépend d'une autre tradition pour le récit de la vocation des premiers disciples (Lc 5, 1-11); le discours en paraboles dans Luc est beaucoup moins développé que celui de Matthieu et de Marc, et il n'a pas d'introduction (Mc 4, 1-2) ni de conclusion (Mc 4, 33-34).

3. Si l'on fait abstraction de A-1, il devient possible d'expliquer A-2 de Luc comme une formation plus évoluée du stade commun à Matthieu et à Marc.

Nous allons développer ces points, qui sont des plus importants pour la compréhension de notre thèse. Nous nous arrêterons surtout aux arguments qui montrent l'unité de A-2. En effet si nous réussissons à montrer que la formation de A-2 ne peut s'expliquer sans avoir existé comme un tout unifié, immédiatement nous

La Partie A-2

Luc	Mt-Mc
a) εἰς τὴν Γαλιλαίαν (4, 14a)	a) εἰς τὴν Γαλιλαίαν (Mc 1, 14 = Mt 4, 12b)
	1) Ναζαρά (Mt 4, 13a)
	2) proclamation de la proximité du royaume de Dieu (Mc 1, 14b-15 = Mt 4, 17)
	3) élection des premiers disciples (Mc 1, 16-20 = Mt 4, 18-22)
b) καὶ φήμη ἐξῆλθεν καθ' ὅλης τῆς περιχώρου περὶ αὐτοῦ (4, 14b)	b) καὶ ἐξῆλθεν ἡ ἀκοὴ αὐτοῦ πανταχοῦ εἰς ὅλην τὴν περίχωρον τῆς Γαλιλαίας (Mc 1, 28 = Mt 4, 24a)
c) καὶ αὐτὸς ἐδίδασκεν ἐν ταῖς συναγωγαῖς αὐτῶν (4, 15)	c) καὶ ἦλθεν κηρύσσων εἰς τὰς συναγωγὰς αὐτῶν εἰς ὅλην τὴν Γαλιλαίαν (Mc 1, 39 = Mt 4, 23a)
1) καὶ ἦλθεν εἰς Ναζαρά (4, 16a)	
2) proclamation de son rôle de prophète (4, 16-22)	
3) élection des premiers disciples (5, 1-11)	
4) discours en paraboles . . . . (8, 4-18)	4) discours en paraboles (Mc 4, 1-34 = Mt 13, 1-35

avons un fondement pour diviser la partie A en A-1 et A-2. D'ailleurs ce fondement serait corroboré par ce que nous venons de remarquer à propos de A-1 et de A-2 : A-1 se caractérise par la répétition d'une même structure ; A-2 par le fait que s'y trouvent rassemblées toutes les péricopes où Luc est le plus éloigné des deux autres.

Nous commencerons par présenter le tableau de A-2 : d'un côté Luc, de l'autre les éléments mis en parallèle dans Mc-Mt.

Ce tableau nous fait voir deux catégories de matériaux dans A-2 : nous analyserons d'abord les éléments : 1, 2, 3, 4, ensuite le sommaire : a, b, c. Dans cette analyse, nous chercherons à voir quelle sorte de parallèle il y a entre le côté de Luc et le côté de Mc-Mt.

I — Les éléments : 1, 2, 3, 4

Si l'on fait abstraction de a, b, c, du côté de Luc et de Mt-Mc, on découvre une ordonnance identique dans les trois synoptiques : 1) passage de Jésus à Nazareth (Lc 4, 16 = Mt 4, 13a) ; 2) proclamation de sa mission (Lc 4, 16-22 = Mc 1, 14b-15) ; 3) élection des premiers disciples (Lc 5, 1-11 = Mc 1, 16-20) ; 4) discours en paraboles (Lc 8, 4-18 = Mc 4, 1-34).

Les correspondances entre ces quatre éléments du côté de Luc et de Mt-Mc sont plus profondes qu'elles semblent le révéler à première vue ; car malgré des divergences indéniables, dues à une tradition particulière à Luc, il existe plusieurs indices d'une formation non pas parallèle et indépendante, mais unique à l'origine qui a évoluée sous diverses influences pour aboutir finalement à la présentation différente de Luc et de Mt-Mc.

1. καὶ ἦλθεν εἰς Ναζαρά (Lc 4, 16) correspond à καὶ καταλιπὼν τὴν Ναζαρά de Mt 4, 13a. Dans l'un comme dans l'autre évangile, le passage à Ναζαρά se situe immédiatement après un retour : εἰς τὴν Γαλιλαίαν [1], qui correspond au premier membre du sommaire (a, b, c) [2].

2. Proclamation de sa mission (Lc 4, 16-22 = Mc 1, 14b-15 = Mt 4, 17).

---

[1] Marc ne mentionne pas un passage à Nazareth dans le texte parallèle, cependant avant le récit du baptême (Mc 1, 9-11), il est question de Nazareth (Mc 1, 9) comme point de départ en Galilée pour se rendre près du Jourdain où Jean baptisait.

[2] Dès maintenant, il est important de se rendre compte de la place de ce sommaire que nous désignons sous le sigle (a, b, c). Il reviendra dans une étude plus développée, pp. 164 ss.

C'est ici que la correspondance est moins évidente. Cependant une lecture plus attentive fera voir le bien-fondé d'un rapprochement entre ces deux présentations.

Il est difficile de ne pas reconnaître ici dans l'ordonnance des événements (onction de l'Esprit, message de Jésus, temps eschatologique du message, admiration de la foule) comme dans le vocabulaire une correspondance entre les trois synoptiques.

Luc	*Mt-Mc*
1) onction de l'Esprit (4, 18a) πνεῦμα κυρίου ἐπ'ἐμέ οὖ εἴνεκεν ἔχρισέν με	1) onction de l'Esprit (Mc 1, 9-11) -récit du baptême de Jésus où il reçoit l'onction de l'Esprit (Ac 10, 38)
2) message de Jésus (4, 18-19) εὐαγγελίσασθαι πτωχοῖς, ἀπέσταλκέν με, κηρῦξαι αἰχμαλώτοις ἄφεσιν καὶ τυφλοῖς ἀνάβλεψιν, ἀποστεῖλαι τεθραυσμένους ἐν ἀφέσει, κηρῦξαι ἐνιαυτὸν κυρίου δεκτόν	2) message de Jésus (Mc 1, 14b) ... ἦλθεν (εἰς τὴν Γαλιλαίαν) κηρύσσων τὸ εὐαγγέλιον τοῦ θεοῦ

3) temps eschatologique du message (4, 21) ἤρξατο δὲ λέγειν πρὸς αὐτοὺς ὅτι σήμερον πεπλήρωται ἡ γραφὴ αὕτη ἐν τοῖς ὠσὶν ὑμῶν

3) temps eschatologique du message

Mt 4, 17	Mc 1, 15
ἀπὸ τότε ἤρξατο κηρύσσειν καὶ λέγειν	[καὶ λέγων] ὅτι πεπλήρωται ὁ καιρὸς καὶ ἤγγικεν ἡ βασιλεία τοῦ θεοῦ

4) admiration de la foule (4, 22) καὶ πάντες ἐμαρτύρουν αὐτῷ καὶ ἐθαύμαζον ἐπὶ τοῖς λόγοις τῆς χάριτος τοῖς ἐκπορευομένοις ἐκ τοῦ στόματος αὐτοῦ

4) admiration de la foule (Mc 1, 22) καὶ ἐξεπλήσσοντο

ἐπὶ τῇ διδαχῇ αὐτοῦ

Le sens eschatologique de la prédication est souligné par les mêmes expressions: ἤρξατο ... λέγειν ... ὅτι σήμερον (Mc: ὁ καιρὸς) πεπλήρωται. Matthieu et Marc continuent dans la même tradition que celle de Jean-Baptiste, car ils puisent à la même source du Deutéro-Isaïe (40, 1-9) où l'attention porte non pas tant sur le personnage qui apparaît sur la scène que sur le message lui-même: la venue de Yahvé pour régner (Is 40, 9-10; 43, 15; 52, 7 etc.). Luc brise la suite du thème de la prédication de Jean-Baptiste; il ne puise plus à la même source vétéro-testamentaire. Il dépend plutôt du Trito-Isaïe (Is 61, 1-2): l'insistance porte non plus tant sur le règne de Dieu que sur la fonction de prophète, à savoir, proclamer la bonne nouvelle aux pauvres. Pour cette mission, il reçoit l'onction de l'Esprit au baptême (cf. Ac 10, 38). Cette perspective particulière à Luc, centrée autour du rôle *actif* de

Jésus dans la transmission du message, peut expliquer la tendance à l'emploi exclusif du verbe εὐαγγελίζομαι pour décrire la mission de Jésus au lieu du substantif τὸ εὐαγγέλιον comme dans les deux autres synoptiques.[1]

Même si Luc dépend d'une tradition vétéro-testamentaire différente de celle de Mc-Mt, les ressemblances dans les thèmes traités („le temps est accompli pour annoncer la bonne nouvelle"), dans le vocabulaire, dans l'ordonnance de l'ensemble des éléments (1, 2, 3, 4) suggèrent fortement une source commune à l'origine pour les deux représentations de Luc et de Mc-Mt. Cette suggestion sera corroborée par une étude plus attentive des liens littéraires entre les différents éléments dans Luc.

3. L'élection des premiers disciples (Lc 5, 1-11; Mc 1, 16-20)
D'un côté, cet épisode de la pêche miraculeuse ressemble sur

---

[1] Cependant, il est probable que l'emploi du verbe soit plus primitif: Cf. FRIEDRICH, *TWNT*, T. II, p. 716; M. BURROWS, *The Origin of the term „Gospel"*, *JBL* 44,1925, p. 22. Dans Luc εὐαγγελίζομαι signifie „annoncer ou proclamer une bonne nouvelle" qui vient de Dieu en faveur des hommes. Il n'a pas de lui-même un sens technique: il est employé pour annoncer une nouvelle naissance 1, 19; 2, 10, et pour décrire la prédication de Jean-Baptiste 3, 18. Cependant dans Lc 9, 6 et 20, 1, employé à l'absolu, il peut avoir acquis un sens technique: signifiant le message chrétien proprement dit concernant le royaume de Dieu. Ordinairement pour atteindre ce dernier sens, Luc fait suivre ce verbe de τὴν βασιλείαν τοῦ θεοῦ (4, 43; 8, 1 à l'acc. et 16, 16 comme sujet). Dans Marc et Matthieu (excepté dans une citation de l'A.T.: 11, 5) le verbe εὐαγγελίζομαι n'apparaît pas. L'expression correspondante dans Matthieu est κηρύσσειν τὸ εὐαγγέλιον τῆς βασιλείας (4, 23; 9, 35; 24, 14) et dans Marc κηρύσσειν τὸ εὐαγγέλιον τοῦ θεοῦ (1, 14) pour décrire l'objet de la prédication de Jésus. Cette divergence dans l'emploi des termes permet de suivre l'évolution, si l'on suppose que l'usage le plus primitif était le verbe. L'expression la plus primitive serait: εὐαγγελίζεσθαι τὴν βασιλείαν τοῦ θεοῦ (Luc). Pour rendre la même idée, Matthieu emploie une tournure paraphrastique: κηρύσσειν τὸ εὐαγγέλιον τῆς βασιλείας (Mt). Dans Marc, le mot τὸ εὐαγγέλιον, employé à l'absolu, a acquis un sens technique: de lui-même il suffit pour décrire le contenu du message évangélique. Il rend donc l'expression de Matthieu par: τὸ εὐαγγέλιον τοῦ θεοῦ. Marc constitue donc le dernier échelon dans l'évolution du terme. Il n'a jamais ce sens technique dans Matthieu. (Mt 26, 13 se réfère à une bonne nouvelle concrète, prise de la situation décrite, et ne signifie pas le message de Jésus). Dans les endroits correspondants à Marc, Matthieu va faire suivre le mot τὸ εὐαγγέλιον du génitif τῆς βασιλείας, car de lui-même, il ne signifie pas le message de Jésus comme dans Marc. S'il est vrai que l'emploi de la racine εὐαγγελ- pour décrire le message de Jésus vient de l'influence du Deutéro- ou du Trito-Isaïe où seul le verbe est employé, il faut croire que Luc conserve mieux que les deux autres l'expression primitive. Marc, par contre, en durcissant le sens, présente une tradition plus récente que les deux autres. Matthieu se situe, dans l'évolution du thème, entre Luc et Marc.

bien des points à celui rapporté par Jean 21, 1-14, lors d'une apparition de Jésus sur le bord du lac; d'autre part, il garde également un contact avec la vocation des premiers disciples racontée par Marc et Matthieu: dans l'un comme dans l'autre cas, il s'agit d'un appel à la pêche des hommes, sur le bord du lac,[1] des mêmes disciples Pierre, Jacques et Jean (fils de Zébédée). André est absent dans le récit de Luc. Vu que l'appel des premiers disciples est souvent lié dans les évangiles à l'idée de la pêche ou à celle d'abandonner les filets pour suivre Jésus, la description de Luc peut retenir une meilleure situation vitale (*Sitz im Leben*) de l'événement qui est à l'origine de l'appel des premiers disciples.[2]

Un point mérite notre attention spéciale: l'introduction de Luc (5, 1-3) est la même que celle du discours en paraboles dans Marc (4, 1-2) et Matthieu (13, 1-2). Par contre, Luc, à l'endroit correspondant, n'a pas d'introduction proprement dite au discours en paraboles. Il est très difficile de nier un échange quelconque — peu importe comment on l'explique — entre le discours en paraboles (Mc 4, 1; Mt 13, 1-2) d'un côté et l'épisode de la vocation des premiers disciples (Lc 5, 1-3) de l'autre. Le problème est de trouver une situation qui a permis un tel échange.

La meilleure explication, à notre avis, est de supposer qu'à un moment donné, dans l'histoire de la tradition de ces matériaux, les deux épisodes (la vocation des premiers disciples et le discours en paraboles) ont été mis en contact l'un de l'autre. Or, si l'on se réfère au tableau précédent sur la partie A-2, on voit une situation qui remplit cette condition: du côté de Luc l'épisode de la vocation des disciples est en contact immédiat avec le discours en paraboles. Si l'on fait donc abstraction de A-1, on arrive à reconstituer une situation des sources qui explique un phénomène demeuré inexpliqué dans la tradition synoptique: l'échange entre les deux introductions, celle de la vocation des premiers disciples et celle

---

[1] En effet, tous les appels des disciples chez Marc ont lieu sur le bord du lac: 1, 16; 2, 13; 3, 7 s.

[2] D'après Jn 21, 1-14, cet événement a eu lieu après la résurrection. Ce thème (de suivre Jésus) a reçu dernièrement une attention particulière. V.g. M. HENGEL, *Nachfolge und Charisma. Eine exegetisch-religionsgeschichtliche Studie zu Mt 8, 21 f. und Jesu Ruf in die Nachfolge*, (BZNW), Berlin, 1968; H. D. BETZ, *Nachfolge und Nachahmung Jesu Christi im Neuen Testament*, (Beiträge zur historische Theologie), 37, 1967; E. SCHWEIZER, *Erniedrigung und Erhöhung bei Jesu und seinem Nachfolgern*, (Abh. z. Theol. des Alt. u. N. Test.), Zürich, 1962. Les limites de notre travail ne permettent pas d'élaborer davantage ce point.

du discours en paraboles. Il importe peu pour le moment de déterminer lequel est responsable de cette transposition: Luc ou la
source commune à Mt-Mc? Il suffit de constater que le tableau
de A-2 du côté de Luc présente une situation des sources qui
explique le mieux la possibilité de cet échange.

4. Le discours en paraboles (Lc 8, 4-18; Mc 4, 1-34)

Relevons deux points qui nous guideront dans la reconstitution
de l'histoire de la formation de A-2.

a) Dans les trois autres éléments de A-2: 1) passage à Nazara,
2) proclamation du message inaugural, 3) élection des premiers
disciples, Luc présente une formation beaucoup plus développée
que les deux autres synoptiques. Pour le discours en paraboles
la situation est renversée: Matthieu et Marc sont plus développés.

b) Au lieu d'avoir l'introduction commune à Matthieu (13, 1-2)
et à Marc (4, 1-2), Luc (8, 1) a un résumé du ministère galiléen
qui se présente comme la réalisation de ce qui avait été annoncé
à la fin de la journée de Capharnaüm (Lc 4, 43-44). Ici encore, il
semble y avoir eu, à un moment donné dans l'histoire de la formation, un contact entre le discours en paraboles et la finale du
sommaire (a, b, c). Voici que le problème se complique: en plus
d'un contact avec le récit de l'élection des premiers disciples,
le discours en paraboles aurait été en contact avec la finale de
Luc 4, 44 = Mc 1, 39. Quelle situation des sources peut rendre
compte de ces deux phénomènes en même temps?

En se référant au tableau de A-2 du côté de Mc-Mt, on trouve
justement Mc 1, 39 correspondant à Lc 4, 44 en contact immédiat
avec le discours en paraboles. Pour expliquer la formation de A-2
dans Luc, il faut commencer par la situation de cette source dans
Mc-Mt. A partir de ce point de départ, tous les phénomènes relevés
précédemment s'expliquent. Luc a dégagé les quatre éléments
(1, 2, 3, 4) de la structure schématique (a, b, c), mais il a conservé
l'ordre de sa source. Il a gardé des vestiges du lien que sa source
révélait entre le discours en paraboles (Lc 8, 1) et le dernier membre
du sommaire (Mc 1, 39; Lc 4, 43-44). En transposant tous ces
éléments après le sommaire (a, b, c), il s'établissait du coup un
lien entre le discours en paraboles et l'élection des premiers disciples.
Voilà ce qui explique la possibilité du second échange: entre la
vocation des premiers disciples (Lc 5, 1-3) et l'introduction au
discours en paraboles (Mc 4, 1-2). Donc A-2 du côté de Luc est
une formation dérivée de A-2 du côté de Mc-Mt. Ce n'est qu'en

partant du côté de Mc-Mt qu'on peut expliquer tous les liens littéraires relevés dans A-2 du côté de Luc.

S'il est vrai que Luc a connu A-2 selon la tradition commune à Mc-Mt, il faut cependant reconnaître qu'il l'a connue à un stade de formation plus primitif que celle-ci se révèle dans Marc ou dans Matthieu, car d'un côté le discours en paraboles est beaucoup moins développé dans Luc que dans Mc-Mt, et de l'autre le dégagement systématique des éléments (1, 2, 3) du sommaire (a, b, c) suppose que celui-ci lui apparaissait comme une structure indépendante des éléments (1, 2, 3). Ce dernier point ressortira plus clairement dans l'étude subséquente.

II — Le sommaire: a, b, c[1]

La structure schématique a, b, c, formant la charpente du ministère galiléen dans Marc (Mc 1, 14, 28, 39, et voir le parallèle dans Matthieu) se retrouve avec les mêmes éléments dans une tradition parallèle dans Luc 4, 14-15. Nous présentons en un tableau tous les emplois de ce sommaire dans la traduction synoptique.

Marc	Matthieu	Luc	Luc
a) εἰς τὴν Γαλιλαίαν (1, 14)	a) εἰς τὴν Γαλιλαίαν (4, 12)	a) εἰς τὴν Γαλιλαίαν (4, 14a)	a) καὶ κατῆλθεν εἰς Καφαρναοὺμ πόλιν τῆς Γαλιλαίας (4, 31)
b) καὶ ἐξῆλθεν ἡ ἀκοὴ αὐτοῦ (1, 28)	b) καὶ ἀπῆλθεν ἡ ἀκοὴ αὐτοῦ (4, 24a)	b) καὶ φήμη ἐξῆλθεν … (4, 14b)	b) καὶ ἐξεπορεύετο ἦχος… (4, 37)
c) καὶ ἦλθεν κηρύσσων εἰς τὰς συναγωγὰς αὐτῶν (1, 39)	c) καὶ περιῆγεν… διδάσκων ἐν ταῖς συναγωγαῖς αὐτῶν (4, 23a)	c) καὶ αὐτὸς ἐδίδασκεν ἐν ταῖς συναγωγαῖς αὐτῶν (4, 15)	b) καὶ ἦν κηρύσσων εἰς τὰς συναγωγὰς τῆς Ιουδαίας (4, 44)
	b) καὶ ἐξῆλθεν ἡ φήμη αὕτη (9, 26)		
c) καὶ περιῆγεν… διδάσκων (6, 6b)	c) καὶ περιῆγεν… διδάσκων ἐν ταῖς συναγωγαῖς αὐτῶν (9, 35)		

H. SCHÜRMANN[2] dans un article qui se rapproche de notre étude,

---

[1] Nous demandons au lecteur de prendre la patience de repérer les trois membres de ce sommaire dans les trois synoptiques. Cf. tableau p. 158. — On remarquera que l'ordre des membres est interverti dans Matthieu (Mt 4, 12, 24a, 23a; Mc 1, 14, 28, 39).

[2] H. SCHÜRMANN, Der Bericht vom Anfang. Ein Rekonstruktionsversuch auf Grund von Lk 4, 14-16, dans Studia Evangelica, II, Papers presented to the

a mis en relief les caractéristiques de ce sommaire (a, b, c). Sans adhérer entièrement aux conclusions de cet auteur, nous nous y référons amplement pour cette étude.

On peut résumer la position de H. SCHÜRMANN sous trois chefs d'idées.[1]

1. Lc 4, 14-30 constitue un „Bericht vom Anfang" du ministère de Jésus en Galilée. On retrouve une tradition parallèle aux deux premiers versets de Lc 4, 14-15 dans Mc 1, 14, 28, 39 et lieux parallèles. Luc (4, 14-15) a gardé l'ordre originel de ces versets.

2. Cependant Luc n'a pas conservé l'unité littéraire originelle de ce récit sur l'origine du ministère de Jésus; il n'a retenu que la charpente. Il y a une omission entre Lc 4, 14a et 4, 14b; et également entre 4, 14b et 15 correspondant respectivement aux matériaux de Mc 1, 23-27 et de 1, 32-38. Primitivement donc la source de Lc 4, 14-15 ressemblait au développement de Mc 1, 14, (23-27)28, (32-38)39.

3. Ce développement original, dont Luc 4, 14-15 ne retient que la charpente, résumait le ministère de Jésus à Capharnaüm, et était suivi immédiatement de la visite à Nazareth comme le révèle Lc 4, 16 s.

H. SCHÜRMANN offre trois arguments fondamentaux en faveur de sa thèse: a) Le parallélisme entre Lc 4, 14-15 et Mc 1, 14, 28, 39 du point de vue de l'ordre des éléments et des thèmes développés montre la parenté de ces deux structures. Par contre, la différence dans le vocabulaire empêche de voir une dépendance directe de Lc 4, 14-15 par rapport à la tradition parallèle de Mc 1, 14, (23-27) 28, (32-38) 39. b) Cependant, l'accord de Lc 4, 14b et de Mt 9, 26 du point de vue du vocabulaire et de l'endroit où cette phrase apparaît dans Matthieu oblige à croire à une dépendance de ces deux évangélistes à une tradition commune [2]. c) Une grande partie

---

Second International Congress on New Testament Studies held at Christ Church, Oxford, 1961, Berlin, 1964, pp. 242-258.

[1] L'énoncé de ces conclusions viennent de nous.

[2] Pour ce dernier point, il lui suffit de comparer Lc 4, 14b: καὶ φήμη ἐξῆλθεν καθ' ὅλης τῆς περιχώρου περὶ αὐτοῦ à Mt 9, 26: καὶ ἐξῆλθεν ἡ φήμη αὔτη εἰς ὅλην τὴν γῆν ἐκείνην pour reconnaître les ressemblances indéniables entre ces deux textes, surtout si l'on se souvient que le mot φήμη ne se rencontre que dans ces deux endroits dans toute la tradition évangélique.

De plus, Mt 9, 26 se situe à la fin de la série de péricopes sur les miracles sur le bord du lac (Mc 4, 35-5, 43), donc immédiatement avant la visite à

de l'étude se passe à découvrir les traces de ce ,,*Bericht vom Anfang*"
commun à Mt-Lc: c'est l'aspect le moins convaincant de son article,
comme il est d'ailleurs lui-même prêt à l'admettre.

Il a beaucoup affaibli la valeur de sa thèse en acceptant comme
argument de base la priorité de Marc. Pour cette raison, nous
croyons que seule la première conclusion peut être retenue.[1] Elle
ressortira avec encore plus d'évidence dans la critique que nous
ferons des deuxième et troisième conclusions que nous avons relevées
de H. SCHÜRMANN.

Nous diviserons notre étude en trois parties:

Ire Partie: Critique de la position de H. SCHÜRMANN.

IIe Partie: Origine et évolution du sommaire (a, b, c).

IIIe Partie: Rapport entre le sommaire (a, b, c) et les
autres éléments (1, 2, 3, 4) de A-2.

Ire Partie: Critique de la position de H. SCHÜRMANN

A — Lc 4, 14-15: *une unité originelle brisée*

D'après H. SCHÜRMANN, Luc n'a conservé que l'ossature de la
structure originelle de Lc 4, 14-15. Il y voit deux omissions: une
entre 4, 14a et 14b, et l'autre entre 14b et 15, correspondant respectivement à Mc 1, 23-27 et Mc 1, 32-38.

a) Unité brisée entre Lc 4, 14a et 14b

Il appuie son affirmation sur deux arguments:

1. Lc 4, 14b forme une conclusion d'un événement concret. C'est
   ce que révèle l'emploi de cette phrase dans les autres endroits
   des évangiles. Dans Mt 9, 26, elle vient après un récit d'exorcisme.
   Dans Mc 1, 28, variante parallèle à Lc 4, 14b, elle est précédée
   de l'exorcisme du possédé de Capharnaüm. Il s'agit dans l'un
   comme dans l'autre cas d'une œuvre de δύναμις (Lc 4, 14a et
   4, 36). Donc entre Lc 4, 14a et 4, 14b se trouvait originairement
   un récit d'exorcisme formant une tradition parallèle à Mc 1, 23-28.

Nazareth (6, 1-6) d'après la version de Marc. Pour comprendre ce dernier
argument, il faut se souvenir que pour SCHÜRMANN, Marc est la source de
Matthieu (et de Luc). Voyant dans ses deux sources (Marc d'un côte et de
l'autre la source Q qu'il a en commun avec Luc) la place relative de ce sommaire (Lc 4, 14-15) par rapprt à la visite à Nazareth (Lc 4, 16 ss), Matthieu
a placé 9, 26 à l'endroit qui correspond à Mc 5, 43; c'est-à-dire immédiatement
avant la visite à Nazareth (6, 1-6).

[1] Nous acceptons en partie la troisième conclusion; mais nous verrons dans
quel sens: cf. pp. 209 ss.

2. Jésus se rendit en Galilée, et de là sa renommée s'est répandue: καὶ φήμη ἐξῆλθεν … (Lc 4, 14b). Cette expression ne peut laisser entendre que la diffusion de sa renommée s'identifie avec son point d'arrivée: la Galilée. Il devait s'agir au début d'un point de départ très concret de sa renommée: Capharnaüm. En effet, dans la tradition parallèle (Mc 1, 21-28), il est question d'un exorcisme qui a eu lieu à Capharnaüm, et de là sa renommée (Mc 1, 28) se répandit dans toute la Galilée.

Lc 4, 23 en effet se réfère à des œuvres antérieures accomplies à Capharnaüm. Luc ne peut faire allusion ici à des œuvres qui s'accompliront dans la suite (v.g. celles mentionnées dans Lc 4, 31 s). Il doit donc s'agir des œuvres d'exorcisme omises par Luc dans ce sommaire.

Critique:

Certes, Lc 4, 14b joue le rôle d'une conclusion, mais sous forme de sommaire qui ne demande pas d'être illustré par un récit d'un événement concret. Mt 4, 24, qui offre une tradition parallèle, n'est précédé d'aucun récit concret. Nous avons deux traditions parallèles et indépendantes: Mt 4, 24 et Lc 4, 14b qui s'accordent contre la présentation de Mc 1, 21-27 (Lc 4, 31-37). Qui donc a conservé la situation originelle: Mt-Lc d'un côté ou la présentation de la journée de Capharnaüm particulière à Luc et Marc? Le caractère composite de cette journée de Capharnaüm,[1] et surtout du récit d'exorcisme (Mc 1, 23-27) met fortement en doute cette affirmation de H. SCHÜRMANN.

La seconde affirmation: que Lc 4, 14b se réfère à un ministère accompli à Capharnaüm, manque également de fondement solide. Une comparaison des deux traditions parallèles (Lc 4, 14b et Mc 1, 28) montre que cette phrase sert à décrire non pas un ministère à Capharnaüm, mais le ministère de la Galilée en général. En effet, le mot Γαλιλαία revient dans tous les trois membres du sommaire (a, b, c):

a) εἰς τὴν Γαλιλαίαν Lc 4, 14a; Mt 4, 12a; Mc 1, 14a; Lc 4, 31a (πόλιν τῆς Γαλιλαίας).

b) Mc 1, 28: τῆς Γαλιλαίας (texte critique incertain).

c) Mc 1, 39: εἰς ὅλην τὴν Γαλιλαίαν
Mt 4, 23: ἐν ὅλῃ τῇ Γαλιλαίᾳ

---

[1] Cf. chapitre XIV.

Tout le développement de Mt 4, 14-16, se reliant au premier membre du sommaire (Mt 4, 12a: εἰς τὴν Γαλιλαίαν), se réfère à un ministère en Galilée d'où est pris le développement sur le sens messianique du lieu. Lc 4, 31 (εἰς Καφαρναοὺμ πόλιν τῆς Γαλιλαίας) de son côté combine deux traditions: une plus générale concernant le ministère en Galilée, l'autre plus particulière, le ministère à Capharnaüm correspondant à Mc 1, 21. Mais il est évident que l'insistance porte sur le fait que Capharnaüm est une ville en Galilée. Sur ce point, il rejoint Mt 4, 14-16 qui donne un sens messianique au fait qu'il s'agit de la Galilée.

Il est inutile de chercher à repérer le texte littéraire auquel fait allusion Lc 4, 23.[1] Cette incise ne révèle aucunement une formation littéraire antérieure à la rédaction de Luc. Capharnaüm et Nazareth caractérisent deux manières antithétiques de recevoir Jésus. Il a sans doute existé dans l'église primitive un effort pour expliquer pourquoi Jésus a fait son ministère à Capharnaüm plutôt que dans sa ville natale, Nazareth. De là s'est formée une tradition sur les manières dont Jésus a été reçu chez les siens, comme le sous-entend la péricope sur les vrais parents de Jésus (Mc 3, 31-35). Ces deux villes symbolisaient l'une la réception de Jésus: Capharnaüm, l'autre le rejet de Jésus: Nazareth. Aussitôt qu'on faisait mention d'une ville, l'autre venait spontanément à l'esprit. Il n'est donc pas nécessaire de s'efforcer de situer dans la trame littéraire l'une par rapport à l'autre. Ce rapport s'établissait avant tout dans la tradition et conséquemment dans l'esprit des évangélistes. Nous avons un indice de cette tradition sur ces deux villes dans la structure commune qui sert de base aussi bien à la visite à Nazareth qu'à l'enseignement à Capharnaüm (Mc 1, 21-22).[2] La finale de Mc 6, 3-6b: ,,un prophète n'est méprisé que dans sa patrie, dans sa parenté et dans sa maison'' donne au récit de Nazareth (Mc 6, 1-6) sa tournure antithétique.

b) Unité brisée entre Lc 4, 14b et 15

Comme pour le cas précédent, Luc aurait omis des éléments entre

---

[1] Il est encore plus futile de chercher à prouver que Luc pense ici à la position de la visite à Nazareth dans Mc 6, 1 ss placée selon la séquence de ce dernier évangéliste après les événements de Capharnaüm (Mc 1, 14-5, 43).

[2] Voir pp. 157 et 132 s. En effet, cette structure commune montre le point de départ commun de la formation de ces deux péricopes. Nous développerons ce point plus loin: pp. 209 ss.

Lc 4, 14b et 4, 15. H. Schürmann appuie sa thèse sur deux considérations :

1) la situation parallèle dans Mc 1, 32-39, et

2) la présence de la phrase de Lc 4, 43 : καὶ ταῖς ἑτέραις πόλεσιν εὐαγγελίσεσθαί με δεῖ τὴν βασιλείαν τοῦ θεοῦ et de Mt 4, 23b : καὶ κηρύσσων τὸ εὐαγγέλιον τῆς βασιλείας au même endroit parallèle : cela refléterait la dépendance de ces deux évangélistes à une source commune autre que celle de Marc.

Critique :

Les arguments qu'il apporte ne sont pas plus convaincants que les précédents, étant influencés par l'hypothèse de la priorité de Marc. Certes, Lc 4, 43 et Mt 4, 23b constituent deux phrases parallèles, mais à quelle tradition appartiennent-elles, à la source Q ou à la triple tradition ? Il faut comparer Lc 4, 43 et Mt 4, 23b à Mc 1, 14b : κηρύσσων τὸ εὐαγγέλιον τοῦ θεοῦ. Marc est le seul à placer cette expression en cet endroit, c'est-à-dire à l'inauguration du ministère de Jésus en Galilée. Ne faudrait-il pas plutôt mettre au compte de Marc cette transposition à l'endroit où elle se trouve dans son évangile : Mc 1, 14 ? Originairement n'était-elle pas placée près du troisième membre du sommaire (Mc 1, 39), là où elle se trouve dans Mt 4, 23b et Lc 4, 43 ?

Si l'on compare les emplois du verbe κηρύσσω dans Matthieu et Marc, on se rend immédiatement compte que Marc 1, 14b doit être mis en parallèle avec Mt 4, 23b (Mt 9, 35b). En effet, Matthieu emploie le verbe κηρύσσω neuf fois, cinq fois dans un sens absolu et quatre avec l'accusatif : τὸ εὐαγγέλιον τῆς βασιλείας (4, 23b ; 9, 35b ; 24, 14 ; 26, 13).[1] Comparativement, Marc l'emploie quatorze fois, neuf fois dans un sens absolu, et cinq fois avec l'accusatif (une fois avec βάπτισμα 1, 4 ; et quatre fois avec τὸ εὐαγγέλιον : 1, 14 ; 13, 10 ; 14, 9 ; 16, 15). A part de Mc 16, 15, qui n'appartient pas à la triple tradition, les trois autres textes ont leur correspondance dans Matthieu et sont formulés d'une manière fort semblable. Mc 13, 10 correspond à Mt 24, 14 ; Mc 14, 9 à Mt 26, 13. Il reste du côté de Matthieu : 4, 23b et 9, 35b et du côté de Marc : 1, 14b. En raison de ce parallélisme, Mc 1, 14b doit correspondre à Mt 4, 23b (Mt 9, 35b).

On ne peut donc affirmer que Mt 4, 23b et Lc 4, 43 appartiennent

---

[1] Mt 26, 13 n'emploie que τὸ εὐαγγέλιον τοῦτο.

à la double tradition, c'est-à-dire à une source qui est à l'origine de Lc 4, 14-22. Cette conclusion est confirmée par une autre observation. Lc 4, 16-22 vient de l'influence du Trito-Isaïe (Is. 61, 1 s),[1] tandis que les trois textes parallèles (Mt 4, 23b; Lc 4, 43; Mc 1, 14b) dépendent du Deutéro-Isaïe (Is 40, 9; 57, 2). Ces derniers textes ne peuvent appartenir au même stade de formation évangélique que Lc 4, 14-22.

L'étude de Mt 4, 23b et Lc 4, 43 ne révèle donc aucunement que ces deux textes étaient originairement situés entre Lc 4, 14b et 15 et qu'ils ont été transposés par ces deux évangélistes au même endroit parallèle dans la trame de la triple tradition. Tout au contraire, ils appartiennent à la triple tradition et c'est probablement Marc qui a transposé ce texte dans le sommaire inaugural: Mc 1, 14b.[2]

B — *Lc 4, 14-15 était suivi de la visite à Nazareth (Lc 4, 16 s)*

D'après H. SCHÜRMANN, Matthieu et Luc ont connu une source Q où un ministère de Capharnaüm (dont Lc 4, 14-15 ne conserve que des fragments) était suivi d'un ministère à Nazareth (Lc 4, 16-30).

Les arguments en faveur de cette thèse sont tirés surtout de la manière d'écrire de Matthieu en utilisant cette source commune. Si Matthieu a placé le deuxième membre du sommaire (Mt 9, 26) après les miracles sur le bord du lac (cf. le groupe de péricopes: Mc 4, 35-5, 43) et donc immédiatement avant la visite à Nazareth, selon la séquence de Marc (qui lui servait de source), c'est qu'il connaissait une seconde source Q dans laquelle ce membre Mt 9, 26 (Lc 4, 14b) était suivi ainsi de la visite à Nazareth (v. g. Lc 4, 14-30).

Il voit un autre argument en faveur de cette thèse dans l'emploi du pronom αὐτῶν dans Mt 13, 54. Si l'on compare Mt 13, 54: ἐδίδασκεν αὐτοὺς ἐν τῇ συναγωγῇ αὐτῶν à Mc 6, 2: διδάσκειν ἐν τῇ συναγωγῇ la présence du pronom αὐτῶν dans Matthieu 13, 54 ne peut s'expliquer par une dépendance à sa principale source, i.e. Mc 6, 2. Il faut croire que la présence de ce pronom est due à l'influence de sa seconde source qu'il a en commun avec Lc 4, 15: καὶ αὐτὸς ἐδίδασκεν ἐν ταῖς συναγωγαῖς αὐτῶν. Matthieu aurait donc été poussé à ajouter ce pronom sous l'influence de la séquence

---

[1] Cf. p. 160.
[2] La tendance de Marc à fusionner des textes est reconnue: v.g. Mc 1, 2-3.

de sa seconde source où ce sommaire (Lc 4, 15) était suivi immédiatement de la visite à Nazareth (Lc 4, 16 s).

Finalement, il voit encore une trace de cette source commune à Mt-Lc dans le fait que Mt 4, 13b place Ναζαρά dans la même séquence que Lc 4, 16, c'est-à-dire au début de l'évangile immédiatement après le retour en Galilée.

Critique:

Il ne nous semble pas que SCHÜRMANN ait réussi à prouver son hypothèse. D'abord, les deux premiers arguments reposent entièrement sur le postulat de la priorité de Marc. Même le dernier ne prouve pas le point en litige: que le ministère à Nazareth (Lc 4, 16-30) était précédé d'un ministère à Capharnaüm (Lc 4, 14-15). Il est vrai que Matthieu et Luc s'entendent pour placer un passage à Nazareth au début (Mt 4, 13b; Lc 4, 16). Cependant Matthieu mentionne l'abandon de Nazareth (καταλιπών) non pas après le troisième membre du sommaire (a, b, c) comme dans Lc 4, 14-16, mais immédiatement après le premier membre (εἰς τὴν Γαλιλαίαν: Mt 4, 12). Donc l'argument en faveur d'un ministère à Capharnaüm antérieur à Nazareth n'est pas supporté par la leçon de Mt 4, 13. Même dans l'idée de Matthieu et de Marc, le retour en Galilée implique avant tout un retour à Nazareth. En effet, le départ de la Galilée en Mc 1, 9 signifie un départ de Nazareth, et subséquemment, le retour en Galilée (Mc 1, 14) sous-entend un retour à Nazareth: ce qui est explicitement exprimé dans Mt 4, 13. La même idée est également contenue dans la version de Lc 4, 14 s, si l'on n'interprète pas à priori que la formule de Lc 4, 14-15 signifie un ministère localisé à Capharnaüm, mais un sommaire très général sur le ministère en Galilée qui est précisé dans la suite par un développement sur un ministère à Nazareth (Lc 4, 16 s) avant de passer finalement à Capharnaüm (Lc 4, 31 s).

IIe Partie: Origine et évolution du sommaire (a, b, c)

En raison de l'importance du problème soulevé par l'hypothèse de H. SCHÜRMANN pour la compréhension de notre thèse, nous voyons la nécessité d'y revenir plus en détail. Deux questions retiendront notre attention: 1) Pour évaluer la formation de ce sommaire (a, b, c), faut-il prendre comme point de départ un développement complexe semblable à celui de Mc 1, 14-39 ou une expression simple comme celle de Lc 4, 14-15? 2) Est-ce que Lc 4, 14-15 d'un côté et Mc 1, 14, 28, 39 (et. par.) de l'autre proviennent originairement de deux traditions indépendantes (double et triple tradition), ou d'une seule tradition commune aux trois synoptiques (triple tradition) ?

1. Pour évaluer la formation de ce sommaire (a, b, c), faut-il prendre comme point de départ un développement complexe semblable à celui de Mc 1, 14-39 ou une formule simple comme celle de Lc 4, 14-15 ?

D'après H. Schürmann, Lc 4, 14-15 vient du travail rédactionnel de Luc qui a dégagé ce sommaire d'une formule originairement complexe et fort semblable à celle de Mc 1, 14, (23-27) 28, (32-38) 39.

En face de cette prise de position, nous nous demandons la question: comment faut-il concevoir la formation de ce sommaire ? A-t-il commencé par se trouver dans une structure complexe semblable à Mc 1, 14-39, d'où il a été extrait, selon la position de H. Schürmann, ou a-t-il commencé par exister à l'état de sommaire isolé, v.g. comme dans Lc 4, 14-15, pour ensuite se développer en structure complexe comme dans Mc 1, 14-39 ?

Contre la position de H. Schürmann, nous avons l'accord de Matthieu et de Luc à présenter autour du même sommaire un stade de développement beaucoup moins évolué que celui de Mc 1, 14-39: Matthieu (4, 12-24a) se situe, du point de vue de développement, dans un stade intermédiaire entre celui de Lc 4, 14-15 et celui de Marc 1, 14-39. Déjà, cette situation de Matthieu laisse entendre que Marc (et Lc 4, 31-44 dans le développement parallèle) pourrait bien être un stade plus évolué d'une structure originairement très schématique telle que présentée par Lc 4, 14-15.

Voici un tableau qui présente les trois stades de développement (Lc 4, 14-15; Mt 4, 12-24; Mc 1, 14-39).[1]

Entre Mc 1, 28 et 1, 39 (c'est-à-dire entre le deuxième et le troisième membre du sommaire) Marc rapporte une quantité de matériaux. De tous ces matériaux dans Marc, Matthieu ne retient que Mc 1, 32-34 = Mt 4, 24 bc. Est-ce que Marc révèle ici la copie originelle dont Matthieu ne conserverait qu'un fragment v.g. Mt 4, 24 bc ?

Plusieurs raisons militent contre cette dernière hypothèse. La première est le caractère composite de la journée de Capharnaüm, comme nous l'avons montré plus haut.[2]

---

[1] Cf. p. 173
[2] Cf. p. 124 ss.

a) Lc 4, 14a	a) Mt 4, 12a	a) Mc 1, 14a
	—proclamation sur le royaume et développements sur la Galilée (4, 12-17) —vocation des premiers disciples (4, 18-22)	—proclamation sur le royaume (1, 14a-15) —vocation des premiers disciples (1, 16-20) —exorcisme d'un possédé (1, 23-27)
b) Lc 4, 14b	b) Mt 4, 24a —guérisons multiples (4, 24b)	b) Mc 1, 28 —guérison de la belle-mère de Pierre (1, 29-31) —guérisons multiples (1, 32-34) —départ de Capharnaüm (1, 35-38) εὐαγγελίσασθαί με δεῖ τὴν βασιλείαν τοῦ θεοῦ (Lc 4, 43b)
c) Lc 4, 15	c) Mt 4, 23a —κηρύσσων τὸ εὐαγγέλιον τῆς βασιλείας (4, 23b)	c) Mc 1, 39

Un second argument vient de l'accord de Matthieu et de Luc contre Marc à rapporter une prédication de l'évangile du royaume au même endroit parallèle: près du dernier membre du sommaire (Mt 4, 23b; Lc 4, 43b). Ces deux évangélistes ne dépendent certainement pas de Marc, car, en plus de différer avec Marc quant à l'endroit,[1] Matthieu et Luc conservent une formule plus primitive que celle de Marc.[2]

De plus, Mt 4, 24 bc est un sommaire qui peut difficilement dépendre de Mc 1, 32-34. La position contraire semble même une meilleure explication. Ce genre de sommaire revient souvent dans Matthieu sous une forme stéréotypée dont les deux verbes προσφέρω αὐτῷ et θεραπεύω forment la charpente: Mt 4, 24bc; 8, 16; 12, 22; 15, 30 (προσῆλθον αὐτῷ au lieu de προσήνεγκαν αὐτῷ), 14, 35b-36 (. . . καὶ ὅσοι . . . διεσώθησαν au lieu du verbe θεραπεύω); 21, 14 (προσῆλθον αὐτῷ au lieu de προσήνεγκαν αὐτῷ). La prédilection de Matthieu pour cette structure est évidente. Il n'y a pas

---

[1] Cf. pp. 169.
[2] Cf. la note à la p. 161 sur le mot τὸ εὐαγγέλιον.

à se surprendre de la voir introduite ici dans Mt 4, 24 bc dans ce qu'il veut être un sommaire sur le ministère de Jésus. Nous retrouvons le même sommaire dans Mt 8, 16 précédé comme dans Mc 1, 29-34 de la péricope sur la guérison de la belle-mère de Pierre (Mt 8, 14-15). Ceux qui croient à la priorité de Marc affirment que Mt 8, 14-16 et Mt 4, 24b forment un doublet qui découle de la version de Mc 1, 32-34. Mais il se peut aussi bien que Mt 4, 24 bc ait attiré à lui le groupe de péricopes: guérison de la belle-mère de Pierre et les guérisons multiples le soir (Mt 8, 14-16). En effet, Mt 4, 24 bc ne mentionne ni le soir, ni l'expulsion de l'esprit impur; il se rapproche donc davantage des autres expressions familières à Matthieu mentionnées plus haut, tandis que Mc 1, 32-34 apparaît comme une fusion de ce qui est particulier à Mt 4, 24b et Mt 8, 16.[1]

Un autre argument en faveur du caractère composite de la présentation de Mc 1, 14-39 vient du lien que ce dernier auteur ou sa source cherche à établir entre les péricopes insérées dans les cadres de ce sommaire. Marc s'entend avec Matthieu pour insérer, après la mention du retour en Galilée (Mc 1, 14; Mt 4, 12) la vocation des premiers disciples (Mc 1, 16-20; Mt 4, 18-22). D'une manière très évidente, Marc rattache à la vocation des premiers disciples les péricopes insérées entre les deux membres extrêmes du sommaire (Mc 1, 14 et 1, 39).

a) Mc 1, 29-34 fait un rappel très claire à la vocation des premiers disciples: καὶ . . . ἦλθον εἰς τὴν οἰκίαν Σίμωνος καὶ ᾽Ανδρέου μετὰ ᾽Ιακώβου καὶ ᾽Ιωάννου (1, 29). La version de Matthieu et de Luc

---

[1] L'expression ὀψίας δὲ γενομένης apparaît toujours sous cette forme dans Matthieu: 8, 16; 14, 15, 23; 20, 8; 26, 20; 27, 57. (Dans Mt 16, 2 δὲ fait défaut, mais la leçon n'est pas sûre). Par contre, on ne la rencontre dans Marc qu'une seule fois: 1, 32. (ὀψίας γενομένης sans δὲ revient quatre fois dans Marc: 4, 35; 6, 47; 14, 17; 15, 42). S'il y a une dépendance à reconnaître, ce serait plutôt celle de Mc 1, 32 par rapport à Matthieu.

Dans Mt 8, 16: κακῶς ἔχοντας est rattaché au verbe θεραπεύω, tandis que dans Mt 4, 24b cette expression suit le verbe προσήνεγκαν αὐτῷ. Dans Mc 1, 32-34, cette même expression sert d'accusatif aux deux verbes θεραπεύω et φέρω πρὸς αὐτόν. Φέρω πρὸς n'est employé que par Marc: 1, 32; 2, 3; 9, 17, 19, 20; 11, 7. Par contre, l'expression familière à Matthieu est προσφέρω αὐτῷ (quinze fois contre trois fois dans Marc et trois fois dans Luc). Là où Marc a φέρω Matthieu a ordinairement προσφέρω: Mc 1, 32 = Mt 4, 24b; Mc 2, 3 = Mt 9, 2; Mc 12, 15 = Mt 22, 19. L'expression κακῶς ἔχω est employé par les trois évangélistes (cinq fois dans Matthieu, quatre fois dans Marc, deux fois dans Luc). Cependant la tournure familière à Matthieu est: πάντας τοὺς κακῶς ἔχοντας 4, 24; 8, 16; 14, 35. Elle n'apparaît qu'une seule fois ailleurs dans le N.T.: dans Mc 1, 32. Encore ici Marc semble dépendre de Matthieu.

ne contient pas ce rappel. b) Mc 1, 35-38, par une incise: καὶ κατεδίωξεν αὐτὸν Σίμων καὶ οἱ μετ᾽ αὐτοῦ (1, 36), est encore rattaché à l'épisode de la vocation des premiers disciples. Cette manière de composer se comprend bien dans l'hypothèse où Marc travaille à partir d'une formation fort semblable à celle de Matthieu. Dans ce dernier évangile, le seul événement concret situé entre le premier et le second membre du sommaire est la vocation des quatre premiers disciples.[1] Marc (ou sa source) a poursuivi le développement en insérant entre le deuxième et le troisième membre du sommaire (Mc 1, 28 et 1, 39) la péricope sur la belle-mère de Pierre et celle sur le départ de Capharnaüm (1, 29-38), les rattachant tout naturellement à la vocation des premiers disciples par un rappel littéraire (1, 29; 1, 36).

Si donc, du point de vue de la priorité, la balance penche du côté de Matthieu, il n'est aucunement notre intention d'affirmer la priorité de ce dernier évangile sur Marc, mais de montrer que le point de départ pour expliquer la formation évangélique n'est pas Marc actuel, et de montrer également que Matthieu, dans les matériaux de la triple tradition (i.e. dans Mt 4, 12-24), se situant dans un stade intermédiaire entre la structure schématique de Lc 4, 14-15 et la formation plus évoluée de Mc 1, 14-39, peut lui-même présenter un développement à partir d'une situation telle que Lc 4, 14-15.

En faveur de cette dernière hypothèse, nous avons le texte parallèle de Mt 9, 26 suivi de 9, 35. Ces deux phrases: 9, 26 καὶ ἐξῆλθεν ἡ φήμη αὕτη et 9, 35 καὶ ... περιῆγεν ... διδάσκων ἐν ταῖς συναγωγαῖς αὐτῶν, tout en étant disposées dans le même ordre qu'en Lc 4, 14b-15, sont traitées comme deux *logia* isolés et détachés de ce qui les précèdent ou les suivent.[2] Pour Matthieu, ces deux membres forment l'ossature d'un sommaire qui permet un développement par des additions complémentaires, comme le révèle Mt 4, 23a et 24a.

Il faut donc conclure que le sommaire (a, b, c) présente une structure indépendante des additions telles que présentées par Mc 1, 14-39. Luc, pour la formation de A-2, a su clairement dégager ce sommaire du reste des matériaux; il a ainsi reconstitué la formule originelle du sommaire.

---

[1] Cf. le tableau à la p. 173.

[2] Cette constatation est confirmée par le renversement de l'ordre des membres du sommaire dans Mt 4, 23a; 4, 24b: comparer Mc 1, 28, 39.

2. Est-ce que Lc 4, 14-15 d'un côté et Mc 1, 14, 28, 39 (et par.) de l'autre proviennent originairement de deux traditions indépendantes (respectivement de la double et triple tradition) ou d'une seule tradition commune aux trois synoptiques (de la triple tradition)? Vu que Mc 1, 14, 28, 39 appartient à la triple tradition, on peut reformuler ainsi la question: Lc 4, 14-15 appartient-il à la double ou triple tradition?

H. Schürmann reconnaît le parallèle entre Lc 4, 14-15 et Mc 1, 14, 28, 39 mais il veut que le point de rencontre s'arrête là. Il voit la formation de ce sommaire du point de vue très statique de deux traditions parallèles et indépendantes: Marc d'un côté pour Mc 1, 14, 28, 39 (et par.) et la source Q de l'autre pour Lc 4, 14-15.

Sans nier l'existence de multiples sources pour rendre compte de la complexité des évangiles, on peut se demander si son explication de la formation de Lc 4, 14-15 répond à la réalité. On se trouve en présence d'un sommaire formulé différemment selon qu'on considère Lc 4, 14-15 ou Mc 1, 14, 28, 39. La tentation est captivante de ranger l'une et l'autre formule d'après les deux sources habituelles (double et triple tradition) et croire que tout est dit. Cependant le problème est beaucoup plus complexe. Examinons les deux derniers membres du sommaire: le second et le troisième.

Le second membre du sommaire

On peut se demander si la différence entre la formule de Lc 4, 14: καὶ φήμη ἐξῆλθεν καθ' ὅλης τῆς περιχώρου περὶ αὐτοῦ et celle de Mc 1, 28 (et par.): καὶ ἐξῆλθεν ἡ ἀκοὴ αὐτοῦ εὐθὺς πανταχοῦ εἰς ὅλην τὴν περίχωρον τῆς Γαλιλαίας permet de conclure à la dépendance de ces deux évangélistes à deux sources distinctes, respectivement à la double et à la triple tradition? Ne s'agit-il pas plutôt de différents stades d'évolution d'une formule unique à l'origine? En d'autres mots, pour expliquer cette divergence entre Lc 4, 14b et Mc 1, 28, le point de départ ne serait-il pas la reconnaissance d'une source, à l'origine, commune aux trois synoptiques, mais qui a évolué dans sa transmission, et a été saisie à différentes étapes de son évolution par l'un ou l'autre évangéliste?

D'après H. Schürmann, Lc 4, 14b et Mt 9, 26 appartiennent à la double tradition. Il appuie son affirmation sur les rapprochements indéniables qui existent entre ces deux textes. Cependant, ces deux derniers textes ont également des points de rapprochement avec les matériaux de la triple tradition; ce qui permet de croire à la dépendance de ces deux textes à cette dernière tradition.

En fait, tout l'argument de H. Schürmann pour affirmer la dépendance de Lc 4, 14b et Mt 9, 26 à la source Q repose sur l'accord des deux évangélistes sur les trois mots: καὶ φήμη ἐξῆλθεν. Mais même dans cette phrase, il existe un rapprochement avec Mc 1, 28: καὶ ἐξῆλθεν, qui montre que cette dernière expression n'est pas entièrement étrangère à la triple tradition. D'ailleurs, il n'y a pas à s'en surprendre: c'est l'expression la plus fréquente pour exprimer la diffusion d'une nouvelle (Lc 4, 14b; 7, 17; Mt 9, 26; Mc 1, 28; Jn 21, 23). Le mot pour décrire la ,,nouvelle'' est très inconstant, même à l'intérieur d'une même tradition: d'un côté le mot φήμη, qui appartient selon Schürmann à la source Q, se retrouve sous une forme équivalente dans le verbe διαφημίζω (Mc 1, 45; Mt 9, 31; 28, 15), et de l'autre côté là où Mt 4, 24a et Mc 1, 28 emploient ἀκοή, Lc 4, 37 à l'endroit parallèle a ἦχος; ou encore, les trois évangélistes s'entendront pour avoir λόγος (Mc 1, 45; Mt 28, 15; Lc 5, 15; 7, 17). Donc l'emploi du mot φήμη dans Lc 4, 14b et Mt 9, 26, sur lequel finalement repose tout l'argument de Schürmann, ne permet pas de conclure à l'existence d'une source différente de celle commune à la triple tradition.

Maintenant, si l'on considère la dernière partie de la phrase, les rapprochements entre Lc 4, 14b et Mt 9, 26 sont inexistants, tandis que Lc 4, 14b d'un côté et Mt 9, 26 de l'autre ont des affinités avec Mc 1, 28 (et par.).

Lc 4, 14b contient deux expressions: καθ' ὅλης τῆς περιχώρου et περὶ αὐτοῦ qui reviennent continuellement dans son évangile dans ces genres de sommaires:

Lc 4, 14b: καθ' ὅλης τῆς περιχώρου περὶ αὐτοῦ

Lc 4, 37: περὶ αὐτοῦ εἰς πάντα τόπον τῆς περιχώρου

Lc 5, 15: περὶ αὐτοῦ

Lc 7, 17: περὶ αὐτοῦ καὶ πάσῃ τῇ περιχώρῳ

A part d'un style typiquement lucanien,[1] il est intéressant de remarquer que περίχωρος n'apparaît qu'une seule fois dans Marc (Mc 1, 28). Donc il y a ici un rapprochement entre Mc 1, 28 et Lc 4, 14b sans parallèle entre Lc 4, 14b et Mt 9, 26.

Si l'on regarde maintenant du côté de Mt 9, 26, on remarque

---

[1] Καθ' ὅλης ne se rencontre que dans les écrits de Luc: 4, 14b; 23, 5; Ac 9, 31, 42; 10, 37; Lc 8, 39 (καθ' ὅλην τὴν ...).

que la formule εἰς ὅλην τὴν... correspond non pas à celle de
Lc 4, 14b mais à celle de Mc 1, 28: εἰς ὅλην τὴν... et de Mt 4, 24a:
εἰς ὅλην τὴν...Ordinairement Matthieu a tendance à mettre
la phrase au datif: ἐν ὅλη τῇ... (4, 23; 9, 31; 22, 37; 24, 14; 26, 13,)
et Marc à l'accusatif: comparer Mc 1, 39 à Mt 4, 23a; Mc 14, 9
à Mt 26, 13. Les trois exceptions sont Mt 4, 24a; 9, 26; 14, 35.
On ne peut affirmer que Matthieu copie ici plus fidèlement Marc,
il faudrait alors expliquer pourquoi il ne l'a pas suivi dans les autres
cas. Cet accord de Mt 4, 24a et de Mt 9, 26 laisse plutôt croire à une
origine commune.

Un jugement global oblige à reconnaître que les rapprochements
ne sont par uniquement entre Lc 4, 14b et Mt 9, 26, mais sur bien
des points ces deux textes se rapprochent de Mc 1, 39 et par.
A tout considérer, Lc 4, 14b et Mt 9, 26 apparaissent comme
des variantes d'une formule appartenant aux matériaux de la triple
tradition qui originairement devait se formuler à peu près comme
ceci: καὶ ἐξῆλθεν ⎧ ἡ φήφη ⎫ αὐτοῦ
                        ⎩ ἡ ἀκοὴ ⎭
          εἰς ὅλην τὴν (γήν) περίχωρον·

Le troisième membre du sommaire

D'après H. SCHÜRMANN Lc 4, 15 appartient à la double tradition (Q), tandis que Mc 1, 39 et Mt 4, 23a à la triple tradition
(Marc). Mais une étude du deuxième membre du sommaire (a, b, c)
laisse plutôt croire que ces textes sont des modifications d'une
tradition unique à l'origine (i.e. ils sont des formes dérivées de la
triple tradition). On abordera le troisième membre du sommaire
(a, b, c) dans la même perspective.

Si l'on compare Mt 4, 23a, Mc 1, 39, Lc 4, 15;
Mc 1, 39: καὶ ἦλθεν κηρύσσων εἰς τὰς συναγωγὰς αὐτῶν
Mt 4, 23a: καὶ περιῆγεν... διδάσκων ἐν ταῖς συναγωγαῖς αὐτῶν
Lc 4, 15: καὶ αὐτὸς ἐδίδασκεν ἐν ταῖς συναγωγαῖς αὐτῶν on se
rend compte que Mt 4, 23a, au lieu de s'approcher de la formulation
de Mc 1, 39, comme on s'y attendrait, vu qu'il est situé au même
endroit parallèle, se rapproche au contraire de celle de Lc 4, 15.
Cette constatation fait soupçonner qu'à l'origine on avait affaire à
une seule formule qui a varié dans la transmission. Alors, laquelle
des deux leçons, celle de Mc 1, 39 (Lc 4, 44) (κηρύσσων) ou celle
de Lc 4, 15 (Mt 4, 23a) (διδάσκων) est plus primitive?

Pour décrire la prédication dans une synagogue, le verbe employé dans les évangiles est toujours διδάσκω: Mt 4, 23a; 9, 35a; 13, 54; Mc 1, 21; 6, 2; Lc 4, 15; 13, 10; Jn 6, 59; 18, 20. Seuls font exception les deux textes parallèles de Mc 1, 39 et de Lc 4, 44 qui ont κηρύσσω.[1]

Cette étude nous fait voir que l'expression la plus constante, non pas seulement pour Lc 4, 15 mais également pour ce qui est reconnu appartenir à la triple tradition en général, est: διδάσκω (ἐν ταῖς συναγωγαῖς αὐτῶν). La version de Mc 1, 39 (Lc 4, 44): κηρύσσων (ἐν ταῖς συναγωγαῖς αὐτῶν) apparaît comme une forme dérivée.

Le changement de διδάσκω à κηρύσσω est dû probablement à une assimilation du troisième membre du sommaire (a, b, c) à une phrase, placée à proximité de celui-ci, portant sur la proclamation du royaume. Nous avons déjà remarqué que Matthieu et Luc s'entendent contre Marc à placer une proclamation du royaume de Dieu aux environs du troisième membre (Mt 4, 23b: Lc 4, 43b), tandis que Marc la transpose après le premier membre (Mc 1, 14b).[2] Mc 1, 39 garde dans le verbe κηρύσσω un vestige de l'endroit où se situait primitivement la proclamation du royaume. Mais la transposition de cette proclamation après le premier membre du sommaire (Mc 1, 14) a eu pour effet d'assimiler également le premier au troisième membre du sommaire:

Mc 1, 14: καὶ ... ἦλθεν ... κηρύσσων ...
Mc 1, 39: καὶ   ἦλθεν   κηρύσσων

Pour évaluer cette dernière assimilation, il faut comparer Mc 1, 39 à Mc 6, 6b. Les deux verbes qui apparaissent constamment dans Mc 6, 6b et dans les endroits parallèles de Matthieu (4, 23a; 9, 35a) sont: καὶ περιῆγεν et διδάσκων (ἐν ταῖς συναγωγαῖς αὐτῶν). Dans Mc 1, 39, καὶ περιῆγεν est devenu καὶ ἦλθεν; et διδάσκων (ἐν ταῖς συναγωγαῖς αὐτῶν) est devenu κηρύσσων (εἰς τὰς συναγωγὰς αὐτῶν).

On pourrait croire que les variantes entre la leçon de Mc 1, 39 et celle de Mc 6, 6b s'expliquent du fait que Marc (ou sa source) travaille à partir d'une formule similaire à celle de Mt 4, 23 (9, 35) où les deux verbes διδάσκων ... καὶ κηρύσσων ... se suivent précédés de καὶ περιῆγεν. Alors le rédacteur aurait séparé la phrase: le premier stique est conservé dans Mc 6, 6b: καὶ περιῆγεν ... διδάσκων,

---

[1] Dans les autres livres du N.T., on rencontre: κηρύσσω (Ac 9, 20); καταγγέλλω (Ac 13, 5); διαλέγομαι (Ac 18, 4); παρρησιάζομαι (Ac 18, 26).
[2] Cf. pp. 169.

et le second dans Mc 1, 39: καὶ . . . κηρύσσων (εἰς τὰς συναγωγὰς αὐτῶν). [1] Cependant cette explication ne suffit pas, car il restera toujours à justifier pourquoi Mc 1, 39 joint à εἰς τὰς συναγωγὰς αὐτῶν, κηρύσσων au lieu de διδάσκων. Car, comme le montrent Mt 4, 23 (9, 35) et les autres endroits cités plus haut, la formulation primitive devait avoir le verbe διδάσκω lié à ἐν ταῖς συναγωγαῖς αὐτῶν et non pas κηρύσσω.

Vu que d'un côté Mc 1, 39, dans ce qui semble le plus primitif: καὶ . . . εἰς τὰς συναγωγὰς αὐτῶν εἰς ὅλην τὴν Γαλιλαίαν, rappelle avant tout la première partie de Mt 4, 23 (et Lc 4, 15): καὶ . . . ἐν ὅλῃ τῇ Γαλιλαίᾳ, διδάσκων ἐν ταῖς συναγωγαῖς αὐτῶν et que Mc 6, 6b de l'autre côté s'approche également non pas de la seconde partie de Mt 4, 23: καὶ κηρύσσων τὸ εὐαγγέλιον τῆς βασιλείας, mais de la première partie: καὶ περιῆγεν . . . διδάσκων ἐν ταῖς συναγωγαῖς αὐτῶν, il faut croire que l'expression primitive de Marc aussi bien dans 1, 39 que dans 6, 6b devait avoir la tournure suivante: καὶ περιῆγεν . . . διδάσκων (prise de 6, 6b) εἰς τὰς συναγωγὰς αὐτῶν εἰς ὅλην τὴν Γαλιλαίαν (prise de 1, 39), s'approchant ainsi de Mt 4, 23a (9, 35a): καὶ περιῆγεν ἐν ὅλῃ τῇ Γαλιλαίᾳ, διδάσκων ἐν ταῖς συναγωγαῖς αὐτῶν.

Ainsi les trois synoptiques Lc 4, 15; Mc 1, 39 (par.); 6, 6b; Mt 4, 23 (9, 35) sont partis d'une expression pratiquement identique pour le troisième membre du sommaire (a, b, c). Les divergences tant dans Mc 1, 39 (Lc 4, 44) que dans Mc 6, 6b sont des formules dérivées.

Peu importe si nous sommes parvenu à présenter l'exacte expression originelle des deux derniers membres de ce sommaire (a, b, c). Le point important est de reconnaître l'existence d'une seule formule à l'origine des multiples traditions. L'explication des divergences n'est pas dans le recours à deux sources indépendantes (double et triple tradition), mais à une source unique appartenant à la triple tradition qui a évolué dans sa transmission et a été saisie à différents stades de son évolution par l'un et l'autre évangéliste.

Pour résumer, disons que l'expression primitive des trois membres du sommaire devait ressembler à ceci:

---

[1] Cf. L. CERFAUX, *La mission de Galilée dans la tradition synoptique*, dans *Recueil Lucien Cerfaux*, Gembloux, 1954, T. I., p. 450 s. Au lieu du datif, Mc (Lc 4, 44) a l'accusatif.

a) εἰς τὴν Γαλιλαίαν

b) καὶ ἐξῆλθεν ἡ φήμη (ἡ ἀκοὴ) αὐτοῦ εἰς ὅλην τὴν (γῆν) περίχωρον

c) καὶ περιῆγεν διδάσκων ἐν ταῖς συναγωγαῖς αὐτῶν εἰς (ὅλην) τὴν Γαλιλαίαν

IIIe Partie: Rapport entre le sommaire (a, b, c) et les autres éléments (1, 2, 3, 4) de A-2

Il s'agit maintenant d'établir le rapport entre le sommaire (a, b, c) et les autres éléments (1, 2, 3, 4) de A-2 du côté de Luc [1]. Vu que, dans Luc, les deux premiers éléments (1, 2) appartiennent à la péricope de la visite à Nazareth (Lc 4, 16-30), pour répondre au problème soulevé, l'attention devra se concentrer sur le rapport entre la visite à Nazareth (Lc 4, 16-30) et le sommaire (a, b, c: Lc 4, 14-15). Le problème porte, plus précisément, sur la nature de la source utilisée par Luc pour la formation de ce cette séquence: le sommaire (a, b, c: Lc 4, 14-15) suivi de tout le développement de la visite à Nazareth.

Pour H. SCHÜRMANN, Lc 4, 14-30 serait la structure originelle d'une source commune à Matthieu et à Luc. Il reconnaît que le sommaire (a, b, c) formait originairement une entitée indépendante de Lc 4, 16-30. Cependant, quand Matthieu et Luc ont rédigé leur évangile, l'union entre Lc 4, 14-15 et 4, 16-30 était déjà un fait accompli. Pour prouver que telle était la situation de la source utilisée par Matthieu, il lui suffirait de retrouver des traces de cette séquence (sommaire suivi de la visite à Nazareth), ou encore de rencontrer dans Matthieu (4, 13) la mention de Nazareth dans un contexte parallèle à Lc 4, 16 s. L'argument de SCHÜRMANN implique que si l'on parvient à démontrer que Matthieu a connu la séquence de Lc 4, 14-16 (le sommaire suivi d'une mention de Nazareth), il faut accepter en bloc le développement actuel de Lc 4, 16-30, comme une source commune à Matthieu et à Luc.

Commençons par reconnaître que l'accord est loin d'être fait sur l'unité littéraire de Lc 4, 16-30. L'aspect composite de cette péricope est admis par la majorité des auteurs.[2] J. JEREMIAS a

---

[1] Cf. le tableau à la page 158.

[2] Cf. H. ANDERSON, *Broadening Horizons*, dans *Interpretation*, 18, 1964, 259-275. Du point de vue théologique, Lc 4, 16-30 constitue une unité. H. SCHÜRMANN définit bien le sens théologique de cette péricope: „Aus solcher Endstellung würde dann gut verständlich, dass Lk. 4, 16-30 zu einem breviarium totius Evangelii werden konnte, welches nicht nur Geschehenes berichtet, sondern damit zugleich auch Zukünftiges — Jesu Verwerfung

essayé d'expliquer les anomalies littéraires de ce passage en suggérant que le verset 4, 22 ne signifiait pas un revirement d'attitude
de la part des Nazaréens, car le mécontentement existait dès
le début de la citation d'Is 61, 1 s. Mais sa suggestion ne semble
pas avoir réussi à rallier beaucoup les opinions.[1] Les versets 22b-24
constituent le point en litige. La majorité des auteurs sont prêts
à reconnaître la dépendance de Luc par rapport à une tradition
commune à Marc et à Matthieu, car c'est aux versets 22b-24
que se réalise le revirement d'attitude des Nazaréens et qu'en
même temps se révèle une correspondance à Mc 6, 1-6a (et par.).
La formule affirmative du verset 25: ἐπ' ἀληθείας δὲ λέγω ὑμῖν . . .
forme une sorte d'inclusion avec le verset 24a: ἀμὴν λέγω ὑμῖν ὅτι . . .
et sert de soudure introduisant de nouveaux éléments: les versets
25 à 30.

Même si l'on concède que Lc 4, 22b-30 vient du travail rédactionnel de Luc, il reste encore à résoudre le problème de la source
utilisée par Luc pour Lc 4, 14-22a. Ici il faut distinguer deux aspects
du problème: 1) celui de la séquence (le sommaire a, b, c, suivi
de la mention d'un passage à Nazareth), et 2) celui de la source
utilisée par Luc pour la formation de Lc 4, 14-22a.[2]

Sur le premier point, il faut donner raison à H. SCHÜRMANN:
il est probable que Luc et même Matthieu conservent ici une séquence qui se trouvait dans leur source.[3] Cependant, les arguments
qu'il présente pour supporter l'hypothèse que Matthieu a connu
une telle séquence dans la source Q sont très faibles.[4] Il voit
a) dans la place où se situe Mt 9, 26 (après la guérison de l'hémorroïsse et immédiatement avant la visite à Nazareth d'après
la séquence de Marc) et b) dans la présence du pronom αὐτῶν

---

und Tod und den Weg des Evangeliums zu den Heiden — in voraus andeutet.''
(*Op. cit.*, p. 253, n. 5). Cependant le problème ici ne se situe pas sur le plan
théologique ni sur le plan historique: à savoir si Lc 4, 16-30 rapporte une
ou plusieurs visites à Nazareth, mais sur le plan de la critique littéraire:
est-ce que Lc 4, 16-30 est composé de récits de provenances disparates?

[1] *Jesus' Promise to the Nations*, Londres, 1958, pp. 44 s.

[2] Si l'on veut poser le problème selon la présentation de A-2 (cf. p. 158),
il faudrait faire une distinction sur la provenance des premiers éléments
(1, 2): l'élément (1) où il est fait mention de Nazareth, de l'élément (2) qui
est un développement sur la proclamation du rôle de prophète (Lc 4, 16-22a).

[3] On verra plus loin qu'à un stade primitif de la formation synoptique, le
sommaire (a, b, c) était suivi d'un passage à Nazareth, et que cette séquence
est à l'origine de la formation de la partie A-1. Cf. pp. 209 ss.

[4] Il faut faire exception en faveur de cette hypothèse pour la mention de
Ναζαρά dans Mt 4, 13a parallèle à Lc 4, 16a.

dans Mt 13, 54 (ajouté après coup sous l'influence de la formule
de Lc 4, 14) des traces que Matthieu a eu connaissance de la séquence de Lc 4, 14-30 (sommaire suivi de la visite à Nazareth).

Ces arguments sont basés sur deux postulats: la priorité de Marc
et la manière de composer de Matthieu en ces endroits précis
(combinant les deux sources). Et même à ce prix, réussit-il à nous
convaincre ? Si Matthieu lisait la séquence de Lc 4, 14-30, pourquoi
n'a-t-il pas placé Mt 9, 26 et 9, 35 immédiatement avant la visite
à Nazareth (Mt 13, 53-58) plutôt qu'ici avant le discours de mission ?
Et quant à la présence de αὐτῶν au verset Mt 13, 54, il faut se
souvenir que Matthieu revient trois fois avec l'expression: διδάσκω
ἐν ταῖς συναγωγαῖς αὐτῶν 4, 23a; 9, 35a; 13, 54, et, contrairement
à Marc, le pronom αὐτῶν y apparaît toujours. Et quant à l'emploi
dans Marc, seul Mc 1, 39 fait exception: comme dans Matthieu
(4, 23a; 9, 35a; 13, 54), il a aussi le pronom αὐτῶν. Mais vu que
Mc 1, 39 appartient certainement à la triple tradition et constitue
un parallèle aux textes de Mt 4, 23a; 9, 35a; cet αὐτῶν dans Mt 13, 54
ne vient pas de l'influence de la double tradition, mais constitue
un élément primitif du sommaire et comme celui-ci vient de la
triple tradition.

Notre étude a montré qu'il fallait situer l'histoire de la formation
de ce sommaire (a, b, c) à l'intérieur d'un développement de la
triple tradition. Il ne suffit plus de le considérer comme provenant
de deux sources parallèles et indépendantes l'une de l'autre, mais
comme venant d'une source unique appartenant à la triple tradition.
Le problème de l'ordonnance est immédiatement affecté par cette
prise de position: s'il faut partir d'une source unique de la triple
tradition pour expliquer la formation du sommaire (a, b, c), il
suit de là 1) qu'au point de départ du développement autour
de ce sommaire une seule séquence a la priorité: les autres sont
des séquences dérivées, 2) que la priorité doit être donnée à un
contexte de la triple tradition: vu que ce sommaire (a, b, c) vient
originairement de cette tradition.

Dans ce contexte, est-ce que la séquence de Lc 4, 14-22a (le sommaire suivi de ce développement sur Nazareth) est primitive et
par conséquent vient-elle de la source utilisée par Luc ou résulte-t-
elle d'un travail rédactionnel de Luc ?

Cette question peut se ramener à la suivante: qui a la priorité,
la partie A-2 chez Luc ou cette même partie dans Mt-Mc ?[1]

---

[1] Le tableau à la page 158 reflète clairement cette manière de poser le
problème.

Nous avons vu que la partie A-2 présentait deux séries d'éléments: a, b, c et 1, 2, 3, 4. Ces deux séries, dans la présentation de Luc et de Mt-Mc, se ressemblent quant aux matériaux et quant à l'ordonnance. La meilleure explication de cette formation est de croire à la dépendance de A-2 à une source commune. Cette dernière hypothèse a été appuyée dans la suite par notre étude sur le sommaire: celui-ci vient d'une source unique.

Plus haut, nous avons vu que si nous partions de l'ordonnance de A-2 du côté de Luc pour aboutir à celle de Mt-Mc, beaucoup de points demeuraient inexplicables, tandis que si nous partions de la position contraire, bien des phénomènes littéraires restés inexpliqués jusqu'à date devenaient compréhensibles.[1]

A la question du début, il faut donc répondre que la séquence de Luc (sommaire suivi du développement sur Nazareth) n'est pas originelle, car la partie A-2 du côté de Luc est une structure dérivée du stade de formation conservé par Mt-Mc.

Ainsi se fait la jonction de tous les points discutés jusqu'ici:

1. Le sommaire (a, b, c) provient de la triple tradition. Donc Lc 4, 14-15 appartient également à la triple tradition.
2. Tous les éléments autour du sommaire (a, b, c) doivent donc s'expliquer à partir d'un contexte pris de la triple tradition. De fait, cette étude nous a montré qu'on ne peut expliquer les liens littéraires entre les éléments (1, 2, 3, 4) dans Luc en partant de A-2 du côté de Luc. Par contre, ces mêmes liens deviennent compréhensibles si l'on accepte comme point de départ du développement de A-2 de Luc la situation de A-2 du côté de Mt-Mc. La conclusion devient claire: la partie A-2 du côté de Luc est une séquence dérivée de A-2 du côté de Mt-Mc.

   Cette conclusion est confirmée par ce que nous pouvons juger du contenu des péricopes dans Luc (A-2). Luc, tout en s'accordant sur la séquence (1, 2, 3, 4) et sur les thèmes des éléments, présente une tradition très différente des deux autres synoptiques: v.g. la vocation des premiers disciples, la proclamation du rôle de prophète, etc.

Conclusion

Tout ce développement conduit à une conclusion très importante de notre recherche: la partie D est constituée de trois parties distinctes et indépendantes l'une de l'autre: B, A-1, A-2.

---

[1] Cf. pp. 162 ss.

1. La conclusion immédiate de l'étude de A-2 est celle-ci: la partie A-2 forme un tout unifié. Aussitôt que l'on ajoute un autre élément au tableau de A-2, soit du côté de Mc-Mt, soit du côté de Luc, on brise la séquence des liens littéraires relevés du côté de Luc: on ne peut plus rendre compte de la formation de cette dernière.

2. Si la partie A-2 est un tout unifié de la sorte, elle est une entité distincte et indépendante de A-1.

3. De fait, si l'on s'arrête uniquement aux matériaux contenus dans ces deux parties, on y trouve un fondement de division qui suppose une source distincte pour chacune de ces parties: A-1 et A-2. A-1 est construite sur la répétition d'une structure identique, tandis que A-2 rassemble tous les éléments où Luc, dans la partie D, s'éloigne le plus des deux autres synoptiques.

4. Si l'on se tourne du côté de B, la division de D en A et B ressort encore avec force.

La structure parallèle de B, son unité littéraire indéniable, son thème théologique centré sur le rôle de Jésus comme exorciste, par opposition au rôle de maître et de thaumaturge de la partie A, tout cela justifie déjà une division de D en A et B.[1]

---

[1] Cf. pp. 147-153.

XVI

ÉVOLUTION DES SOURCES UTILISÉES
PAR LES TROIS SYNOPTIQUES POUR LA PARTIE D

Comparaison entre les trois sources et leur développement

Une fois établie la distinction des parties dans D, on voit la nécessité de comparer les différents stades de développement de ces parties: cela nous confirmera encore davantage dans la conviction de l'indépendance de ces parties.

Cependant, avant de procéder à cette étude, il faut préciser le sens de notre dernière conclusion. Lorsque nous parlons de l'independance des parties: A-1, A-2, B, il n'est question que d'une indépendance mutuelle; c'est-à-dire de l'indépendance d'une partie par rapport à une autre partie. Ces parties n'ont pas existé d'une manière isolée et indépendante de la formation de C.[1] Elles ont commencé à prendre naissance à l'intérieur de C. L'existence des parties A-1, A-2, B (ou mieux de sources) absolument indépendantes de toute formation évangélique pour les matériaux en question est fort peu probable. En effet, l'apparition des mêmes péricopes dans le même ordre et au même endroit dans les trois synoptiques suggère clairement que, pour le cas des trois schèmes: A-1, A-2, B, il s'agit d'une formation résultant d'une évolution à l'intérieur de C, et non d'unités isolées et indépendantes de toute formation synoptique.

Immédiatement, il devient clair que le point de comparaison ne peut se limiter aux trois sources entre elles; il faut également comparer le développement relatif de celles-ci par rapport à la partie C.

LA PARTIE B[2]

Nous avons vu que, pour la partie C, Luc présentait une formation plus primitive que les deux autres évangiles.[3] Le développement de B va dans le sens opposé à C. L'évangéliste qui présente la formation la plus primitive n'est plus Luc, comme dans le cas de C,

---

[1] Cf. pp. 138s.
[2] Cf le tableau à la p. 147 et les tableaux en face de page 218.
[3] Cf. p. 97 et tout le chapitre XII.

mais Matthieu. En effet, la partie B dans Matthieu est moins développée que dans Luc (et Marc), si l'on tient compte tant des miracles sur le bord du lac (Mt 8, 23-34; 9, 18-25) que des matériaux formant la journée de Capharnaüm dans Luc et Marc.

Immédiatement, une conclusion se dégage de cette constatation: les dernières étapes de la formation de B (représentées par Marc et Luc) ne coïncident pas avec les dernières étapes de la formation de C (représentées par Matthieu et Marc), car, autrement (si B, selon la formation de Marc et de Luc, avait participé aux derniers développements de C) ces deux parties (C et B) se développeraient dans le même sens: le stade le plus développé de B serait également représenté par Matthieu. En effet, pour expliquer ce genre de développement, il faut supposer qu'il circulait plusieurs copies de la partie C représentant divers stades de formation (du stade moins développé de Luc au stade plus développé de Matthieu et de Marc). Les copies représentant les derniers stades d'évolution de C (ceux de Matthieu et de Marc) ne devaient pas contenir les derniers stades d'évolution de B (représentés par Marc et Luc), autrement on pourrait difficilement expliquer pourquoi Matthieu, pour cette partie B, n'offre pas le même développement que les deux autres synoptiques. Cela montre clairement la manière dont s'est développée la partie D. Avant de parvenir à sa stature actuelle où les trois parties (A-1, A-2, B) sont imbriquées, la partie D s'est développée par insertion partielle: tantôt une partie s'y trouvait, tantôt l'autre. Lorsque C a évolué à partir du stade représenté par Luc jusqu'au stade représenté par Matthieu, la partie B ne s'y trouvait pas du moins pour cette dernière phase de développement. Voilà ce qui explique que cette dernière partie n'a pas pris part au dernier stade de développement de C. Cette situation fait voir encore plus clairement la division de l'évangile en partie C et D, (cette dernière représentée ici par B), en même temps que l'indépendance des parties A-1, A-2, B.

LA PARTIE A-2

Le tableau suivant[1] nous fait voir immédiatement le sens du développement de A-2. Le point de départ est l'étape de développement de A-2 dans la colonne centrale du tableau. Elle présente l'étape de développement de A-2 commun à Mt-Mc avant toute

---

[1] Cf. le tableau à la p. 189.

insertion particulière à ces deux évangélistes. A partir de ce point commun, nous avons le développement particulier à Luc à gauche et celui particulier à Mt-Mc à droite.

Si l'on compare le côté de Luc avec celui de Mt-Mc; il est clair que pour les trois premiers éléments (1, 2, 3) Luc est plus développé que les deux autres évangiles. Cependant, le discours en paraboles dans Luc est moins évolué que celui de Mt-Mc. Pour expliquer cette situation, il faut supposer que Luc a connu un stade de formation de A-2 plus primitif que celui que présente actuellement la formation de Mt-Mc (du côté droit).

Cette hypothèse est confirmée par le fait que Matthieu et Marc s'accordent à introduire quelques péricopes entre le dernier membre du sommaire et le discours en paraboles: Jésus et Béelzéboul (Mt 12, 22-32; Mc 3, 22-30), la vraie parenté de Jésus (Mt 12, 46-50; Mc 3, 31-35, tradition différente dans Lc 8, 19-21, et placée après le discours en paraboles). Pour la première péricope (Mt 12, 22-32), certes, Matthieu dépend d'une autre tradition (comparer: Lc 11, 14-22), mais le fait qu'il la place en cet endroit parallèle à Marc montre qu'il connaissait un tel développement de A-2. On ne peut supposer la même chose pour Luc car alors on ne pourrait rendre compte des attaches littéraires relevées plus haut entre les éléments de cette partie A-2: en plaçant cette péricope entre le dernier membre du sommaire (a, b, c) et le discours en paraboles, ces attaches littéraires restent inexplicables. [1]

Le point de départ de comparaison doit donc se prendre à partir de la base commune aux trois synoptiques: la colonne du centre du tableau. C'est à partir de ce point que les trois ont travaillé. Mt-Mc s'entendent à insérer dans A-2 un développement sur Béelzéboul (Mc 3, 22-30; Mt 12, 22-32). Cette entente entre Matthieu et Marc suppose que ceux-ci ont saisi la source A-2 rendue à peu près au même stade de développement. Matthieu et Marc ont donc connu A-2 dans un stade de développement plus évolué que celui de Luc. [2]

Le développement de A-2 va donc dans le même sens que C: comme pour le cas de C, Luc a connu un stade plus primitif de A-2 que celui dont Matthieu et Marc sont témoins. Cette situation fait ressortir encore plus clairement la distinction et l'indépendance

---

[1] Cf. p. 163.
[2] Cf. p. 163.

de A-2 par rapport à B. Ces deux sources ne s'entendent pas à évoluer dans le même sens. A-2 et B doivent donc appartenir à deux phases différentes et distinctes du développement de la partie D.

TABLEAU DE A-2

Point d'arrivée de Luc	Point de départ de A-2	Point d'arrivée de Mt-Mc
a) εἰς τὴν Γαλιλαίαν	a) εἰς τὴν Γαλιλαίαν	a) εἰς τὴν Γαλιλαίαν
	1) Ναζαρά	1) Ναζαρά
	2) proclamation du royaume	2) proclamation du royaume
	3) vocation des premiers disciples	3) vocation des premiers disciples
b) καὶ φήμη ἐξῆλθεν	b) καὶ ἐξῆλθεν ἡ ἀκοὴ (ἡ φήμη) αὐτοῦ	b) καὶ ἐξῆλθεν ἡ ἀκοὴ αὐτοῦ
c) καὶ αὐτὸς ἐδίδασκεν ἐν ταῖς συναγωγαῖς αὐτῶν	c) καὶ περιῆγεν... διδάσκων ἐν ταῖς συναγωγαῖς αὐτῶν	c) καὶ περιῆγεν... διδάσκων ἐν ταῖς συναγωγαῖς αὐτῶν
1) Ναζαρά (4, 16)		
2) proclamation du rôle de prophète		
3) vocation des premiers disciples (5, 1-11)		
		4) Jésus et Béelzéboul (Mc 3, 22-30; Mt 12, 22-32)
		5) vrais parents de Jésus (Mc 3, 31-35 et par.)
4) discours en ...... paraboles	4) discours en paraboles	6) discours en paraboles

LA PARTIE A-1[1]

Dans A-1, les rapprochements varient selon les éléments considérés. Sur certains points, Matthieu et Marc sont plus semblables que Marc et Luc: v.g. la visite à Nazareth: comparer Mc 6, 1-6b; Mt 13, 53-58 à Lc 4, 22-24; le sommaire schématique qui sert de gond à toute la partie A-1. Dans Luc, ce dernier sommaire n'apparaît d'une manière claire qu'en deux endroits: Lc 4, 31-32; 6,

---

[1] Cf. le tableau de A-1 p. 157. Voir les tableaux en face de p. 218 pour le tableau de A-1 particulier à chaque évangéliste.

17-18.[1] Sans doute que Luc a connu une tradition semblable à celle de Marc et de Matthieu sur la visite à Nazareth, mais le sommaire proprement dit n'apparaît pas dans Lc 4, 22-24.

Pour nous aider à reconstituer l'histoire de A-1, il est important d'évaluer l'influence de la partie B sur les dernières phases de développement de la partie A-1 (selon la présentation de Marc et de Luc). Notre effort au chapitre XV a été de montrer que A-2 était distincte et indépendante de A-1, [2] car le point de départ pour l'étude des sources était la situation des sources vues selon la perspective de Matthieu où A-1 et A-2 semblaient former une seule source. Une étude attentive de A nous a obligé à diviser A en A-1 et A-2. Maintenant, si l'on étudie le développement de A-1 dans Marc et Luc, cette exigence de la distinguer de A-2 devient encore plus urgente, car A-1, dans sa dernière phase de développement, au lieu de s'imbriquer avec la partie A-2, comme le laisserait croire la situation des sources dans Matthieu, se joint à la partie B pour former avec celle-ci la dernière phase de leur développement.

D'abord, l'enseignement à Capharnaüm (Mc 1, 21-22), qui appartient à la partie A-1,[3] semble bien être un des facteurs qui a suggéré le développement en journée de Capharnaüm (Mc 1, 21-39). Ainsi se reconnaît déjà une influence de la partie A-1 sur la partie B.

Mais l'influence s'est surtout fait sentir dans le sens opposé: la partie B sur la partie A-1. Et la même constante se remarque: seules les présentations de Marc et de Luc ont été affectées; A-1 de Matthieu n'a pas participé à cette dernière évolution.

Si l'on compare le sommaire après la discussion avec les pharisiens dans Marc (3, 7-13) et dans Luc (6, 17-19), il devient clair que beaucoup d'éléments sont insérés dans ces sommaires sous l'influence de la partie B.

Remarquons tout d'abord que le contexte même de la guérison de l'hémorroïsse[4] (qui appartient à la partie B) est reconstitué dans le sommaire de Mc 3, 9: Jésus est pressé par la foule, pour cette raison on met une barque à sa disposition: ἵνα μὴ θλίβωσιν

---

[1] Comme pour Matthieu et Marc, ce sommaire apparaît ailleurs dans Luc: v.g. 9, 10-11.

[2] Cf. pp. 156 ss.

[3] L'enseignement (διδάσκω) à Capharnaüm est un des éléments de la structure de base de A-1, voir le tableau p. 157, et également les tableaux pp. 129, 204.

[4] Mc 5, 21-43.

αὐτόν. Dans la tradition synoptique, ce verbe θλίβω n'apparaît que dans Mc 3, 9 et dans Mt 7, 14. Cependant, il réapparaît sous une forme composée dans le récit de l'hémorroïsse: Mc 5, 24, 31 (συνθλίβω); Lc 8, 45 (ἀποθλίβω). Vu que le verbe θλίβω n'apparaît, avec un contexte identique à celui de l'hémorroïsse, que dans Mc 3, 9, et sous une forme composée (avec συν- ou ἀπο-) que dans le récit de l'hémorroïsse, il faut croire à l'influence de ce dernier épisode sur le sommaire de Mc 3, 7-13.

Le mot pour décrire l'infirmité μάστιξ oriente la pensée vers la même conclusion. Dans la tradition synoptique, ce mot n'apparaît que quatre fois: Mc 3, 10; 5, 29, 34; Lc 7, 21. Ce dernier verset (Lc 7, 21) est le seul qui n'appartient pas clairement à un contexte reflétant le récit de l'hémorroïsse. Des trois autres emplois, les deux derniers Mc 5, 29, 34 viennent du récit de l'hémorroïsse, l'autre de Mc 3, 10 du sommaire en question. Ce dernier dépend donc des deux premiers, car cette guérison est la seule du genre dans toute la tradition synoptique: alors quand il est dit qu'on cherche à toucher Jésus pour y être guéri: ἵνα αὐτοῦ ἅψωνται ὅσοι εἶχον μάστιγας, cet événement vient spontanément à l'esprit.

On reconnaît l'influence de ce même épisode sur le sommaire parallèle dans Luc (6, 19): καὶ πᾶς ὁ ὄχλος ἐζήτουν ἅπτεσθαι αὐτοῦ, ὅτι δύναμις παρ' αὐτοῦ ἐξήρχετο καὶ ἰᾶτο πάντας.[1]

L'influence de la partie B sur la structure de A-1 ressort d'une manière particulière dans Luc. Dans l'épisode de l'hémorroïsse, il est question d'une puissance δύναμις qui sort de Jésus pour guérir. Luc et Marc rapportent cette même tradition: ἐγὼ γὰρ ἔγνων δύναμιν ἐξεληλυθυῖαν ἀπ' ἐμοῦ (Lc 8, 46); καὶ εὐθὺς ὁ 'Ιησοῦς ἐπιγνοὺς ἐν ἑαυτῷ τὴν ἐξ αὐτοῦ δύναμιν ἐξελθοῦσαν (Mc 5, 30). Ce même thème sert d'inclusion dans la partie A-1 de Luc pour le groupe de péricopes sur la discussion avec les pharisiens (Lc 5, 17-6, 11). La guérison du paralytique est introduite par la phrase: καὶ δύναμις κυρίου ἦν εἰς τὸ ἰᾶσθαι αὐτόν (Lc 5, 17c) et ce groupe se termine par le sommaire (6, 17-19) qui se clôt par une expression équivalente: καὶ πᾶς ὁ ὄχλος ἐζήτουν ἅπτεσθαι αὐτοῦ, ὅτι δύναμις

---

[1] Ce récit (de la guérison de l'hémorroïsse) a également laissé sa marque sur le sommaire de Mc 6, 56 (Mt 14, 36): ἵνα κἂν τοῦ κρασπέδου τοῦ ἱματίου αὐτοῦ ἅψωνται. Ce texte ne peut s'expliquer à partir du récit de l'hémorroïsse selon la version de Marc, car celui-ci ne mentionne pas: τοῦ κρασπέδου, mais à partir de celui de Matthieu et Luc, ces deux évangélistes s'accordent pour le mentionner (Mt 9, 20; Lc 8, 44).

παρ' αὐτοῦ ἐξήρχετο καὶ ἰᾶτο πάντας (Lc 6, 19). De cette manière, tout le groupe de péricopes sur la discussion dans Luc (5, 17-6, 11) est encadré par des éléments provenant de la partie B.

Le sommaire de Mc 3, 7-13 n'a pas seulement des rapprochements avec le dernier groupe de péricopes (v.g. la guérison de l'hémorroïsse) de la partie B; on remarque en plus des liens avec des éléments formant la journée de Capharnaüm.

Mc 3, 11: καὶ ἔκραζον λέγοντα ὅτι σὺ εἶ ὁ υἱὸς τοῦ θεοῦ, καὶ πολλὰ ἐπετίμα... présente beaucoup d'affinités avec Lc 4, 41: κραυγάζοντα καὶ λέγοντα ὅτι σὺ εἶ ὁ υἱὸς τοῦ θεοῦ. καὶ ἐπιτιμῶν... Ce dernier texte de Luc n'a pas de parallèle dans le texte correspondant de Mc 1, 32-34. Il vient, comme celui de Mc 3, 11, soit de l'influence du possédé de Capharnaüm: καὶ ἀνέκραξεν λέγων... οἶδα σε τίς εἶ, ὁ ἅγιος τοῦ θεοῦ, καὶ ἐπετίμησεν... Mc 1, 24-25 (Lc 4, 34-35), soit encore de l'influence du possédé gérasénien: καὶ κράξας φωνῇ μεγάλῃ λέγει· τί ἐμοὶ καὶ σοί, Ἰησοῦ υἱὲ τοῦ θεοῦ τοῦ ὑψίστου; (Mc 5, 7).

Peu importe comment s'explique la dépendance de Mc 3, 11 et celle de Lc 4, 41 (par une dépendance envers le possédé de Capharnaüm ou de Gadara); l'important est d'y reconnaître l'influence de la partie B sur la dernière phase de la formation de A-1 dans Marc et Luc.

Cette étude confirme l'indépendance de A-1 par rapport à A-2. A-1 se développe dans le même sens que B et dans le sens opposé à A-2 et à C; c'est-à-dire que A-1 comme B évolue du stade plus dégagé de Matthieu au stade plus développé de Marc et de Luc. En raison du développement parallèle de Marc et de Luc, nous concluons que ces deux évangélistes dépendent d'une source plus évoluée que celle connue originairement par Matthieu. Ce dernier travaille sur un fond commun de A-1 avant que cette dernière source ait subi l'influence de B.

Conclusion

Ce dernier chapitre n'apporte rien de complètement nouveau sur la distinction des sources: A-1, A-2, B. Il ne fait que montrer avec une plus grande clarté la nécessité de voir dans ces trois parties des sources distinctes et indépendantes de la partie D: car, chacune d'elles a sa propre histoire et son évolution particulière.

XVII

LA STRUCTURE DE BASE COMMUNE AUX TROIS SOURCES

Nous sommes arrivé à la conclusion que pour expliquer la situation de D dans les trois synoptiques, il faut reconnaître l'existence de trois sources distinctes et indépendantes: A-1, A-2, B. Ce point une fois établi, le regard se retourne spontanément en arrière dans le but de reconstituer l'histoire de la formation de chacune de ces sources.[1]

Pour bien comprendre l'approche de ce chapitre, il faut revenir encore une fois sur la nature de l'indépendance des sources. Il n'est pas question de sources isolées de la formation synoptique de base: c'est-à-dire de C. Pour cette raison, la partie D, à un moment ou l'autre de sa formation a connu trois différentes insertions correspondantes aux trois sources: A-1, A-2, B. Vu que cette distinction des sources de D provient de l'étude de l'état actuel des synoptiques, cette division de D en A-1, A-2, B ne vaut que pour la dernière phase de développement de celles-ci. Rien ne s'oppose donc à ce que, dans l'histoire de leur formation, elles aient eu pour point de départ une base commune et unique avant de se diversifier en trois sources indépendantes. Si dans leur phase finale on affirme leur indé-

---

[1] On pourrait peut-être s'opposer à cette hypothèse en alléguant le fait qu'on n'a pas encore trouvé de manuscrits révélant une telle situation des sources pour la partie que nous appelons D. La même objection demeure vraie pour toute hypothèse postulant des sources pour expliquer le problème synoptique: on n'a pas encore trouvé de manuscrits confirmant l'existence d'une source Q. Les manuscrits jusqu'à date n'apportent aucun secours au sujet des sources antérieures à nos évangiles actuels. La seule théorie qui puisse tirer profit de cette situation de fait est celle de la transmission orale: hypothèse par ailleurs rejetée par la majorité des auteurs. Mais on peut également expliquer ce fait en reconnaissant que la formation des synoptiques n'est pas tant une juxtaposition et une accumulation de sources isolées qu'un processus de croissance autour d'un noyau central; celui-ci s'est développé en diverses phases successives jusqu'à la stature des synoptiques actuels. Pour cette raison, ce qui est souvent conçu comme une source isolée en raison d'une tradition divergente peut n'être en dernière analyse qu'une étape dans l'évolution d'une source unique à l'origine, comme nous l'avons démontré plus haut pour la partie A-2.

pendance mutuelle, on peut encore se demander s'il en était ainsi dès l'origine. Il reste donc à répondre aux problèmes suivants : ces sources ont-elles suivi tout au long de leur formation une ligne parallèle et indépendante l'une de l'autre ? Ou au contraire, a-t-il existé un point de départ commun ? si oui, à quel moment de leur formation ont-elles commencé à bifurquer pour aboutir finalement aux trois schèmes indépendants ?

Deux possibilités s'offrent présentement : 1) tout au long de leur formation, elles se sont développées d'une manière indépendante l'une de l'autre ; elles ne se sont rejointes que pour la formation définitive de la partie D des synoptiques actuels ; 2) elles ont eu un point de départ commun sur lequel se sont greffés les matériaux particuliers à chaque source. Dans le premier cas, il n'y a aucun point de rencontre entre les trois. Dès leur stade initial, chacune contenait des matériaux différents. Les trois sources s'entendent uniquement sur l'endroit de leur insertion dans la partie C. Déjà cette dernière coïncidence rend difficile l'acceptation de cette possibilité. Comment justifier une entente commune à insérer différents matériaux au même endroit dans C ? D'ailleurs, une analyse sommaire des trois sources oriente plutôt la réflexion vers la seconde possibilité : une base commune sur laquelle se sont construites les trois sources.

Examinons de plus près les trois sources A-1, A-2, B, pour voir s'il n'y a pas un point de départ commun. Il est évident, dès le début de cette recherche, que cette base commune ne peut être une péricope ou un groupe de péricopes appartenant aux matériaux particuliers à l'une ou à l'autre source. Cette constatation précise notre orientation : alors il faut 1) réduire chacune des sources à leur point de départ initial en les dépouillant de ce qui leur est particulier, 2) voir si cette structure qui en résulte sert réellement de gond autour duquel s'est groupé tous les matériaux inclus dans la source, 3) et finalement examiner si cette structure de base constitue le point de rencontre entre les trois sources.

Deux sommaires sur le ministère de Jésus ont cristallisé tous les matériaux contenus dans D. L'un de ces sommaires est à la base de la formation de A-2 et de B. L'autre à la base de A-1.

I. LE SOMMAIRE (a, b, c) À LA BASE DE A-2 ET DE B

Un sommaire (a, b, c), portant sur l'enseignement de Jésus

ϵn Galilée, remplit en partie la troisième condition: point de rencontre entre les sources A-2 et B.

a) εἰς τὴν Γαλιλαίαν

b) καὶ ἐξῆλθεν ἡ φήμη (ἡ ἀκοὴ) αὐτοῦ . . .

c) καὶ περιῆγεν . . . διδάσκων ἐν ταῖς συναγωγαῖς αὐτῶν

Ce sommaire (a, b, c) a été mis clairement en évidence dans l'étude que nous avons faite de ces deux sources.[1]

Avant d'étudier les rapports entre le sommaire (a, b, c) et les matériaux contenus dans A-2 et B, nous présentons sur un seul tableau ces deux sources.

LE RAPPORT DU SOMMAIRE (a, b, c) AVEC LES MATÉRIAUX DE A-2 ET DE B

Partie B	*Partie A-2 du côté de Mt-Mc*
a) εἰς τὴν Γαλιλαίαν (Mt 4, 12; Mc 1, 14)	
. . . .	1) Ναζαρά (Mt 4, 13)
. . . .	2) proclamation de la proximité du royaume (Mt 4, 17; Mc 1, 15)
. . . .	3) vocation des premiers disciples (Mt 4, 18-22; Mc 1, 16-20)
b) καὶ ἐξῆλθεν ἡ ἀκοὴ αὐτοῦ (Mt 4, 24a; Mc 1, 28)	
c) καὶ περιῆγεν . . . διδάσκων ἐν ταῖς συναγωγαῖς αὐτῶν (Mt 4, 23a; Mc 1, 39)	
1) guérison d'un lépreux (Mc 1, 40-45; Mt 8, 1-4)	
2) guérison de la belle-mère de Pierre (Mt 8, 14-15)	
3) guérisons multiples (Mt 8, 16)	
	4) discours en paraboles (Mt 13, 1-35; Mc 4, 1-34)
4) tempête apaisée (Mt 8, 23-27; Mc 4, 35)	
5) démoniaques gadaréniens (Mt 8, 28-34; Mc 5, 1-20)	
6) guérison d'une hémorroïsse et résurrection. . . (Mt 9, 18-25) Mc 5, 21-43)	
b) καὶ ἐξῆλθεν ἡ φήμη αὕτη (Mt 9, 26)	
c) καὶ περιῆγεν. . . διδάσκων ἐν ταῖς συναγωγαῖς αὐτῶν (Mt 9, 35a; Mc 6, 6b)	
CONSIGNE DE MISSION	

---

[1] Cf. pp. 164 ss. pour la partie A-2 et pp. 147 ss. pour la partie B. Voir également le tableau ci-dessus indiquant la position des deux sources en

A) *La source A-2*

Nous avons suffisamment développé les rapports entre le sommaire (a, b, c) et les autres éléments (1, 2, 3, 4) contenus dans cette source. [1] La manière de composer de Luc, dans cette partie A-2, laisse voir clairement que le sommaire (a, b, c) sert de gond autour duquel se groupent les matériaux (1, 2, 3, 4). Il suffit maintenant d'établir le point de départ de la formation de A-2.

Nous avons vu plus haut que la séquence de Lc 4, 14-30 vient du travail rédactionnel de Luc. Cependant, rien n'empêche qu'à un stade primitif de la tradition synoptique, ce sommaire (a, b, c) soit suivi immédiatement d'une visite à Nazareth. Nous verrons plus loin que cette séquence est de fait le point de départ de la partie A-1.[2] Mais pour expliquer la formation de Lc 4, 14-30, il faut partir de A-2 du côté de Mt-Mc. Pour cette raison nous avons mis sur le tableau cette dernière représentation de A-2.

D'après la formation de A-2 selon la présentation de Mt-Mc, ce même sommaire (a, b, c) est suivi immédiatement du discours en paraboles.[3] Les relations que nous avons relevées dans Luc entre le troisième membre du sommaire (a, b, c): Lc 4, 43-44: καὶ ταῖς ἑτέραις πόλεσιν εὐαγγελίσασθαί με δεῖ τὴν βασιλείαν τοῦ θεοῦ, . . . καὶ ἦν κηρύσσων εἰς τὰς συναγωγὰς . . . et Lc 8, 1: καὶ αὐτὸς διώδευεν κατὰ πόλιν καὶ κώμην κηρύσσων καὶ εὐαγγελιζόμενος τὴν βασιλείαν τοῦ θεοῦ . . . qui introduit le discours en paraboles, sont probablement des vestiges d'un stade primitif de la formation de A-2 où, comme le montre Mt-Mc, il existait alors un contact immédiat entre le sommaire (a, b, c) et le discours en paraboles. Dans ce contexte, les éléments (1, 2, 3) placés d'après la présentation de Mt-Mc entre le premier et le second membre du sommaire sont des insertions plus récentes. Ils ne brisent pas le lien plus primitif entre le sommaire (a, b, c) et le discours en paraboles. Par ces réminiscences littéraires (Lc 4, 43-44 et 8, 1) Luc n'a fait que l'expliciter.

B) *La source B*

A l'exception de la consigne de mission, tous les matériaux de

---

relation avec ce sommaire. Pour une étude de ce sommaire dans chaque évangile voir le chapitre XVIII et surtout les tableaux à la fin du chapitre.

[1] Cf. pp. 181-184.
[2] Cf. pp. 209 ss.
[3] Voir le tableau à la page 189 et les explications pp. 187 s.

la partie B sont encadrés par les deux derniers membres du sommaire: καὶ ἐξῆλθεν ἡ ἀκοὴ αὐτοῦ (Mt 4, 24a; 9, 26; Mc 1, 28) et καὶ περιῆγεν ... διδάσκων ἐν ταῖς συναγωγαῖς αὐτῶν (Mt 4, 23a; 9, 35a; Mc 1, 39; 6, 6b). La source B commence par le sommaire (a, b, c) et se termine par la consigne de mission. L'importance donnée aux deux pôles de la partie B est perceptible par la répétition du sommaire (a, b, c) immédiatement avant la consigne de mission. Pourquoi ce doublet remarqué aussi bien dans Marc que dans Matthieu? La seule explication satisfaisante: le sommaire était originairement suivi de la consigne de mission. Le reste des matériaux de la partie B encadré par ce doublet est une insertion plus tardive. C'est ce que nous essayerons de démontrer.

Il y a une ferme tradition synoptique qui fait suivre ce sommaire (a, b, c) soit de la guérison d'un lépreux (Mc 1, 40-44 et par.) soit de la consigne de mission.

Sommaire suivi de la guérison d'un lépreux	*Sommaire suivi de la consigne de mission*
a) εἰς τὴν Γαλιλαίαν (Mc 1, 14; Mt 4, 12)	a)
b) καὶ ἐξῆλθεν ἡ ἀκοὴ αὐτοῦ (Mc 1, 28; Mt 4, 24a; Lc 4, 37)	b) καὶ ἐξῆλθεν ἡ φήμη αὕτη (Mt 9, 26)
c) καὶ περιῆγεν ... διδάσκων ἐν ταῖς συναγωγαῖς αὐτῶν (Mc 1, 39; Mt 4, 24a; Lc 4, 44)	c) καὶ περιῆγεν ... διδάσκων ἐν ταῖς συναγωγαῖς αὐτῶν (Mt 9, 35a; Mc 6, 6b)
Guérison d'un lépreux (Mc 1, 40-45; Mt 8, 2-4; Lc 5, 12-16)	Consigne de mission (Mt 10; Mc 6, 7-13)

Laquelle des deux séquences est au point de départ de la formation de B?

1) *Le sommaire suivi de la guérison d'un lépreux*

Dès l'abord, on serait porté à donner notre préférence à la première. Les trois synoptiques s'entendent à placer après le dernier membre du sommaire (a, b, c) la guérison d'un lépreux [1]. De plus, ce sommaire semble mieux placé au début de l'évangile (peu importe la péricope qui le suit). De fait, ce n'est qu'ici, au début de la présentation du message évangélique, que les trois éléments du sommaire (a, b, c) sont le plus immédiatement per-

---

[1] Les matériaux qui obscurcissent ce contact immédiat soit dans Matthieu: discours sur les béatitudes, soit dans Luc: vocation des premiers disciples, ne proviennent pas de la même tradition synoptique. En faisant abstraction de ces matériaux, la séquence se rétablit.

ceptibles; et à preuve, que l'on considère Lc 4, 14-15 ou Mc 1, 14, 28, 39 et par. Il n'en est pas ainsi de la seconde hypothèse: le sommaire qui précède la consigne de mission ne contient qu'un membre (Mc 6, 6b; Mt 9, 35a) sans relation immédiate avec le début de l'évangile.

Il est indéniable que ce sommaire résume le ministère galiléen et qu'il est à sa place normale au début de l'évangile. Cependant, cet argument ne prouve pas que la péricope qui le suivait, au début de l'histoire de ce sommaire, était la guérison d'un lépreux. Même le fait de trouver que c'est sa place normale au début de la présentation évangélique devient un argument en faveur du caractère primitif de la seconde séquence (sommaire suivi de la consigne de mission); car dans le premier cas, ce qui est conservé c'est la position de ce sommaire dans la structure globale de la présentation évangélique: il sert d'introduction au ministère galiléen. Peu importe la péricope qui le suit immédiatement: les insertions de Matthieu et de Luc entre le troisième membre du sommaire et la guérison du lépreux montrent qu'ils n'ont pas porté beaucoup attention à ce lien. Si ce sommaire appartient normalement au début de l'évangile, il doit y avoir une raison tout à fait spéciale pour laquelle Matthieu et Marc gardent le lien de ce sommaire avec la consigne de mission. Ces bribes du sommaire placées avant la consigne de mission doivent conserver une tradition plus ancienne qui n'a pas été complètement effacée en dépit des multiples transformations que lui a fait subir la transmission du texte.

2) *Sommaire suivi de la consigne de mission*

On peut résumer comme suit les arguments en faveur de cette dernière hypothèse:

i) Malgré l'aspect fragmentaire, qui est le prix d'une transmission prolongée, Mc 6, 6b: καὶ περιῆγεν... διδάσκων a conservé une formule plus primitive pour le dernier membre du sommaire que Mc 1, 39: καὶ ἦλθεν κηρύσσων...[1] Cela va de pair avec le caractère plus primitif de l'endroit où Matthieu et Marc s'entendent pour le situer: immédiatement avant la consigne de mission.

ii) Un second argument est la présence de Mt 9, 26: καὶ ἐξῆλθεν ἡ φήμη αὕτη (correspondant pour la forme à Lc 4, 14b: καὶ φήμη ἐξῆλθεν).

---

[1] Voir p. 178 s. pour une discussion sur la formule primitive de Mc 6, 6b.

Ce second membre du sommaire sert de lien entre le groupe de péricopes situé sur le bord du lac (c'est-à-dire Mc 4, 35-5, 43 et par. de la partie B) et la consigne de mission. [1] Peu importe qui est l'auteur de cette transposition (Matthieu ou sa source), il devient évident que l'auteur en question connut une tradition où un lien était établi entre ce sommaire et la consigne de mission. La présence de ce membre en cet endroit (Mt 9, 26): entre les miracles sur le bord du lac et la consigne de mission, a) montre que la séquence: les péricopes des miracles sur le bord du lac (Mc 4, 35-5, 43) suivies de la consigne de mission, représente une structure connue de Matthieu (en raison de la source B), et b) montre l'existence d'une tradition très primitive sur le lien entre ce sommaire et la consigne de mission.

iii) Un autre argument se voit dans l'effort de Matthieu de transposer entre les miracles aux environs du lac et le discours de mission le sommaire (a, b, c) placé par Marc et Luc après la guérison du lépreux. Mc 1, 45: ὁ δὲ ἐξελθὼν ἤρξατο κηρύσσων πολλὰ καὶ διαφημίζειν τόν λόγον est presqu'une répétition littérale du second membre du sommaire. [2]

La version de Luc montre avec encore plus de clarté qu'il y a une intention de reproduire en cet endroit ce sommaire (a, b, c). Il est intéressant de remarquer qu'ici Luc suit sa propre version du sommaire [3] et offre un parallèle indéniable à celle de Mt 4, 24.

Mt 4, 24	Lc 5, 15
καὶ ἀπῆλθεν ἡ ἀκοὴ αὐτοῦ....	διήρχετο δὲ μᾶλλον ὁ λόγος περὶ αὐτοῦ
καὶ προσήνεγκαν αὐτῷ	καὶ συνήρχοντο ὄχλοι πολλοὶ ἀκούειν
καὶ ἐθεράπευσεν αὐτούς	καὶ θεραπεύεσθαι ἀπὸ τῶν ἀσθενειῶν αὐτῶν

Matthieu ne répète pas le sommaire à l'endroit parallèle à Marc et à Luc (c'est-à-dire, après la guérison du lépreux). Tout indique que Matthieu (ou sa source) a transposé ce même sommaire entre le groupe des miracles aux environs du lac (Mc 4, 35-5, 43 et par.) et le discours de mission. La correspondance entre le texte de Mc 1, 45: ὁ δὲ ἐξελθὼν ἤρξατο κηρύσσειν πολλὰ καὶ διαφημίζειν τὸν

---

[1] Cf. le tableau de la partie B, p. 147: Mt 9, 26 est situé entre le groupe de péricopes près du lac (Mt 8, 23-34; 9, 18-25; Mc 4, 35-5, 43) et la consigne de mission (Mt 10; Mc 6, 7-13).

[2] Il y a également répétition en partie du troisième membre selon la version particulière à Mc 1, 39: καὶ ἦλθεν . . . κηρύσσων comparée à Mc 1,45: ὁ δὲ ἐξελθὼν . . . κηρύσσειν . . .

[3] Comparer Lc 5, 15a à Lc 4, 37.

λόγον et celui de Mt 9, 31: οἱ δὲ ἐξελθόντες διεφήμισαν αὐτὸν ἐν ὅλῃ τῇ γῇ ἐκείνῃ est révélatrice. Pour se convaincre du rapport entre ces deux textes, remarquons que Mc 1, 45 et Mt 9, 31 s'entendent pour décrire la diffusion de la renommée de Jésus à employer un verbe dérivé de φήμη: διαφημίζω. Ce mot φήμη n'apparaît que deux fois dans le N.T.: Lc 4, 14b et Mt 9, 26, c'est-à-dire dans deux passages reproduisant le second membre du sommaire (a, b, c). En plus, le verbe διαφημίζω n'apparaît que trois fois dans le N.T.: Mc 1, 45; Mt 9, 31; 28, 15. On peut négliger Mt 28, 15 qui ne concerne pas la renommée de Jésus. Il ne reste donc que Mc 1, 45 et Mt 9, 31: les deux textes ici en question. Mt 9, 31 transposé ici montre le caractère primitif du lien entre ce sommaire (a, b, c) et la consigne de mission.

3) *Point de départ de la formation de B: le sommaire (a, b, c) suivi de la consigne de mission*

Quelle formation littéraire peut répondre à toutes les apparitions de ce sommaire[1] dans la partie B et plus particulièrement du lien indéniable que Marc et surtout Matthieu établissent entre ce sommaire et la consigne de mission?

La meilleure explication est de supposer que tous les éléments contenus entre la première apparition du sommaire (Mc 1, 14a, 28, 39 et par.) et la dernière (Mc 6, 6b et par.) sont des insertions plus récentes, et par conséquent le sommaire (a, b, c) suivi de la consigne de mission constitue la première phase de la formation de B.

Les différentes apparitions du sommaire sont des réminiscences des phases subséquentes du développement de B dues à une préoccupation de conserver le lien primitif entre ce sommaire et la consigne de mission.

La seconde phase serait l'insertion de la péricope de la guérison du lépreux entre le dernier membre du sommaire et la consigne de mission. Pour conserver le lien originel du sommaire avec la consigne de mission on a reproduit de nouveau le sommaire après la guérison du lépreux. On y a probablement reproduit le second et le troisième membres (Mc 1, 45).[2]

---

[1] Il apparaît au début de la partie B (Mc 1, 14a, 28, 39; Mt 4, 12a, 23a, 24a; Lc 4, 14-15; 4, 37, 44); après la guérison du lépreux (Mc 1, 45; Lc 5, 15); entre les miracles aux environs du lac et la consigne de mission (Mc 6, 6b; Mt 9, 26, 31, 35a).

[2] Voir la p. 199, n. 2.

En raison des insertions subséquentes (et surtout du groupe de miracles aux environs du lac) entre la guérison du lépreux et la consigne de mission, le troisième membre s'est détaché de la guérison du lépreux pour se lier définitivement dans Marc et Matthieu à la consigne de mission (Mc 6, 6b; Mt 9, 35a).

Dans la tradition conservée par Matthieu, le lien entre le sommaire et la consigne de mission a été accentué: il n'a pas conservé les éléments du sommaire après la guérison du lépreux; par contre, il répète deux fois le second membre (9, 26 et 9, 31) et une fois le troisième membre (9, 35a) avant la consigne de mission.

De toutes façons, ces multiples indices montrent qu'une tradition ferme et primitive établit un lien très étroit entre le sommaire et la consigne de mission: cette structure est au point de départ de la formation de B. Ce sommaire appartient de sa nature au début de la partie D (c'est-à-dire, au début du ministère de Jésus en Galilée) et joue le rôle d'élément unificateur pour toutes les insertions subséquentes entre ce sommaire et la consigne de mission.

Conclusion

Nous rejoignons donc l'objectif proposé pour les deux sources A-2 et B. 1) Ce sommaire est le point de départ de la formation des deux sources A-2 et B, 2) il sert de lien entre tous les éléments contenus dans la partie B, comme de gond autour duquel se groupent les éléments de la partie A-2, 3) finalement il constitue le point de rencontre entre ces deux sources. A partir de ce sommaire, les deux parties A-2 et B se développent indépendamment l'une de l'autre.

II. LE SOMMAIRE À LA BASE DE A-1 ET SON RAPPORT AVEC LE SOMMAIRE À LA BASE DE A-2 ET DE B

Il n'y a aucune difficulté à discerner la structure à la base de la partie A-1 car elle était au point de départ de la distinction des deux sources A-1 et A-2.[1]

Comme rappel aux lecteurs, nous la reproduisons de nouveau:

α) ἀνεχώρησεν . . .

β) καὶ ἠκολούθησαν αὐτῷ

γ) καὶ ἐθεράπευσεν (ἐδίδασκεν) αὐτούς

Immédiatement un premier élément de solution est clair: ce

---

[1] Cf. pp. 156 s.

sommaire est à l'origine de la formation de A-1, comme celui commun à A-2 et à B l'est pour celles-ci.

Cependant, le problème se complique lorsqu'on cherche à déterminer le rapport entre A-1 et les deux autres sources (A-2 et B). Mais à un moment donné, dans l'histoire de la formation de D, les trois sources ont abouti au même endroit dans C. A quel moment s'est fait cette rencontre?

Deux possibilités se présentent immédiatement à l'esprit: 1) A-1 s'est développé tout au long d'une manière parallèle et indépendante de A-2 et de B, et s'est rejoint uniquement au dernier stade d'évolution pour constituer la partie D, 2) la rencontre entre A-1 et les deux autres sources s'est d'abord réalisée au niveau des deux sommaires de base: celui à la base de A-2 et de B, et celui à la base de A-1, avant de se rejoindre de nouveau pour former finalement la partie D; ce qui revient à dire: A-1 a également comme point de départ le sommaire (a, b, c) commun aux deux autres sources.

On ne voit pas la possibilité d'un autre moyen terme, car tout le reste des matériaux contenus dans chacune des sources est particulier à celles-ci et ne peut par conséquent constituer une base commune de rencontre entre les sources. Il faut donc repousser le point de rencontre jusqu'au dernier élément de base qui, dans le cas de A-1, est la structure de base de celle-ci (α, β, γ). Si, par contre, on affirme qu'une des sources (A-1, A-2, B) dans sa structure actuelle a servi de base à la formation de D en groupant autour d'elle les matériaux des deux autres sources, on détruit du coup toute possibilité d'expliquer la formation de la partie D, car alors on sape les fondements de la distinction des sources dans D: facteur essentiel pour justifier la divergence de l'ordonnance en cette partie. Si par exemple, la partie A-1, dans sa dernière étape d'évolution, était la source de base autour de laquelle tous les matériaux des deux autres sources se sont groupé, alors on n'aurait aucune raison de distinguer trois sources dans D, car A-2 et B ne seraient que le prolongement de A-1. Et du coup, l'imbrication de A-1 et de A-2 rendrait inexplicable les liens littéraires remarqués dans Luc pour A-2; également, l'indentification de B avec A-1 détruirait toute possibilité d'expliquer la divergence dans l'ordonnance de la partie D.

Donc la distinction des trois sources doit être maintenue tout au long de l'accroissement de celles-ci. Dans ce cas, s'il a existé un point de rencontre entre les trois sources antérieur au dernier stade de développement, et c'est justement notre hypothèse, cela n'a pu avoir lieu qu'au niveau des structures qui servent de base à A-2 et B d'un côté et à A-1 de l'autre. Car, à partir de ces structures de base, ces sources commencent à se diversifier par l'addition des matériaux particuliers à chacune d'elles.

Les deux possibilités[1] de solution mentionnées plus haut sont exclusives: si l'on parvient à montrer que A-1 a également comme point de départ de formation le sommaire (a, b, c) commun aux deux autres sources, l'autre possibilité tombe d'elle-même.

Nous avons de forts indices en faveur de cette dernière hypothèse: que A-1 aussi bien que les deux autres sources est bâtie sur le sommaire (a, b, c) commun à A-2 et B. Cependant, que ce sommaire (a, b, c) soit à la base de la formation de A-1, comme il l'est pour les deux autres parties, n'est pas immédiatement perceptible; cela peut s'expliquer du fait que nous regardons A-1 au terme de sa formation, et ce qui ressort avant tout comme structure de base est le sommaire (α, β, γ).

Mais s'il est vrai que la partie A-1 s'est formée graduellement comme les deux autres sur le sommaire (a, b, c), la croissance de A-1 jusqu'à son état actuel doit s'expliquer par un échange continuel entre le sommaire (a, b, c) et le sommaire (α, β, γ) qui lui sert de base. En même temps, l'histoire de la formation de A-1 doit pouvoir expliquer trois phénomènes caractéristiques à cette partie: 1) pourquoi la répétition de ce même sommaire (α, β, γ)? 2) pourquoi les rapprochements entre le sommaire qui termine la discussion avec les pharisiens dans Mc 3, 7 s et celui qui commence l'évangile de Mt 4, 25-5, 2? 3) pourquoi tous les autres sommaires du même genre dans Matthieu ont-ils au dernier terme le verbe θεραπεύω,[2] tandis que seuls ceux qui sont à la base de la visite à Nazareth (Mt 13, 53-58) et de l'enseignement situé à Capharnaüm dans Mc 1, 21-22 (Mt 5, 2) ont διδάσκω?

Nous avons vu que la partie A-1 était construite sur le sommaire (α, β, γ) répété trois fois. Voyons les caractéristiques de chaque répétition de ce sommaire, cela nous conduira à établir l'histoire de la formation de cette partie.

---

[1] Cf. p. 202.
[2] Mt 12, 15-16; Mt 14, 13-14; Mt 19, 1-2; cf. les tableaux pp. 157, 131.

1. *L'enseignement à Capharnaüm* (Mc 1, 21-22)

L'enseignement à Capharnaüm (α, β, γ) est inséré dans la présentation de Marc entre le premier et le second membre du sommaire (a, b, c),

> a) εἰς τὴν Γαλιλαίαν (Mc 1, 14)
>> α) ... εἰς Καφαρναούμ (Mc 1, 21)
>> γ) εἰσελθὼν εἰς τὴν συναγωγὴν ἐδίδασκεν (Mc 1, 21)
>> δ) καὶ ἐξεπλήσσοντο ... (Mc 1, 22)
> b) καὶ ἐξῆλθεν ἡ ἀκοὴ αὐτοῦ (Mc 1, 28)
> c) καὶ ἦλθεν κηρύσσων εἰς τὰς συναγωγὰς αὐτῶν (Mc 1, 39)

tandis que dans Matthieu le sommaire (α, β, γ) domine et c'est le sommaire (α, β, γ) qui est cette fois inséré.

> α) ἀνεχώρησεν ... (Mt 4, 12)
>> a) εἰς τὴν Γαλιλαίαν (Mt 4, 12a)
>> c) καὶ περιῆγεν ... διδάσκων ἐν ταῖς συναγωγαῖς αὐτῶν (Mt 4, 23a)
>> b) καὶ ἀπῆλθεν ἡ ἀκοὴ αὐτοῦ (Mt 4, 24a)
> β) καὶ ἠκολούθησαν αὐτῷ ὄχλοι πολλοί (Mt 4, 25)
> γ) καὶ ... ἐδίδασκεν ... (Mt 5, 2)
> δ) ἐξεπλήσσοντο ... (Mt 7, 28)

Mais de tout manière, on voit déjà un rapport entre ces deux sommaires (a, b, c et α, β, γ).

2. *La finale de la discussion avec les pharisiens* (Mc 3, 7-13)

La structure de Matthieu est beaucoup plus dépouillée que celle de Marc et de Luc.

Mt 12, 15-16	Mc 3, 7-13
α) ἀνεχώρησεν ...	α) ἀνεχώρησεν ...
β) καὶ ἠκολούθησαν αὐτῷ πολλοί	β) καὶ πολὺ πλῆθος ἀπὸ τῆς Γαλιλαίας ἠκολούθησεν· καὶ ἀπὸ ... καὶ ἀπὸ ... καὶ ἀπὸ ...
γ) καὶ ἐθεράπευσεν αὐτοὺς πάντας	γ) πολλοὺς γὰρ ἐθεράπευσεν, ὥστε ... καὶ τὰ πνεύματα τὰ ἀκάθαρτα, ὅταν αὐτὸν ἐθεώρουν, προσέπιπτον αὐτῷ ...
δ) καὶ ἐπετίμησεν αὐτοῖς ἵνα μὴ φανερὸν αὐτὸν ποιήσωσιν	δ) καὶ πολλὰ ἐπετίμα αὐτοῖς ἵνα μὴ αὐτὸν φανερὸν ποιήσωσιν — καὶ ἀναβαίνει εἰς τὸ ὄρος — καὶ προσκαλεῖται ... — καὶ ἀπῆλθον πρὸς αὐτόν

Cependant, il faut remarquer deux accords entre Marc et Matthieu qui ne se retrouvent pas dans les deux autres emplois de ce sommaire (α, β, γ) dans la partie A-1. a) Le verbe ἀναχωρέω, qui est le verbe habituel de Matthieu dans ce sommaire,[1] ne se rencontre qu'ici dans Marc. Cela montre que Marc rapporte une formule de sa source. b) Au lieu de διδάσκω au troisième membre, comme pour les deux autres cas (Mc 1, 21-22; Mc 6, 2), on voit apparaître le verbe θεραπεύω qui est le verbe ordinaire dans Matthieu pour ce genre de sommaire.[2] Il y a une fluctuation dans la formule du troisième sommaire, car là où Matthieu a θεραπεύω (Mt 14, 14; 19, 2), Marc aux lieux parallèles a διδάσκω (Mc 6, 34; 10, 1). Cette hésitation semble également exister dans le premier emploi du sommaire (α, β, γ) dans Mt 4, 24-5, 2.

α) ἀνεχώρησεν . . . (Mt 4, 12)

β) καὶ ἠκολούθησαν αὐτῷ ὄχλοι πολλοί   β) καὶ προσήνεγκαν αὐτῷ πάντας . . .
   ἀπὸ . . . (Mt 4, 25)   (Mt 4, 24b)

γ) καὶ . . . ἐδίδασκεν αὐτούς . . .   γ) καὶ ἐθεράπευσεν αὐτούς (Mt 4, 24c)
   (Mt 5, 2)

δ) ἐξεπλήσσοντο . . . (Mt 7, 28)

Mais cet échange de διδάσκω à θεραπεύω n'est pas encore un fait accompli, il n'y a que juxtaposition des deux expressions. D'ailleurs, selon l'ordre habituel du sommaire, θεραπεύω (Mt 4, 24c) devrait passer après ἀκολουθέω (Mt 4, 25). Par contre, dans le sommaire après la discussion avec les pharisiens, cet échange de διδάσκω à θεραπεύω est réalisé. Une étude comparative de Mt 4, 24-5, 2 et du sommaire (α, β, γ) après la discussion avec les pharisiens (Mc 3, 7-13 et par.) aidera à faire comprendre comment une situation telle que Mt 4, 24- 5, 2 a contribué à effectuer cet échange.

Les rapports entre Mt 4, 24-5, 2 et Mc 3, 7-13 (et par.) ont toujours intrigué les exégètes. Examinons de plus près les correspondances.

a) Au deuxième membre du sommaire dans Mc 3, 7-8 (Lc 6, 17), se rattache un développement qui dans Matthieu n'apparaît pas au lieu parallèle (Mt 12, 15-16) mais au deuxième membre du sommaire à la première apparition de celui-ci (Mt 4, 25).

---

[1] Mt 4, 12; 12, 15; 14, 13, cf. tableau p. 131.
[2] Mt 15, 16; 14, 14; 19, 2.

Mt 4, 25	Mc 3, 7-8

β)[1] καὶ ἠκολούθησαν αὐτῷ ὄχλοι πολλοὶ   β)[1] καὶ πολὺ πλῆθος
    ἀπὸ τῆς Γαλιλαίας   ἀπὸ τῆς Γαλιλαίας ἠκολούθησεν
    καὶ Δεκαπόλεως   καὶ ἀπὸ τῆς Ἰουδαίας
    καὶ Ἱεροσολύμων   καὶ ἀπὸ Ἱεροσολύμων
    καὶ Ἰουδαίας   καὶ ἀπὸ τῆς Ἰδουμαίας
    καὶ πέραν τοῦ Ἰορδάνου   καὶ πέραν τοῦ Ἰορδάνου
                                      καὶ περὶ Τύρον καὶ Σιδῶνα, πλῆθος
                                      πολύ,

b) Mc 3, 10-12 poursuit le développement du troisième membre du sommaire (α, β, γ) dont le verbe principal est θεραπεύω. Pour ce développement, il se sert des éléments qui apparaissent dans Mt 4, 24bc et lieux parallèles. Cependant, il est plus tributaire des versions parallèles de Mc 1, 32-34 et Lc 4, 40-41 que de celle de Mt 4, 24bc.

Mc 3, 10-12	Mc 1, 32-34	Lc 4, 40-41
β) καὶ πλῆθος ... ἠκολούθησεν ...	β) ἔφερον πρὸς αὐτὸν πάντας ...	β) ἤγαγον αὐτοὺς πρὸς αὐτόν ...
γ) πολλοὺς γὰρ ἐθεράπευσεν ...	γ) καὶ ἐθεράπευσεν πολλούς ...	γ) ἐθεράπευεν αὐτοὺς
καὶ τὰ πνεύματα τὰ ἀκάθαρτα,	καὶ δαιμόνια πολλὰ ἐξέβαλεν	ἐξήρχετο δὲ καὶ δαιμόνια ἀπὸ πολλῶν
ὅταν αὐτὸν ἐθεώρουν προσέπιπτον αὐτῷ		
καὶ ἔκραζον λέγοντα ὅτι σὺ εἶ ὁ υἱὸς τοῦ θεοῦ		κραυγάζοντα καὶ λέγοντα ὅτι σὺ εἶ ὁ υἱὸς τοῦ θεοῦ
δ) καὶ πολλὰ ἐπετίμα αὐτοῖς ἵνα μὴ αὐτὸν φανερὸν ποιήσωσιν	δ) καὶ οὐκ ἤφιεν λαλεῖν τὰ δαιμόνια ὅτι ᾔδεισαν αὐτόν	δ) καὶ ἐπιτιμῶν οὐκ εἴα αὐτὰ λαλεῖν ὅτι ᾔδεισαν τὸν χριστὸν αὐτὸν εἶναι

c) A ces correspondances, il faut ajouter la formule qui introduit dans Mt 5, 1 le discours sur les béatitudes et dans Mc 3, 13 l'appel des douze.

Encore ici, comme dans le cas précédent, le développement de Mc 3, 13 se construit parallèlement à Mt 4, 24bc à la suite de l'expression avec le verbe θεραπεύω.

L'étude de ces échanges semble orienter vers une conclusion préliminaire. Au début, il n'y avait qu'une structure, qui actuelle-

---

[1] La lettre grecque β correspond au second membre du sommaire (α, β, γ).

Mt 4, 12-5, 2		Mc 3, 7-13
α) ἀνεχώρησεν ... (Mt 4, 12)		α) ἀνεχώρησεν ...
β) καὶ ἠκολούθησαν αὐτῷ ... (Mt 4, 25)	β) καὶ προσήνεγκαν αὐτῷ (Mt 4, 24b)	β) καὶ ... ἠκολούθησεν ...
γ) καὶ ἐδίδασκεν αὐτούς (Mt 5, 2)	γ) καὶ ἐθεράπευσεν αὐτούς (Mt 4, 24c)	γ) καὶ πολλοὺς γὰρ ἐθεράπευσεν
	i) ἰδὼν δὲ τοὺς ὄχλους (Mt 5, 1)	ii) καὶ ἀναβαίνει εἰς τὸ ὄρος (Mc 3, 13)
	ii) ἀνέβη εἰς τὸ ὄρος	
	iii) καὶ καθίσαντος αὐτοῦ	(καὶ προσκαλεῖται ...)
	iv) προσῆλθαν αὐτῷ	iv) καὶ ἀπῆλθον πρὸς αὐτόν

ment est distribuée tantôt au début tantôt après le groupe de péricopes sur la dispute avec les pharisiens. Elle a été saisie par l'un et l'autre évangéliste à différentes étapes de son évolution. La première étape est celle de la juxtaposition des deux verbes διδάσκω et θεραπεύω, comme dans Mt 4, 24-25. La seconde, celle de Mt 12, 15-16 où déjà le verbe θεραπεύω, remplace le verbe διδάσκω. La troisième étape est le développement autour du verbe θεραπεύω comme dans Mt 4, 25 et Mc 3, 7-8. La quatrième est le développement sur l'expulsion de satan et l'imposition du silence (Mc 3, 10-12; Mc 1, 32-34). Et finalement, l'addition de la structure sur l'ascension de la montagne (Mc 3, 13; Mt 5, 1). L'ordre suivi n'est pas forcément celui-là; mais il suffit de prendre conscience qu'au point de départ il n'y avait qu'une seule structure (α, β, γ) placée au début de l'évangile. Elle a été répétée ensuite après la discussion avec les pharisiens.

On peut reconnaître, dans le sommaire situé entre la guérison d'un lépreux et le groupe de péricopes sur la discussion avec les pharisiens dans Lc 5, 15-17, une phase intermédiaire entre le développement plus sommaire de Mt 4, 24-25 et le stade plus évolué de Mc 3, 7-13.

L'ordre de Lc 5, 15-17 est identique à celui de Mt 4, 24-25: après le verbe θεραπεύεσθαι, le développement sur les lieux de provenance des foules. Il s'agit d'une répétition, après la guérison d'un lépreux (Lc 5, 12-14), des sommaires qui étaient situés avant cette péricope.[1] Comme dans Mt 4, 24, le sommaire de Lc 5, 15 garde son attache au sommaire (a, b, c): διήρχετο...ὁ λόγος, qui est à la base des parties A-2 et B.[2] Mais également des éléments du sommaire

[1] Voir plus haut pp. 199 ss.
[2] Cf. pp. 192 ss.

Lc 5, 15-17	Mt 4, 24-25
b)[1] διήρχετο δὲ μᾶλλον ὁ λόγος περὶ αὐτοῦ	b)[1] καὶ ἀπῆλθεν ἡ ἀκοὴ αὐτοῦ
β) καὶ συνήρχοντο ὄχλοι πολλοὶ ἀκούειν	β) καὶ προσήνεγκαν αὐτῷ ...
γ) καὶ θεραπεύεσθαι	γ) καὶ ἐθεράπευσεν αὐτούς
β) οἵ ἦσαν ἐληλυθότες ἐκ πάσης χώμης τῆς Γαλιλαίας καὶ Ἰουδαίας καὶ Ἰερουσαλήμ (Lc 5, 17)	β) καὶ ἠκολούθησαν αὐτῷ ὄχλοι πολλοὶ ἀπὸ τῆς Γαλιλαίας καὶ Δεκαπόλεως καὶ Ἰεροσολύμων καὶ Ἰουδαίας καὶ πέραν τοῦ Ἰορδάνου

(α, β, γ) sont présents. Et ce qui est encore plus intéressant, le même rapport remarqué plus haut entre les deux sommaires (a, b, c et α, β, γ) est répété. Il faut probablement expliquer Mc 3, 7-13 (et par.) de la même manière: il s'agit d'une structure qui se trouvait originairement au début de l'évangile, à l'endroit parallèle à Mt 4, 24 s; elle a été répétée après le groupe de péricopes sur la discussion avec les pharisiens.

Quelle formation littéraire peut rendre compte alors de toutes les évolutions de ce sommaire (α, β, γ)? 1) son échange entre son premier emploi et son second emploi: si l'on compare Mt 4, 24-5, 2 (et par.) et Mc 3, 7-13 (et par.)? 2) son évolution: passant du verbe διδάσκω au verbe θεραπεύω au troisième membre du sommaire? 3) la présence d'une partie de ce développement du sommaire dans Lc 5, 15-17 situé entre la guérison d'un lépreux (Lc 5, 12-15) et le groupe de péricopes sur la discussion avec les pharisiens?

La meilleure explication de tous ces phénomènes, c'est de supposer que tous ces développements du sommaire (α, β, γ), distribués tantôt au commencement de la partie A-I, tantôt après la dispute avec les pharisiens, tantôt entre la guérison d'un lépreux et le groupe de péricopes sur la dispute avec les pharisiens (Lc 5, 15-17), formaient originairement un seul résumé sur le ministère de Jésus. Il était placé à l'endroit parallèle où se situe actuellement l'inauguration du ministère en Galilée (Mc 1, 14; Mt 4, 12) et était suivi immédiatement de la visite à Nazareth (comme nous le verrons plus loin). Dans le processus de la formation de la partie A-I, l'insertion du groupe de péricopes sur la dispute avec les

---

[1] La lettre romaine b correspond au second membre du sommaire (a, b, c), et les lettres grecques (β, γ) au deuxième et troisième membre du sommaire (α, β, γ).

pharisiens (Mc 2, 1-3, 6), entre ce résumé du début et la visite à Nazareth, a occasionné ces divergences dans la distribution de ce sommaire. En raison de cette insertion (le groupe de péricopes sur la discussion avec les pharisiens), on a eu tendance à répéter le même résumé à la fin de ce groupe de péricopes.

Matthieu (ou sa source) a préféré garder le développement du sommaire au début (Mt 4, 24-5, 2) et a répété schématiquement le sommaire (Mt 12, 15-16); Marc (ou sa source) a tout simplement repoussé tout ce développement à la fin du groupe (Mc 3, 7-13) et n'a gardé que les membres du sommaire (α, β, γ) au début (Mc 1, 21-22).

Lc 5, 16-17 garde les vestiges de la formation de A-1: il encadre le groupe de péricopes sur la discussion avec les pharisiens d'éléments appartenant au développement du sommaire (α, β, γ); c'est-à-dire, il commence ce groupe de péricopes par Lc 5, 15-17 et le termine par Lc 6, 17-19.

Cet encadrement présente un stade de développement de A-1 qui n'a pas été conservé dans les deux autres synoptiques.

De tout ce développement sur la finale de la discussion avec les pharisiens,

1. il faut retenir que le groupe de péricopes sur la discussion avec les pharisiens appartient à une étape plus tardive de la formation de A-1.

2. Avant l'insertion de ce groupe, il n'y avait qu'une seule structure placée au début du ministère en Galilée.

3. Cette structure s'est développée, même avant l'insertion de ce groupe de péricopes, autour du sommaire (α, β, γ). Elle était liée, dès l'origine, au sommaire (a, b, c).

3. *La visite à Nazareth* (Mc 6, 1-6 et par.)

Il résulte de l'étude précédente que, si l'on fait abstraction du groupe de péricopes sur la dispute avec les pharisiens (Mc 2, 1-3, 6), on atteint un stade primitif de la formation de A-1. Et par suite, dans les premiers stades de la formation de A-1, la péricope sur la visite à Nazareth (Mc 6, 1-6) se situait au début de cette partie.

Une étude plus attentive révélera que cette dernière péricope a été très tôt en contact avec le sommaire (a, b, c) qui est à la base des deux autres sources: A-2 et B. En d'autres mots, on peut encore découvrir des traces de ce stage primitif de la formation de A-1 où le sommaire (a, b, c) était suivi immédiatement de la ivsite à Nazareth.

Dès lors, si l'on fait abstraction du groupe de péricopes sur la dispute avec les pharisiens, il ne reste plus que deux emplois du sommaire (α, β, γ), vu que le premier (celui à Capharnaüm) et le second (celui après la dispute avec les pharisiens) sont identifiés.[1]

Maintenant, le premier emploi du sommaire (α, β, γ) formant l'enseignement à Capharnaüm Mc 1, 21-22 est imbriqué dans Marc entre le premier et le second membre du sommaire (a, b, c).[2] Le sommaire (a, b, c) est un résumé du ministère en Galilée, tandis que l'insertion du sommaire (α, β, γ) dans Mc 1, 21-22 sert à restreindre le lieu où Jésus exerce son activité: d'un enseignement qui se répand dans toute la Galilée selon le sommaire (a, b, c), il devient, en raison du sommaire (α, β, γ), un enseignement qui se situe avant tout à Capharnaüm. Dans Matthieu, ce sommaire (α, β, γ) joue ce même rôle (il enseigne sur la montagne, 5, 2) par rapport au sommaire plus général sur le ministère en Galilée (a, b, c). On peut dès maintenant voir l'interrelation de ces deux sommaires dans le premier emploi de (α, β, γ). Qu'on regarde du côté de Matthieu ou de Marc, le sommaire (α, β, γ) se définit en relation avec le sommaire (a, b, c). Dans la présentation de Marc (et de Luc), il apparaît comme une insertion secondaire dans le sommaire (a, b, c). Ce point ressortira encore plus clairement après l'étude de la péricope sur la visite à Nazareth. Voici comment devait apparaître la source A-1 avant l'insertion du groupe de péricopes sur la dispute avec les pharisiens.

a) εἰς τὴν Γαλιλαίαν (Mc 1, 14)
    α) ἀνεχώρησεν (Mt 4, 12) εἰς Καφαρναούμ (Mc 1, 21)
    β) καὶ ἠκολούθησαν αὐτῷ (Mt 4, 25a)
    γ) καὶ ... ἐδίδασκεν αὐτούς (Mt 5, 2; Mc 1, 21)
    δ) ἐξεπλήσσοντο ... (Mt 7, 28; Mc 1, 22)
b) καὶ ἐξῆλθεν ἡ ἀκοὴ αὐτοῦ (Mc 1, 28; Mt 4, 24a)
c) καὶ περιῆγεν ... διδάσκων ἐν ταῖς συναγωγαῖς αὐτῶν (Mc 1, 39; Mt 4, 23a)
Visite à Nazareth (Mc 6, 1-6; Mt 13, 53-58):
    α) εἰς τὴν πατρίδα αὐτοῦ
    β) καὶ ἀκολουθοῦσιν αὐτῷ (Mc 6, 1)
    γ) καὶ ... διδάσκειν ἐν τῇ συναγωγῇ
    δ) καὶ ... ἐξεπλήσσοντο

La visite à Nazareth apparaît comme le premier développement

---

[1] Cf. la conlusion à la page 208.
[2] Cf. le tableau p. 204.

de la source A-1. En faveur de ce stage de formation de A-1 (le sommaire (a, b, c) immédiatement suivi de la visite à Nazareth), nous avons plusieurs indices.

1. Une expression dans la péricope sur la visite à Nazareth révèle une influence du sommaire (a, b, c) sur cette péricope. Pour décrire l'enseignement à Nazareth, il est dit:

Mt 13, 54: καὶ ... ἐδίδασκεν αὐτοὺς ἐν τῇ συναγωγῇ αὐτῶν
Mc 6, 2: καὶ ... διδάσκειν ἐν τῃ συναγωγῇ

Cette expression „enseigner dans (la ou leur) synagogue" appartient typiquement au troisième membre du sommaire (a, b, c).[1] Voici que, par exception, elle se rencontre dans le récit de la visite à Nazareth: le troisième membre du sommaire (α, β, γ), qui sert de base à la visite à Nazareth, a été assimilé au troisième membre du sommaire (a, b, c). Cette assimilation est d'autant plus surprenante que dans les autres emplois du sommaire (α, β, γ), le verbe usuel dans Matthieu est θεραπεύω et non διδάσκω. Seuls Mt 5, 2 et Mt 13, 54 (qui appartiennent l'un et l'autre au sommaire α, β, γ) font exception. Et si l'on compare l'emploi de ces deux derniers cas (visite à Nazareth et enseignement à Capharnaüm) dans les trois synoptiques, le rapprochement entre l'expression utilisée dans la visite à Nazareth (Mt 13, 54; Mc 6, 2) et le troisième membre du sommaire (a, b, c) ressort encore davantage.

Enseignement à Capharnaüm
Mc 1, 21: καὶ ... εἰσελθὼν εἰς τὴν συναγωγὴν ἐδίδασκεν
Mt 5, 2: καὶ ... ἐδίδασκεν αὐτούς
Lc 4, 31: καὶ ἦν διδάσκων αὐτούς

Troisième membre du sommaire (a, b, c)
Mt 4, 23: καὶ περιῆγεν ... διδάσκων ἐν ταῖς συναγωγαῖς αὐτῶν

Des trois premiers (Mc 1, 21; Mt 5, 2; Lc 4, 31), seul Marc parle d'une synagogue; mais εἰς τὴν συναγωγήν est lié non à ἐδίδασκεν, comme c'est le cas de Mt 13, 54 (Mc 6, 2) et du troisième membre du sommaire (a, b, c), mais à εἰσελθών. Donc, l'expression dans

---

[1] H. Schürmann affirmait que la structure Lc 4, 14-30 a servi de source à Matthieu et à Luc. Cf. la discussion plus haut, pp. 170 ss. Nous avons montré qu'au contraire l'ordre de Lc 4, 14-30 vient du travail rédactionnel de cet auteur. Cependant, rien n'empêche que la séquence: le sommaire (a, b, c) suivi de la visite à Nazareth, soit une séquence très ancienne, mais on ne peut partir uniquement de Lc 4, 14-30 pour l'établir.

l'enseignement à Capharnaüm ne donne pas l'effet d'une influence immédiate du sommaire (a, b, c).

On ne peut nier, par contre, l'influence de ce sommaire (a, b, c) sur l'expression employée dans la visite à Nazareth. Et la meilleure explication de cette influence vient du tableau précédent: [1] au stade primitif de la formation de A-1, le sommaire (a, b, c) était en contact immédiat avec la visite à Nazareth.

2. Cette hypothèse sur le stade primitif de la formation de A-1 nous permet d'expliquer comment s'est développé, à l'intérieur du sommaire (a, b, c), un enseignement à Capharnaüm (Mc 1, 21-22).

L'insertion d'un enseignement à Capharnaüm à l'intérieur du sommaire (a, b, c) avait pour effet, comme nous l'avons vu, de restreindre à un lieu concret la description du ministère en Galilée contenue dans le sommaire (a, b, c). Pour comprendre cette évolution, examinons le cas similaire de la visite à Nazareth.

La visite à Nazareth semble avoir suivi une voie parallèle: d'un ministère général en Galilée, elle s'est limitée à un ministère particulier à Nazareth.

De sa nature, le sommaire (α, β, γ) à la base de la visite à Nazareth, est une description aussi générale que le sommaire (a, b, c). Ni l'introduction de la péricope signalant la venue de Jésus dans sa patrie: εἰς τὴν πατρίδα αὐτοῦ (Mc 6, 1), ni le *logion*: οὐκ ἔστιν προφήτης ἄτιμος εἰ μὴ ἐν τῇ πατρίδι αὐτοῦ (Mc 6, 4) ne font penser à une ville déterminée, et encore moins à Nazareth. Le mot πατρίς signifie de lui-même, non une ville, mais une région. Il est vrai que dans le contexte actuel le mot πατρίς s'entend de la ville de Nazareth, mais cette restriction vient du second membre de phrase qu'on y a ajouté: καὶ ἐν τοῖς συγγενεῦσιν αὐτοῦ καὶ ἐν τῇ οἰκίᾳ αὐτοῦ (Mc 6, 4b). Dans Jean 4, 44, ce même *logion* s'applique, d'après l'interprétation la plus probable, à toute la région de la Galilée. [2]

---

[1] Cf. p. 210: si l'on fait abstraction du sommaire (α, β, γ) situé entre le premier et le second membre du sommaire (a,b, c).

[2] Les exégètes ne sont pas d'accord sur la région signifiée par πατρίς dans Jn 4, 44: Galilée ou Judée? Cependant, d'apres l'interprétation la plus satisfaisante, il semble signifier la Galilée. Cf. C. H. DODD, *Historical Tradition in the Fourth Gospel*, Cambridge, 1963, p. 239 s. La difficulté de l'interprétation de Jn 4, 44 vient peut-être de l'usage primitif du *logion*. L'opposition qui se révèle dans les synoptiques entre Capharnaüm et Nazareth est peut-être une transposition d'une opposition qui existait originairement entre la Galilée et la Judée dont Jérusalem est le centre. Les récits discordants sur les lieux d'apparitions du Christ ressuscité dans Matthieu et dans Marc

D'un ministère concernant toute la Galilée, l'adage s'est restreint à une ville particulière, Nazareth; disculpant ainsi toute la région. L'antithèse devient alors entre la bonne réception en Galilée par opposition à Nazareth: c'est-à-dire, entre le sommaire (a, b, c) qui souligne l'expansion de la renommée de Jésus dans toute la Galilée et la péricope sur la visite à Nazareth.

Finalement, cette opposition s'est précisée: la rivale de Nazareth est devenue Capharnaüm, la ville que Jésus a choisie pour y exercer son ministère en Galilée. L'insertion du sommaire (α, β, γ) sur l'enseignement à Capharnaüm (Mc 1, 21-22) à l'intérieur du sommaire (a, b, c) joue justement le rôle de restreindre à une ville concrète le sommaire (a, b, c) et de préciser ainsi l'antithèse: Nazareth-Capharnaüm. De la sorte s'explique également l'assimilation de la formule pour décrire le ministère de Jésus dans ces deux villes antithétiques. Comme le sommaire (a, b, c) a influencé la formule de la visite à Nazareth (Mt 13, 54; Mc 6, 2): καὶ . . . ἐδίδασκεν αὐτοὺς ἐν τῇ συναγωγῇ αὐτῶν la formulation de cette dernière péricope sur la visite à Nazareth a influencé à son tour celle de Capharnaüm (Mc 1, 21-22): εἰσελθὼν εἰς τὴν συναγωγὴν ἐδίδασκεν. Cependant, l'expression de Mc 1, 21 n'a pas été influencée directement par le sommaire (a, b, c) mais par la péricope sur la visite à Nazareth. Mc 1, 21-22 (et par.) a été inséré après coup sous l'influence de la visite à Nazareth; il se trouve donc au bout de la ligne de l'évolution de la formule, cela explique son éloignement de la formule originelle du sommaire (a, b, c).

3. On peut voir un vestige de cette ordonnance (le sommaire (a, b, c) suivi de la visite à Nazareth) dans la présentation de Lc 4, 14-15 suivi de la visite à Nazareth selon la tradition commune à Marc et à Matthieu (Lc 4, 23-24). La raison pour laquelle Luc a placé cette partie de la triple tradition en cet endroit vient peut-être de la connaissance d'une stade de formation de A-1 où le sommaire (a, b, c) était suivi immédiatement de la visite à Nazareth (Mc 6, 1-6).

---

d'un côté (en Galilée: Mt 26, 32; 28, 7, 10; Mc 14, 28; 16, 7) et dans Luc de l'autre (à Jérusalem: Lc 24, 47, 50-53) sont des témoins de cette opposition dans l'église primitive. L'effort de Mt 4, 14-16 de donner un sens eschatologique à la région de Galilée, la réclame des Juifs en face des Samaritains dans Jn 4, 22, comme l'insistance de Luc sur Jérusalem comme centre du drame du salut, peuvent refléter la même préoccupation.

Conclusion

L'évolution de la formation de la partie A-1 peut se résumer ainsi: *1ᵉʳ stade*, le sommaire (a, b, c) est mis en opposition à la visite à Nazareth qui le suit immédiatement; *2ᵉ stade*, l'insertion de l'enseignement à Capharnaüm dans le sommaire (a, b, c) établissant l'opposition cette fois entre Capharnaüm et Nazareth; *3ᵉ stade*, l'insertion du groupe de péricopes sur la discussion avec les pharisiens; ce qui a occasionné soit une répétition du sommaire (α, β, γ) comme dans Mt 12, 15-16, soit de repousser ce sommaire (α, β, γ) avec tout son développement après ce groupe de péricopes comme dans Mc 3, 7-13 et Lc 6, 17-19.

Aussi bien pour la partie A-1 que pour les deux autres, le point de départ est le sommaire (a, b, c). Ce sommaire réalise donc les conditions mentionnées plus haut: il est le point de rencontre des trois sources: A-1, A-2, B, vu que chacune y trouve son point de départ; et de plus, il sert de lien entre tous les éléments contenus dans chacune des sources.

XVIII

RECONSTITUTION DE LA PARTIE D
DANS LES TROIS SYNOPTIQUES

Après avoir montré que le point de départ des trois sources est le sommaire (a, b, c), il est temps maintenant de refaire à nouveau l'histoire de la formation de D.

Le premier stade de développement de la partie D est l'insertion du sommaire (a, b, c) dans la partie C entre la péricope sur la tentation de Jésus au désert (Mc 1, 12-13) et celle sur Hérode et Jésus (Mc 6, 14-16). Ce développement se poursuit avec trois insertions indépendantes à la suite du sommaire (a, b, c): 1) la visite à Nazareth, 2) le discours en paraboles, 3) la consigne de mission.

a) εἰς τὴν Γαλιλαίαν

b) καὶ ἐξῆλθεν ἡ ἀκοὴ αὐτοῦ

c) καὶ περιῆγεν διδάσκων ἐν ταῖς συναγωγαῖς αὐτῶν

1) visite à Nazareth   2) discours en paraboles   3) consigne de mission

Ces trois insertions: 1, 2, 3 sont respectivement à l'origine de la formation des trois sources: A-1, A-2, B.

Il n'est pas nécessaire de reprendre toutes les phases de développement de chacune des sources; cela a déjà été suffisamment élaboré tout au long du travail.[1]

Il suffira de présenter un tableau synoptique illustrant l'ordonnance respective des sources dans un même évangile.[2] Cette distribution fera voir comment la note particulière à chaque source contribue à donner à la partie D la caractéristique propre à chaque évangile.

La ligne du côté gauche de la page indique l'ordonnance de chaque évangile dans la partie D. Les lignes transversales qui rejoignent la ligne à gauche font voir la place respective de chaque élément. Les lignes verticales indiquent le contenu de chaque source.

---

[1] Pour la source A-1: pp. 201-214; pour la source A-2: pp. 181-184 et 196; pour la source B: pp. 196-201.

[2] Voir les tableaux en face de p. 218.

Nous avons souligné la première insertion de chaque source: la consigne de mission pour la source B, la visite à Nazareth pour la source A-1, le discours en paraboles pour la source A-2. Il est à remarquer que chacune de ces péricopes se situe à la partie inférieure de la source. En raison de la disposition des sources dans chaque tableau, ces trois péricopes forment une sorte de graphique ascendant, commençant par la source la plus à gauche.

Nous avons tenu à faire ressortir le plus clairement possible le sommaire (a, b, c), il est placé sur la ligne gauche indiquant l'ordonnance, en raison de son importance dans la structure de D. Nous avons cependant laissé le sommaire (a, b, c) de Lc 4, 14-15 dans la source A-2, vu que celle-ci se présente sous une forme dérivée.

Dans le tableau synoptique de Marc et de Luc, nous avons suivi, en raison de leur importance, l'ordre suivant: B, A-1, A-2. La partie B vient la première car elle est clairement celle qui englobe tout les matériaux de la partie D dans ces deux évangiles: elle commence par le sommaire (a, b, c) et se termine par la consigne de mission.

Vient ensuite la source A-1: les sources B et A-1 sont inséparables pour ces deux évangélistes. Ils ont connu ces deux sources dans leur dernière évolution, c'est-à-dire lorsque déjà ces deux sources étaient jointes l'une à l'autre.[1] On comprend alors que, en raison de B et de A-1, Marc et Luc sont le plus rapprochés l'un de l'autre.

La troisième source A-2 est placée la dernière c'est-à-dire à droite de la page, dans Marc et Luc, parce que par celle-ci ces deux évangélistes s'éloignent le plus l'un de l'autre et que, par contre, Marc et Matthieu se rapprochent le plus. De fait, la source A-2 (comme de raison, on fait ici abstraction des matériaux de la double tradition) est celle qui donne la note distinctive à la partie D dans Luc; en raison des deux autres sources, Luc est fort semblable à Marc, si ce n'est que pour une petite exception: la place de la péricope sur la visite à Nazareth (Mc 6, 1-6; Lc 4, 22b-24). Mais on a vu comment cette divergence devait s'expliquer: Luc a pu avoir connu A-1 à un stade de développement très primitif où la visite à Nazareth suivait immédiatement le sommaire (a, b, c).[2] C'est peut-être également sous l'influence de cette disposition de A-1 qu'il a construit la péricope qui commence la partie D dans son évangile (Lc 4, 14-30).

---

[1] Voir le développement pp. 189-192.
[2] Cf. p. 209 s.

Pour Matthieu, nous avons l'ordre suivant: A-1, A-2, B. Dans Marc et Luc, le sommaire (a, b, c) prédomine dès le début de la partie D. Dans ce sommaire est inséré l'enseignement à Capharnaüm (Mc 1, 21-22) qui fait partie de la source A-1. Dans Matthieu, les rôles sont renversés: le sommaire (α, β, γ) prédomine et le sommaire (a, b, c) se présente comme une insertion dans celui-là. Cette prédominance de la partie A-1 ne s'arrête pas au début de la partie D. La partie A-1 joue, dans Matthieu, le même rôle que la partie B dans Marc et dans Luc: A-1 englobe tous les matériaux de la partie D car elle commence la partie D par le sommaire (α, β, γ), (au lieu du sommaire a, b, c comme dans Luc et Marc), et elle la termine par la visite à Nazareth qui est une troisième reprise du sommaire (α, β, γ), (au lieu de la consigne de mission comme dans Marc et Luc). Lorsque Matthieu a utilisé la source A-1, elle n'était pas arrivée au dernier stade de développement qu'elle devait connaître lorsque les deux autres évangélistes l'utiliseraient; en d'autres mots, elle n'était pas encore englobée dans la structure de la source B. C'est pour cette raison que, partant de la perspective de Matthieu, la division de D en parties A et B était plus perceptible que la division en A-1 et A-2. Cette dernière distinction est surtout une contribution de l'étude de Marc et de Luc.

Deux facteurs donnent donc la note caractéristique à D dans Matthieu (abstraction faite des éléments provenant de la double tradition): l'importance donnée à la source A-1 et le rôle secondaire joué par la partie B. La partie B, au lieu d'avoir été saisie à sa pleine maturité comme dans Marc et Luc, reste embryonnaire; et même la consigne de mission (maintenant devenue discours de mission), tout en conservant son ordonnance caractéristique, est tirée dans le courant d'une seconde source (la source II de la double tradition)[1] dont Matthieu conserve précieusement l'ordonnance et à laquelle il donne la part du lion. Nous avons souligné sur le tableau la place relative de la consigne de mission aussi bien dans la source B que dans la source II. Matthieu continue à utiliser cette dernière source jusqu'au discours en paraboles;

---

[1] Pour Luc et Matthieu nous avons indiqué également la double traditon. Le sigle I comprend les péricopes que Matthieu et Luc ont en commun dans la partie D. Le sigle II dans Luc se réfère aux éléments provenant de sources particulières à cet évangéliste. Ce même sigle (II) dans Matthieu désigne les éléments qui se trouvent dans une autre partie de Luc et dont Matthieu a conservé l'ordonnance.

pour cette raison, il remplace également par cette dernière source
la péricope sur Jésus et Béelzéboul (12, 22-32) qui était d'ailleurs
un accroissement secondaire de la source A-2.[1]

Une caractéristique de la structure de D qui se maintient dans
les trois synoptiques: aucun évangéliste n'a changé l'ordonnance
de la source qu'il utilisait. Mais cet aspect de D est particulièrement
étonnant dans Matthieu car il puise dans au moins cinq différentes
sources pour construire sa partie D; cependant, aucune d'elles
ne semble avoir été modifiée dans le procédé. A ce stade de la
recherche, ce point doit être maintenant évident pour les trois
sources de la triple tradition comme il l'est pour celle de la double
tradition. Matthieu peut avoir ajouté ou retranché l'un ou l'autre
élément mais l'ordonnance des péricopes de la double tradition
reste intacte.

Pour terminer, nous donnons la séquence parallèle de ces deux
sources (I et II) dans Matthieu et Luc. Seuls les deux derniers
éléments de la source II sont intervertis mais il est difficile de juger
à qui attribuer cette inversion.

Source I

Matthieu	Luc
discours sur les béatitudes	discours sur les béatitudes
(5, 3-7, 27)	(6, 20-49)
guérison du serviteur d'un centurion . .	guérison du serviteur d'un centurion
(8, 5-13)	(7, 1-10)
question de Jean-Baptiste.	question de Jean-Baptiste
(11, 1-15)	(7, 18-30)
jugement sur sa génération.	jugement sur sa génération
(11, 16-19)	(7, 31-35)

Source II

exigences apostoliques	exigences apostoliques
(8, 18-22)	(9, 57-62)
consigne de mission	consigne de mission
(10)	(10, 1-12)
malheur aux villes sur le bord du lac . . .	malheur aux villes sur le bord du lac
(11, 20-24)	(10, 13-15)
évangile révélé aux simples.	évangile révélé aux simples
11, 25-27)	(10, 21-22)
Jésus et Béelzéboul.	Jésus et Béelzéboul
(12, 22-32)	(11, 14-22)
le signe de Jonas	retour offensif de l'esprit immonde
(12, 38-42)	(11, 24-26)
retour offensif de l'esprit immonde	le signe de Jonas
(12, 43-45)	(11, 29-32)

---

[1] Cf. pp. 187 s.

CONCLUSION GÉNÉRALE

Si nous comparons le tableau synoptique en face de page 54 avec les trois derniers tableaux de la partie D dans Marc, Luc et Matthieu, on perçoit d'un coup d'œil le point de départ et le point d'arrivée de notre thèse: ces trois derniers tableaux présentent la solution apportée au problème que posait le tableau synoptique en face de page 54. Ils font voir à la fois 1) l'ordonnance particulière à chaque évangéliste pour la partie D (la ligne sur le côté gauche du tableau), 2) les sources utilisées par chaque évangéliste (trois sources pour Marc, cinq sources pour Matthieu et Luc: pour la triple et la double tradition), 3) le point de départ de la formation de D: la structure de base (a, b, c) qui apparaît dans la première colonne à gauche avant les colonnes indiquant les sources, 4) la position précise de cette structure de base (a, b, c) dans chacune des sources.

De tout ce travail, il ressort un point fondamental pour la solution du problème synoptique: les évangiles se sont formés graduellement. La formation des synoptiques est une histoire à multiples étapes. C'est parce qu'on n'a pas pris sérieusement ce point en considération qu'on s'est buté à tant de difficultés. On a voulu sauter au-dessus de ces multiples étapes pour arriver immédiatement à une solution globale et identique pour toute la matière évangélique. Cependant ce travail montre clairement qu'il n'existe pas une solution uniforme pour toute la matière évangélique. Les évangiles tels que nous les avons actuellement sont une structure composite.

Au terme de cette recherche, nous sommes arrivé à la conclusion qu'il faut reconnaître à la base du problème synoptique deux étapes fondamentales de formation synoptique pour les matériaux de la triple tradition.[1]

En effet, une division claire et commune aux trois synoptiques s'est manifestée dans les matériaux de la triple tradition: une partie (C) appartenait à une formation primitive, tandis qu'une autre partie (D) se présentait comme une ajoute plus tardive.

C'est en raison de la méconnaissance de ces deux étapes de

---

[1] Dans la partie C, il y aurait peut-être lieu de considérer le récit de la passion comme une étape antérieure. On pourrait alors parler de trois différentes étapes de formation.

formation dans les matériaux de la triple tradition que les ,,solutions'' globales telles que celle des deux sources ou celle de L. VAGANAY se heurtent à des difficultés insurmontables.

Toute la deuxième partie de la thèse a été consacrée à démontrer l'existence de ces deux étapes fondamentales de la formation synoptique.

Cette division bipartite de la formation synoptique se base sur quatre chefs d'arguments.

1. D'abord le simple fait qu'il existe deux parties bien distinctes quant à l'ordonnance: une partie où l'ordonnance est commune (C) et une partie où l'ordonnance est différente (D), oblige à reconnaître deux étapes fondamentales dans la formation synoptique.

En effet, on ne peut, d'une part, expliquer cette division quant à l'ordonnance à partir d'un évangile unique couvrant toute la matière évangélique, que cet évangile soit Marc ou le Matthieu primitif tel que proposé par L. VAGANAY ou X. LÉON-DUFOUR, et, d'autre part, il faut reconnaître la dépendance des synoptiques actuels par rapport à une structure-type, du moins pour expliquer l'ordonnance commune.

Donc d'un côté, il y avait nécessité de reconnaître une structure-type, et d'un autre côté, de constater que cette structure-type ne pouvait contenir toute la matière évangélique de la triple tradition.

Pour répondre à ces deux conditions, il était nécessaire d'établir une division quant à la formation des synoptiques:

a) d'abord la structure-type C correspondait à la première étape de la formation synoptique,

b) à laquelle graduellement une autre partie D s'est ajoutée.

Ainsi s'est élucidé le problème de la constance comme de l'inconstance dans l'ordonnance des péricopes chez les synoptiques.

Cette explication de l'ordonnance a été confirmée par le fait que la présence de la partie instable (D) brise l'unité littéraire aussi bien que l'ordonnance commune de C dans les trois synoptiques.

2. Les rapprochements que nous avons relevés entre Mc-Mt contre Mc-Lc dans C et les rapprochements dans le sens opposé dans D constituent un autre argument en faveur de la distinction de deux étapes dans la formation synoptique.

Ces comparaisons nous ont permis de montrer que Luc a connu

la partie C dans un stade de formation plus primitif que Mc-Mt, tandis que Matthieu au contraire a connu D dans un stade de formation plus primitif que Marc et Luc.

Ces rapprochements laissent voir clairement que C a suivi une voie de formation très différente de D. La conclusion la plus plausible était donc que C eut, pour un certain temps, une existence indépendante de D.

3. Un autre chef d'argument pour démontrer la formation bipartite des évangiles est le comportement particulier à chaque évangéliste dans la rédaction de la partie D.

a) *Dans Marc et Luc*

Marc et Luc ont manifesté par leur travail rédactionnel qu'ils avaient conscience que la partie D était formée de groupes hétérogènes.

Luc par ses ,,transpositions" a mis en relief la présence de ces différents groupements dans D.

Marc, de son côté, au lieu de faire ressortir l'existence de ces groupes de péricopes, comme c'est le cas de Luc, a cherché à établir par des structures stéréotypées une unité entre eux. Cela montre justement qu'il avait pris conscience de l'état composite de cette partie.

b) *Dans Matthieu*

Un des arguments les plus probants montrant que D s'est inséré graduellement dans la partie C est l'état de D dans Matthieu.

i) Quant au groupe de péricopes formant la journée de Capharnaüm dans Marc et Luc, nous avons constaté deux points:

Premièrement Matthieu, en ne rapportant que les éléments formant l'ossature de cette journée, présente un stade de formation plus primitif que celui que nous trouvons dans Marc et Luc.

Deuxièmement, même à la base de ce groupe de péricopes se trouve une structure stéréotypée sur laquelle tout le groupe a été construit.

Par cette structure stéréotypée on atteint donc un stade de formation encore plus primitif que celui qui se trouve actuellement dans Matthieu.[1]

---

[1] C'est, comme la troisième partie le montre, la structure à la base de la partie A-1.

De toute évidence, ce groupe de péricopes n'a pas été formé d'un seul jet. Il y a eu une évolution à partir d'une structure stéréotypée jusqu'au stade de formation représenté par Marc et Luc. Quant au degré de formation, Matthieu se place à un stade intermédiaire entre celui représenté par *Mc-Lc* et celui représenté par la structure stéréotypée.

ii) L'étude enfin des autres groupes de péricopes qui suivent celles mentionnées plus haut a clairement montré que la partie D a été insérée graduellement dans C.

En effet, en prenant compte de la manière de composer de Matthieu, il a été possible de rétablir l'état des sources utilisées par Matthieu pour ces groupes de péricopes.

Matthieu n'a pas connu un exemplaire de C où toutes les péricopes de la triple tradition de la partie D étaient acquises.

Pour constituer la partie D telle qu'elle se trouve actuellement dans son évangile, Matthieu a dû se servir de plusieurs exemplaires de C, car aucun de ces exemplaires ne contenait à lui seul toutes les péricopes de la triple tradition. La partie D s'est donc formée par une insertion progressive de péricopes.

Le but de la troisième partie était de pousser à bout la conclusion de la deuxième partie: la partie D s'est développée progressivement.

Il fallait donc établir le point de départ de la formation de D. Cependant, ce point de départ (la structure de base: a, b, c) ne pouvait être atteint que par l'intermédiaire des évangiles actuels. Seul Matthieu fournissait un point d'appui solide pour affirmer l'utilisation de sources disparates et distinctes pour la partie D. Mais la comparaison avec les deux autres synoptiques nous a révélé une situation de sources presque identiques pour ces trois écrits. Ce qui nous a conduit à établir trois sources distinctes et communes aux trois synoptiques: A-1, A-2, B. Ces trois sources ont également révélé une structure commune (a, b, c) sur laquelle elles ont été bâties.

4. La conséquence la plus importante de cette thèse est probablement le fait qu'elle ouvre des avenues nouvelles sur la compréhension de la théologie des synoptiques. Nous avons déjà signalé en faveur de la division en D et C les divergences dans les préoccupations théologiques de ces deux parties. La partie C est orientée, non pas vers les œuvres ou la prédication de Jésus, mais vers sa personne. On cherche à la définir par rapport à l'attente messianique. Le problème consistait à concilier les prophéties messianiques avec les

manifestations de la personne de Jésus. On voyait la solution dans les thèmes fondamentaux du Fils de l'homme et du Serviteur de Yahvé qui ont eu leur réalisation concrète dans la passion et la résurrection. Toute la partie C, donc, concerne avant tout la personne de Jésus et est orientée vers le futur: la passion et la résurrection.

La partie D, par contre, est centrée, non sur la personne de Jésus, mais sur le royaume de Dieu dont Jésus est le héraut et sur les œuvres que Jésus accomplit actuellement en faveur des hommes. D'une perspective tournée vers le futur de la partie C, la préoccupation est maintenant entièrement orientée vers le présent et la signification des œuvres présentes du Christ. Ce n'est plus la personne de Jésus qui fait la problématique de la partie D: c'est un point déjà acquis. Le problème maintenant est l'interprétation des œuvres de Jésus en face de sa propre prédication sur le royaume de Dieu. A ce problème la partie D répond: déjà par ses œuvres le royaume de Dieu est présent. Par conséquent, déjà ceux qui annoncent la bonne nouvelle et qui continuent les œuvres du Christ historique dans l'Eglise rendent présent le royaume de Dieu. La partie C interprète la personne de Jésus en rapport avec les prophéties de l'Ancien Testament, la partie D interprète les œuvres de Jésus (et de l'Eglise) en rapport avec les propres paroles de Jésus à la lumière de la résurrection.

La troisième partie de notre travail offre encore plus d'intérêt tant du point de vue théologique que du point de vue de la méthode littéraire. En effet, elle révèle les différentes théologies qui intéressaient l'église primitive au moment où se formait la partie D: d'après la partie B Jésus était un thaumaturge-exorciste, d'après les parties A-1 et A-2 il était un maître qui enseigne. Mais encore plus important, nous avons montré que ces trois parties se sont formées graduellement et présentent une structure et une théologie particulières, et que finalement elles ont été utilisées dans la rédaction finale des trois synoptiques pour former la partie D. Ainsi cette troisième partie fait le pont entre la méthode dite *Formgeschichte* qui cherche à établir l'histoire de la tradition évangélique en suivant l'évolution de la forme des péricopes prises isolément et celle dite *Redaktionsgeschichte* qui s'intéresse avant tout à la dernière étape de la rédaction des évangiles actuels, mais en évitant les écueils particuliers à ces deux méthodes. La première en analysant la tradition évangélique à partir des formes des péricopes isolées risque de perdre de vue que ces matériaux ont été finalement unifiés dans une œuvre unique par un rédacteur final qui leur a imprimé sa théologie particulière. La seconde, par contre, en insistant sur le travail unificateur du dernier rédacteur risque de faire oublier que nous avons affaire à une tradition vivante qui a été saisie et fixée à différentes étapes de son évolution avant d'être finalement insérée dans l'œuvre théologique définitive du dernier rédacteur. Les évangélistes ont fait œuvre de théologien, mais il faut aussi reconnaître qu'ils rapportent une tradition qui a subi l'influence de plusieurs ,théologies' avant celle du dernier rédacteur, 'théologies' qui n'ont pas été complètement oblitérées par ce dernier travail. Entre ces deux méthodes qui se situent aux deux pôles de la tradition évangélique, il y a place pour une méthode qui tout en incluant les valeurs positives de ces deux dernières cherche à établir l'histoire de la croissance de la tradition synoptique dans toutes les étapes de son évolution jusqu'à son acquisition définitive représentée par les trois synoptiques, sans négliger toutefois une troisième dimension du fait synoptique: le problème des sources littéraires. En effet, ces deux méthodes veulent, en dernière analyse, établir l'histoire de la formation de la tradition évangélique en évitant de s'engager directement dans le sentier trop complexe des sources littéraires.

Ce qui caractérise donc la méthode illustrée dans notre troisième partie, ce n'est pas tant la recherche sur l'histoire de la formation de la tradition synoptique, perspective qu'elle a en commun avec les deux autres méthodes mentionnées, mais l'insistance sur la genèse des structures.

1) D'abord, cette méthode d'approche est avant tout littéraire, et plus précisément structurale, non pas dans ce sens qu'elle se limite à une péricope particulière comme la *Formgeschichte* ou à la structure finale comme la *Redaktionsgeschichte*, mais dans ce sens qu'elle cherche à suivre le développement des structures littéraires en croissance jusqu'à leur éclosion dans la rédaction finale. 2) La deuxième caractéristique dérive de la première: la priorité est donnée à l'analyse littéraire sur la formulation théologique. La formulation théologique découle de cette analyse et n'est pas un facteur décisif dans l'évaluation des éléments littéraires. [1] A l'histoire des structures littéraires correspond

---

[1] Il faut reconnaître que la théologie a été un facteur important dans la rédaction des évangiles, mais lorsqu'on aborde l'étude des synoptiques

parallèlement et en second lieu l'histoire de l'évolution théologique.
3) La troisième caractéristique consiste en ce fait qu'elle englobe
toutes les phases de l'étude synoptique: aussi bien celle des sources
littéraires (le problème synoptique) que celle de la *Formgeschichte*
et de la *Redaktionsgeschichte*. [1]

---

ce qu'on peut atteindre immédiatement n'est pas une théologie particulière,
mais une œuvre littéraire. Ce que fut la théologie des évangélistes ne peut
être affirmé à priori, par suite être un facteur qui décide si tel élément
rédactionnel (v.g. omission, insertion, transposition, etc.) vient de Mt, de
Mc ou de Lc. La formulation théologique doit être au terme de la recherche
et non pas au début.

[1] Pour décrire cette méthode d'approche l'expression: l'histoire de la
tradition évangélique (*Traditionsgeschichte*) reste trop floue et peut facilement
donner trop d'importance au facteur ,théologique' pour décider du stade
d'évolution de la matière évangélique. La meilleure expression serait:
l'histoire de l'évolution des structures (*Strukturgeschichte*). Cette dernière
expression donne la priorité au facteur décisif et contrôlable de la méthode.
Ce que nous avons illustré dans la troisième partie devrait être poursuivi
également dans toute la partie C. Cette même méthode pourrait être également appliquée à chaque péricope isolée. La structure commune aux trois
synoptiques devient un facteur contrôlable pour évaluer le stade de développement commun et pour établir le travail rédactionnel qui a été effectué
à partir de cette structure commune. Un des principaux obstacles à cette
approche a été la manière reçue de résoudre le problème synoptique: au
lieu de considérer cette tradition comme vivante et en continuelle évolution,
elle aurait été pétrifiée dans des sources statiques (Mc et Q). Toute étude
des deux autres synoptiques doit partir de ces deux points fixes.

INDEX DES AUTEURS CITÉS